노인자살
위기개입

육성필 · 최광현 · 김은주 · 이혜선 공저

경기복지재단 편

학지사

현재 우리 사회는 고령화 사회가 되어 가면서 노인들의 사회적인 지위나 역할이 빠르게 변하고 있다. 급속도로 이루어지는 노령화 현상으로 인해 다른 나라는 경험하지 못했던 문제들이 나타나고 있고, 이로 인해 우리가 당면하고 있는 문제는 헤아릴 수 없을 정도로 많다. 노인과 관련된 문제는 단순히 노인 개인의 문제가 아닌 우리 사회가 함께 고민하고 해결해야 하는 사회문제이며, 우리가 직면하고 있는 노인 관련 문제 중에서 그 심각성이 부각되고 있는 것 중 하나가 노인자살이다.

자살은 한국인 사망 원인의 4위이며, 우리나라는 OECD 국가 중에서 자살률은 물론 자살증가율도 1위를 차지하고 있을 정도로 심각하다. 그중에서도 노인 자살률은 우리나라 평균 자살률의 5~6배에 이른다. 하지만 노인자살에 대한 언론이나 사회적인 관심은 다른 연령층에서 발생하는 자살에 비해 덜한 것이 사실이다.

위기란 말 그대로 평소의 방식대로 자신의 문제에 접근했을 때 해결되지 않는 문제로 인해, 심리행동적인 혼란을 경험하는 것을 말하는데, 노인이 자살위기에 처했을 경우 청소년이나 성인보다 자살행동으로 인해 사망에 이를 가능성이 매우 높다.

이번에 출판하는 『노인자살위기개입』은 노인자살의 심각성을 인식하고 노인자살을 효과적으로 예방하고 감소시키기 위한 노력의 일환으로 경기복지재단과 집필진이 수행한 '노인자살위기개입 매뉴얼'을 수정·보완한 것이다. '노인자살위기개입'이라는 주제의 책을 기획한 것은 자살, 특히 노인자살에 대해 전문가는 물론 일반인들도 제대로 알지 못하는 현실을 반영하여 노인자살에 대한 정확한 이해를 증진시키는 것이 목적이었다. 또한 위기에 처해 있거나 어려움을 겪고 있는 노인을 대면하는 관련 기관이나 전문가들 사이의 효과적인 의사소통과 협조를 증진시키기 위해 관련 기관 간의 업무 분장과 한계 설정 등을 하는 것이 목적이다.

노인건강 관련 전문가나 실무자가 이 책을 통하여 교육과 훈련을 받게 되면 노인자살위기를 정확하게 이해하고 보다 효율적이고 체계적인 노인자살 위기 개입이 가능할 것이라고 기대한다.

이 책의 기획과 진행 과정에 많은 관심과 지원을 아낌없이 주신 경기복지재단의 서상목 이사장님을 비롯한 재단의 관계자 여러분께 깊은 감사의 말씀을 전한다. 이 책을 집필하는 동안 많은 자료 수집과 의견 교환 및 정리 등을 위해 애써 주신 최광현 교수님, 이혜선 교수님, 김은주 실장님과 QPR 자살예방연구소의 연구원, 경기도 노인종합상담센터의 상담원 선생님들께도 진심으로 감사드린다.

이 책이 나올 수 있도록 처음부터 끝까지 지켜봐 주신 학지사의 김진환 사장님, 편집 과정 내내 꼼꼼하게 교정과 수정을 해 주신 편집부 김순호 부장님과 부원들의 노고에 진심으로 감사드린다.

마지막으로, 우리 모두의 정성을 모아 이 땅에서 노인자살이 감소하기를 소망한다.

2011. 1.

집필진 대표 육성필

발 간 사

OECD의 건강자료(Health Data)에 의하면, 우리나라는 1998년 이래 자살 증가율 세계 1위 국가가 되었다. 자살률 또한 OECD 국가 29개국 중 가장 높아 평균의 두 배에 가깝다. 통계청 자료를 보면 자살 건수가 1999년 7,056명에서 2009년 15,413명으로 증가하였고 인구 10만 명당 자살률 또한 15.0%에서 31.0%로 증가하였다. 즉, 지난 10여 년간 우리나라의 자살 건수 및 자살률은 두 배 증가하였다. 이에 더하여, 60세 이상 노인자살 건수도 매년 증가 추세로 2009년 현재 5,051명이 자살하여 전체의 32.8%를 차지하고 있다. 보다 심각한 상황은 아동 · 청소년 및 성인 등 다른 연령층에 비해 노인이 자살을 시도했을 경우 자살 성공률이 매우 높다는 것이다.

이러한 상황에서 노인자살은 더 이상 간과할 수 없는 심각한 사회문제임에 틀림없으나 이에 대한 정부 차원의 정책과 대책은 미흡한 실정이다. 일례로, 2008년 12월 보건복지부가 발표한 자살예방 5개년 계획도 전체의 30% 이상을 차지하고 있는 노인자살의 특성을 제대로 반영하지 못하고 우울증상 모델로만 접근하고 있는 등 정책의 실효성이 우려되고 있다. 노인자살 문제는 자살증세 조기 발견 시 전문상담 및 치료 지원 등을 통하여 상당 부분 예방이 가능한 만큼 체계적이고 전문적인 노인자살 위기개입과 지역사회 연계 시스템 구축이 필요하다.

경기도의 경우 노인자살 예방사업의 일환으로 31개 시 · 군에 노인자살 전문상담원을 배치하였고, 이 전문인력들이 위기노인을 위한 심층상담과 사례관리 업무를 진행해 왔다. 경기복지재단은 2009년 말, 그동안 열악한 근무 여건에도 남다른 사명감으로 자신의 업무에 최선을 다해 왔던 노인자살 전문상담원의 노고에 보답하고자 현장에서 끊임없이 필요성이 제기되어 왔던 『노인자살위기개입 매뉴얼』을 발간하게 되었다.

이 매뉴얼은 노인자살 전문상담원의 전문성을 제고하고, 지역사회 관련 기관 간 연계 시스템 모델을 제시했다는 점에서 의의가 있다. 또한 지난 한 해 동안 이 매뉴얼은 노인자살 전문상담원들을 대상으로 한 재단교육 교재로 사용되어 왔다. 그러던 중 이 매뉴얼의 주요 독자층인 노인자살 관련 전문가는 물론이고, 일반 현장 사회복지사, 상담 및 사회복지 관련 교수, 대학생, 대학원생까지 저변의 독자층들에게도 도움이 될 수 있기를 바라며, 정책보고서를 서적으로 출판하기로 기획·진행하게 되었다.

이 매뉴얼이 서적으로 나오기까지 많은 분의 노고가 있었다. 다양한 독자층을 위해 단행본으로 출판하는 과정에서 많은 시간과 노력을 할애해 주신 육성필 교수, 최광현 교수, 김은주 실장, 이혜선 박사 이하 모든 연구진에게 감사를 표한다. 특별히 이 매뉴얼이 단행본으로서 세상의 빛을 보게 해 주신 학지사 김진환 사장님과 실제 편집과정의 모든 부분에서 애써 주신 편집부 김순호 부장님과 이하 부원들의 노고에 진심으로 감사의 마음을 전한다.

경기복지재단은 앞으로도 노인자살 예방사업을 위한 연구지원을 아끼지 않을 것이다.

2011. 1.
경기복지재단 이사장 서상목

차 례

01

노인자살의
이해

노인자살에서 고려해야 할 사항 | 자살의 경고신호 | 노인자살의 위험요인 | 노인자살의 촉발사건

자살은 개인에게 일어나는 단순한 사건이 아니다. 1990년 이후 급증하고 있는 노인자살이라는 현상을 이해하기 위해서는 개인적 변인뿐만 아니라 이를 둘러싼 사회문화적 배경 및 관련 변인을 이해하는 것이 중요하다. 자살이나 자살예방에 관한 연구는 어느 연령집단에서나 어려운 일이지만, 특히 노인자살에 관한 연구는 여러 가지 난제를 포함하고 있다(Pearson & Brown, 2000). 노인자살에 대한 연구가 어려운 이유 중 하나는 노화에 대한 우리의 태도 때문이다. 다양한 설문에서 응답자들은 노인자살보다 청소년자살을 더 큰 비극으로 인식했다(Marks, 1988, 1989). 많은 정신건강전문가와 노인, 그리고 노인의 가족들은 우울증과 자살충동이 자연스러운 노화과정의 일부라고 보고했다(Duberstein, Conwell, Cox, Podgorski, Glazer, & Caine, 1995, Seidlitz, Duberstein, Cox, & Conwell, 1995; 이수애, 이경미, 2002). 이러한 고령자에 대한 차별적 인식은 노인자살에 대한 연구와 복지 활동에 있어 장벽으로 작용한다(Pearson & Brown, 2000).

노인의 생명이 젊은이들의 생명보다 덜 소중하다는 일반적인 인식과 더불어, 심리학자나 다른 정신건강전문가들이 자살충동을 지닌 노인과 접촉할 기회가 적다는 것도 심리학적 연구와 임상적 관심을 제한하는 요소다. 정신장애를 지닌 노인은 정신건강전문가를 찾아가기보다 일차 진료기관의 의사를 찾곤 한다(Goldstrom et al., 1987). 몇몇 연구에서는 노인자살자의 70% 이상이 자살하기 한 달 전에 일차 진료기관을 방문했고, 1/3이 자살하기 일주일 전에 병원을 방문했다고 보고했다(Canwell, Olsen, Caine, & Flannery, 1991). 그러나 이 노인들 중 대부분은 정신건강서비스를 받지 못하였다. 이와는 대조적으로 자살한 젊은 성인 중 25~30% 정도가 죽을 당시 정신건강전문가의 치료를 받고 있었다(Clark & Fawcett, 1992).

우울증과 자살 위험성을 지닌 노인을 일차 진료기관에서 적절하게 식별하거나 심리치료를 하지 못하는 경우가 많은데, 여기에는 다음과 같은 몇 가지 이유가 있다. 첫째, 노인이 우울증을 겪거나 자살충동을 느끼는 것을 자신 또는 가족들이 노화의 과정 중 일부라고 생각하거나 신체적 질병의 결과 정도로 가볍게 여기는 것이다. 둘째, 정신건강전문가들이 자살과 관련한 구체적인 질문을 했다 하더라도 자신이 겪고 있는 정신과적 증상을 보고하기를 주저하거나 잘 설명하지 못하는 노인이 있다는 것이다. 셋째, 우울증을 겪는 사람들이 가장 많이 찾는 일차 진료기관의 의사들—정신과 전문의를 제외하고는—이 우울증을 진단하거나 치료하지 못한다는 것이다. 일차 진료기관 의사들은 정신적 문제보다는 신체적 문제에 주의를 기울이고 기분장애를 식별했을 때에도 진단하기를 꺼리는 경우가 있다(Rost, Smith, Matthews, & Guise, 1994).

자살로 목숨을 잃은 사람들에 대한 연구에서는 심리부검[1]이 중요한 역할을 하는데, 노인자살에 대한 심리부검연구는 그리 많지 않다. 그 이유는 노인자살자가 비슷한 연령대의 사람들에 비해 혼자 사는 경우가 많기 때문이다(Barraclough, 1971). 또한 몇몇 연구자들은 노인자살자가 사회적으로 고립되어 있기 때문에 자료를 얻을 만한 정보원이 부족하다고 지적했다. 그러나 이러한 주장과는 달리 Younger, Clark, Oehmig-Lindroth와 Stein(1990)은 노인자살에서도 충분한 정보원이 있다고 보고했다. 예를 들면, 일리노이 쿡 카운티에서 노인자살자의 70%가 기혼자였는데, 90%는 한 명의 정보원이 있었고, 50%는 두 명의 정보원이 있었다. 이와 유사하게, 다른 심리부검연구에서도 사망 이전의 사회적 접촉 빈도에서 노인자살자와 젊은 층 자살자 간의 차이가 거의 없다고 보고한 연구들이 있다(Carney, Rich, Burke, & Fowler, 1994; Heikkinen & Lonnqvist, 1995).

1. 노인자살에서 고려해야 할 사항

1) 자살시도의 의미

자살에는 대개 양가감정이 존재한다. 젊은이들의 자살은 때로 충동적이고 자신의 의사를 전달하기 위한 행동(예를 들어, Cry for help)인 경우가 많다. 노년기에 자살을 시도

---

[1] 자살로 사망한 사람이 남긴 문서, 경찰·의료진·검시관의 기록, 가족·직장동료·친구·건강관리전문가를 통해 얻은 정보를 종합하여 죽음의 원인을 명료하게 밝히고 자살할 당시에 어떤 정신과적 진단명을 갖고 있었는지 밝히는 것으로 자살자가 죽기 전 몇 달 이내의 과거로 거슬러 올라가 조사한다.

한 사람들의 경우, 대부분 정말로 죽을 의도가 있었으나 방법상의 문제로 실패한 경우일 확률이 높다(Szanto, Gildengers, Mulsant, Brown, Alexopoulos, & Reynolds, 2002). 실제로 노인은 젊은이들보다 자살시도 대 자살로 인한 죽음의 비율이 낮다(Nordentoft, Breum, Munck, Nordestgaard, Hunding, & Bjaeldager, 1993). 노년기에 자살시도 대 자살로 인한 죽음의 비율은 대략 4:1인 반면, 전체 집단에서는 8:1에서 20:1 정도다(Shneidman, 1969; Wolff, 1970).

노인층에서 이러한 비율을 보이는 이유는 다양한 측면에서 생각해 볼 수 있다. 먼저 노인은 신체건강상에 문제가 있어 위험수준이 낮은 자살시도에도 목숨을 잃을 가능성이 높고, 혼자 사는 경우가 많기 때문에 자살시도를 하고 나서 주변 사람들에게 구조될 가능성이 낮다. 또한 노인은 자살을 오랜 기간 동안 계획하고 치명적인 수단을 사용한다. 마지막으로 노인은 자살의도를 주변 사람들에게 알리지 않으려는 경향이 있다(Conwellet et al., 1998). 즉, 노인은 도움을 받을 수 있는 기관이나 사람들의 개입을 피하려 들고, 자살의도에 대해 다른 사람들과 이야기하는 것을 꺼린다. 노인기의 여성은 젊은 여성에 비해 자살시도력이 많은 반면 노인기의 남성은 젊은 남성에 비해 자살시도력이 많지 않았다. 따라서 노인이 자살시도를 보고하는 경우, 특히 노인기의 남성이 자살시도를 했던 경험에 대해 보고하는 경우 이를 심각하게 다룰 필요가 있다(Szanto et al., 2002).

2) 만성적 자살

자살은 목매달기, 약물 과다복용, 고의적인 교통사고, 일산화탄소로 인한 질식, 추락과 같이 급작스럽게 죽음으로 이어지는 경우가 대부분인데, 이를 급성적 자살이라고 한다. 이와 반대로 죽을 의도를 가지고 스스로 한 행동에 의해 서서히 죽음에 이르는 것을 만성적 자살이라고 한다. 노인자살의 경우에는 급성적 자살뿐만 아니라 만성적 자살에 대해서도 주의를 기울여야 한다.

목을 매거나 약물을 과다하게 복용하는 등의 갑작스러운 행동으로 죽음이 야기되는 경우, 대부분 쉽게 죽음의 원인을 자살이라고 추정할 수 있다. 그렇지만 이런 방법을 사용한 경우에도 자연사 혹은 사고사로 기록되어 노년층에서의 자살빈도가 과소 추정되는 원인이 되기도 한다. 예를 들어, 한밤중에 노인이 인적이 드문 길에서 자동차로 가드레일을 들이받고 사망했다면 자살이라고 추정하기보다는 교통사고로 인한 사망으로 볼 가능성이 크다. 또한 노인이 집에서 사망한 채로 발견되었을 때, 자살일 가능성이 있는지 확인하기 위해 부검을 시행할 가능성은 거의 없다. 왜냐하면 심장질환이나 만성질환과 같은 병으로 사망했을 것으로 짐작하기 때문이다. 검시관은 타인에 의한 죽음이라는 증거가 발견되지 않는 한, 노인이나 그 가족들을 당혹스럽게 할 수도 있는 결과인 자살 가능성에 대해 조사하기를 꺼릴 수도 있다.

노인들과 함께 일하는 상담가에게 훨씬 더 어려운 것은 만성적 자살이다. 만성적 자살의 가장 보편적인 유형은 아사 지경에 이를 때까지 먹지 않는 것이다. 다른 유형의 만성적 자살로는 약물남용, 생명을 지속시키는 약물(예를 들어, 만성질환에 대한 치료제)의 투여 거부, 자기 방임 등이 있다. 이러한 자살은 '침묵의 자살(silent suicide)'이라고 하며, 중요한 임상적·법적·사회적 함의를 지닌다. Menninger(2002)는 사회에서의 만성적 자살의 잠재성에 대해 자세하게 기술했고, 침묵의 자살이 다른 연령대보다 노년층에게 적용 가능하다고 제안했다. 이러한 형태의 자살을 다루는 것이 어려운 이유는 만성적 자살은 느리게 진행되며 자살의도가 확실하게 식별되지 않기 때문이다. 노인을 돌보는 사람들이 노인의 행동을 통해 침묵의 자살을 인식해야 하는데, 이를 인식하는 데에는 상당한 어려움이 있다. 대부분의 사람은 누군가가 굶는 방법을 통해 스스로를 죽음에 이르게 할 것이라고는 생각하지 못하기 때문이다.

내담자가 그러한 방식으로 자살할 생각을 하고 있다는 것을 인식했다면, 절대로 이를 방관해서는 안 된다. "죽고자 하는 의지가 그 정도로 강하다면, 우리가 할 수 있는 것은 별로 없다." 혹은 "그 할머니는 연세도 많고, 건강도 좋지 않기 때문에 죽음이 최선의 선택일 수 있지."라는 생각은 적절하지 않다. 우리는 내담자의 상태를 살펴보고, 충분한 정신과적 평가를 해야 한다.

3) 간접적 자살

스스로에게 칼로 상처를 입히거나 약물을 과다복용하는 등 생명을 해하는 행동은 쉽게 자살이라고 판단할 수 있는 직접적 자살시도의 방법이다. 그러나 의식적이거나 무의식적인 자살의도를 가지고 하는 미묘한 행동들도 있다. 즉, 자신을 극단적으로 방치하거나 스스로를 위험한, 심지어는 무모한 상황에 노출시키기도 한다. 예를 들어, 심한 통증을 겪으면서도 병원에 가지 않거나 지병에 약을 먹어야만 하는 것을 알면서도 적절한 치료를 거부하기도 한다. 간접적으로 노인의 생명을 위협하는 행동을 처음으로 연구하기 시작한 사람은 Nelson과 Farberow(1976)다. 이들은 간접적 생명위협 행동이 절망감, 삶에 대한 낮은 만족감, 그리고 낮은 종교성과 관련된다고 했다. 이러한 간접적 자살은 상담가나 주변 사람이 주의 깊게 살펴보아야 할 또 하나의 영역이다.

4) 수동적인 죽음에 대한 소망

수동적인 죽음에 대한 소망은 간접적 자살과는 달리, 자신의 삶을 스스로 끝내려는 적극적인 의지가 없는 자살이다. 노인 중에는 이런 생각을 하는 사람들이 비교적 흔하며, 정신과적 혹은 의학적 질병과 관련이 있는 경우도 있지만, 없는 경우에도 이런 생각을 할 수 있다. 노인들은 자신이 가족이나 사회에 짐이 되고 있다는 죄책감에 시달리는 경우가 종종 있기 때문에 자신이 죽으면 주위 사람뿐만 아니라 스스로에게도 좋을 것이라고 느낄 수 있다. "내가 내일 일어나지 않는다고 세상이 끝나는 것은 아니지요." 라는 말은 수동적인 죽음에 대한 소망의 한 예다. 종교와 영적 신념은 종종 노인들의 삶에서 중요한 역할을 하며, 수동적인 죽음에 대한 소망은 기도의 형태로 표현되기도 한다. 우울한 노인들이 "하느님께 나를 데려가 달라고 부탁드렸다."라고 말하는 것은 흔한 일이다. 수동적인 죽음에 대한 소망이 얼마나 자주 노인들의 적극적인 자살행동을 야기하는지, 혹은 이 둘 사이의 관계가 존재하는지에 대해서는 좀 더 연구가 필요하다.

2. 자살의 경고신호

다음은 자살을 고려하고 있는 노인들의 행동인데, 이를 자살의 경고신호라고 한다. 노인이 자살의 경고신호를 보이는 것 같다고 판단되면, 실제로 자살생각을 하고 있는지 확인하는 과정이 필요하다.

- 죽음이나 자살에 대해 언급한다.
- 죽음이나 자살에 집착하는 모습을 보인다.
- 죽은 가족에 대한 그리움이나 미안함을 표현한다.
- 무기력감이나 절망감에 대해 이야기한다.
- 예전보다 잠을 잘 이루지 못하거나 자다가 자주 깨고, 새벽에 일찍 잠에서 깨면 다시 잠들지 못한다.
- 평소보다 술을 많이 마신다.
- 식사를 잘 챙겨 먹지 않거나 기본적인 자기관리(세면이나 청소 등)를 하지 않는다.
- 식사량을 급격하게 줄인다.
- 만성질환을 치료하기 위해 복용하던 약을 먹지 않거나 병원에 가지 않는다.
- 약이나 제초제, 노끈 등 자살에 사용할 수 있는 도구를 준비한다.
- 사람들과 어울리려고 하지 않는다.
- 이별에 대해 이야기한다.
- 자신이 사망한 이후에 할 일에 대해 지시한다. 예를 들어, 제사, 장례 방법, 수의 등에 대해 언급한다.
- 신변을 정리하는 행동을 한다. 예를 들어, 옷가지나 가구를 태우거나 통장 등을 정리한다.
- 그동안 간직해 오던 물건을 다른 사람들에게 나누어 준다.
- 경제적으로 넉넉하지 못한 상황인 데도 선물을 하거나 용돈을 준다.
- 가족이 모인 곳에서 유언을 하거나 유언장을 작성한다.

3. 노인자살의 위험요인

자살의 위험요인이란 그 자체로는 자살과 직접적인 인과관계에 있는 것이 아니지만 선행연구를 통해 노년층의 자살과 밀접한 관련이 있는 것으로 밝혀진 요인들을 말한다. 다음에 제시된 위험요인은 자살 위험성이 있는 노인을 면담하고 평가하는 데 전문가들이 주목해야 할 부분이다.

1) 정신장애

정신장애, 특히 우울증, 알코올 남용이나 의존은 노인의 자살에서 가장 중요한 위험 요인이다(Blazer, 1991). 사실, 진단 가능한 정신장애를 겪지 않은 노인의 자살은 드문 것으로 보인다(Clark & Fawcett, 1992; Henriksson et al., 1995).

우울증   연구에 따르면, 자살을 시도한 적이 있고 이후에 정신병원에 입원한 사람의 80%가 늦게 발병하는 주요 우울증, 특히 정신병적인 우울증을 경험했다(Lyness et al., 1992)고 보고한다. 75~92세 사이의 자살로 인해 사망한 사람 중 71.4%가 기분장애를 경험했으며, 65~74세 사이에서는 63.9%가 기분장애를 경험했다(Conwell et al., 1996). 우울증을 경험하는 노인 중에서, 세 번 이상의 우울증 삽화를 지닌 사람들은 두 번 이하의 삽화를 지닌 사람들에 비해 자살생각을 보고할 가능성이 더 높았다(Steffens et al., 1996). 최형임(2008)의 연구에서도 우울은 노인들의 자살생각에 유의한 영향을 주는 요인이었다. 노인의 경우에는 우울증의 진단준거로 사용되는 섭식과 관련한 증상이 신체적 질병의 결과로 인식될 수 있기 때문에 우울증을 진단하는 것이 어려울 수 있다(Mulsant et al., 1999). 상담가들은 노인의 경우, 우울증의 증상이 신체적 고통으로 나타나는 가면우울증(Masked Depression)인 경우가 많다는 것을 인식하고 있어야 한다(Takahashi et al., 1995).

알코올 중독   알코올 중독과 약물남용은 노인, 특히 남성에게서 흔히 볼 수 있으며, 노인의 최대 16%가 알코올 남용이다(Menninger, 2002). 정은숙(2005)의 연구에서도 알코올 중독이 자살생각을 증가시키는 요인으로 작용한다고 보고한 바 있다.

알코올 중독과 약물남용은 발병 시기가 늦고 일반적으로 삶에서 여러 가지 변화나 상실을 겪은 후 심리적 · 신체적 · 정서적 스트레스를 감소시키고자 하는 시도로 나타난다. 그러나 알코올 중독과 약물남용의 위험성은 종종 노인층에서 간과되며, 노인 알코올 중독자 중 20% 정도만이 적절한 진단을 받는다. 약물남용 역시 노인에게서 중요한 문제인데, 처방약이나 처방전 없이 살 수 있는 약물의 사용이 주를 이룬다. 약물을 남용하는 노인들이 높은 자살 위험성을 보이는지에 대한 연구는 거의 이루어지지 않았지만, 약물남용은 합리적으로 생각하고 판단할 수 있는 능력을 마비시키기 때문에 자살 위험성을 높이는 요인으로 작용할 수 있다.

불안장애와 기타 정신장애　　불안장애를 지닌 환자들 역시 자살 위험성이 높은 것으로 알려져 있다(Allgulander & Lavori, 1993). 그러나 공황장애는 다른 장애와의 공병[2]이 있지 않는 한 자살시도나 자살의 위험성을 증가시키지 않는다는 연구 결과가 있다(Warshaw, Dolan, & Keller, 2000). 그 외에 정신장애는 자살에 덜 중요한 역할을 하는 것으로 보이며, 치매와 섬망의 역할은 좀 더 연구가 필요하다.

2) 신체적 질병 및 기능적 장애

신체적 질병은 노인들의 자살행동에서 중요한 역할을 한다. 서화정(2005)은 노인이 자살생각을 하도록 하는 스트레스 원인에 대해 분석했는데, 건강악화를 그 이유로 든 사람들이 가장 많았다. Harris와 Barraclough(1994)의 연구에 따르면, 암, 에이즈, 헌팅턴병, 다발성 경화증, 소화성 궤양, 신장질환, 척추손상, 루푸스 등의 질병은 자살로 인한 사망의 위험성을 높이는 요인이었다. 악성종양이 있는 사람들은 진단받은 다음 해에 가장 높은 자살 위험성을 보인다. 구체적으로는 병에 대한 두려움과 경과가 좋지 않을 것이라는 생각이 자살 위험성을 높인다. Harris와 Barraclough(1994)는 신체적 질병과 함께 정신장애나 약물남용, 또는 이 두 가지 모두를 가지고 있는 경우에 자살 위험성이 더 높다고 주장했다. 또 다른 연구에서도 만성적인 신체적 질병은 우울증 환자의 높은 자살 위험성과 관련이 있었다(Duggan et al., 1991).

참을 수 없는 통증이나 치료가 불가능하다는 생각, 질병의 경과에 대한 예기 불안, 가족에게 의존하거나 짐이 되는 것에 대한 두려움이 신체적 질병을 가진 노인의 자살 위험성을 높이는 주요인이다. 젊은 층의 암 환자를 대상으로 한 연구에서는 신체적인 질병이 있는 사람들의 만성적인 고통을 적절하게 관리해 주면 '차라리 죽게 해달라.'고 요구를 하는 빈도가 감소하는 것으로 나타났다(Foley, 1991). 이전에 죽고 싶다고 표현했던 노인들도 젊은 층과 비슷하게 고통이나 우울증도 적절하게 치료를 받으면 대부분 삶에 대한 소망을 표현한다. 한 연구에서는 안락사를 요구했던 환자들의 2/3가

---

2) 2개 이상의 장애를 동시에 지닌 경우를 말한다.

2주의 추수 기간 동안 그들의 마음을 바꿨다(Hendin, 1999). 삶을 위협하는 질병이 있지만, 낮은 자살생각을 보이는 사람들의 경우 병과 맞서 싸우려는 의지를 가지고 있었다(Kelly et al., 1998).

3) 자살시도의 과거력

자살시도의 과거력은 이후 자살시도의 위험을 높이는 것으로 잘 알려져 있다(Blazer, 1991). 정은숙(2005)의 연구에서도 노인의 과거 자살시도 경험과 현재의 자살생각 간에 정적인 관계가 있음이 확인되었다. Mścicki 등(1998)은 미국 국립정신건강협회의 역학 자료를 이용하여, 평생의 자살시도 발생률이 젊은 층에 비해 노인층이 훨씬 낮다는 사실을 알아냈다. 65세 이상 노인에게서 평생 자살시도 발생률은 1.1%였고, 25~44세 사이의 성인에서는 4%였다. 이처럼 일반적으로 노인은 젊은이에 비해 자살시도를 빈번하게 하지는 않는다. 그렇지만 자살시도로 목숨을 잃는 빈도는 더 많다는 것을 고려했을 때, 상담가는 자살시도의 과거력을 지닌 노인을 대할 때 특히 주의를 기울여야 한다.

4) 사 별

나이가 들어감에 따라 경험하게 되는 고통스러운 상실도 자살의 위험요인 중 하나다(Zisook & Lyons, 1989). 특히 오랫동안 함께 살아온 남편이나 아내와의 사별은 정서적으로나 실제적으로 남아 있는 배우자에게 커다란 영향을 끼친다. 자살 위험성은 사별한 첫 해에 가장 높지만, 사별 후 5년이 지날 때까지도 높은 수준으로 남아 있다(MacMahon & Pugh, 1985).

사별과 관련된 우울증과 구별되는 복합적·외상적 슬픔은 외상후 스트레스 장애와 유사한 증상을 포함한다(Szanto et al., 1997). 이러한 증상에는 죽은 이와 관련한 침투적인 생각, 죽은 이를 생각나게 하는 것에 대한 회피, 죄책감, 동일시 증상이나 죽음을 수용하지 못하는 등의 애착 혼란(attachment disturbance) 등이 있다. 이전에 자살시도가 있었던 노인은 그렇지 않은 사람보다 사별 후 자살생각을 더 많이 하는 경향이 있다. 우리나라에서도 미망인이나 이혼한 노인들의 자살생각이 그렇지 않은 사람들보다 높다고 보고된 바 있다(김형수, 2000). 배우자의 죽음이 자살에 끼치는 영향은 노년기 남성의 경우가 가장 컸으며, 미국의 경우 자살률이 가장 높은 집단은 사별한 백인 남성집단이었다(NCHS, 1992).

5) 상 실

누적되는 상실 경험 역시 노인자살의 위험요인이다. 은퇴, 친구나 가족의 죽음, 수입, 특권, 이동성, 건강 등의 상실 경험이 연달아 일어날 경우, 그 누적 효과가 절망과 우울을 야기할 수 있다(Stillion & McDowell, 1996).

살아가면서 경험하게 되는 여러 가지 상황이 노인층의 자살위험과 관련되는 것으로 가정되어 왔다. 은퇴는 고통스러운 경험일 수 있는데, 특히 자신의 경력에서 정체감을 찾고 긍정적인 존경을 받았던 사람은 더욱 그러하다. 종종 은퇴와 함께 수반되는 경제적 자유의 상실도 자살 위험성을 증가시킨다. 또 자식들의 독립, 자립 능력의 감소, 건강의 상실 등은 모두 자살위험과 관련되어 있다. 그러나 이러한 상황 중 어떤 것도 그 자체로 자살의 중요한 위험요인이라 밝혀지지 않았다는 것을 기억할 필요가 있다. 이러한 사건 자체보다는 사건에 대한 개인의 태도와 신념이 더 중요하다.

6) 사회적 고립

사회적 지지가 부족한 노인들은 소외감이나 고립감을 경험하며, 이로 인해 자살생각을 하게 된다(김동휘, 2007; 박순천, 2005; 배지연, 2005; 이민숙, 2005). 김현지(2008)의 연구에서도 노인들이 지각하는 사회적 지지의 정도가 자살생각에 영향을 주는 주요 요인이었다. 초기 연구에 따르면, 자살로 생을 마감한 노인들은 혼자 사는 경우가 많았다(Barraclough, 1971; Sainsbury, 1955). 반면 Carney 등(1994)은 자살로 죽은 젊은이와 노인 사이에서 거주 형태에 따른 사회적 접촉빈도의 차이를 발견하지 못했다. 즉, 혼자 산다고 해서 반드시 사회적으로 고립되는 것은 아니며, 심각한 질병이 있는 가족을 돌보는 보호자의 경우처럼 누군가와 함께 살더라도 사회적으로 고립될 수 있다. 또 혼자 사는 젊은 층에 비해 혼자 사는 노인들의 자살률이 좀 더 높다(Rich, young, & Fowler, 1986). 그러나 대부분의 노인은 혼자 사는 경우가 많으므로, 혼자 사는 것이 자살에 대한 강력한 위험요인인지 아니면 다른 요인과 상호작용하는 것인지는 명확하지 않다. 거주 형태와 관련한 중요한 요인은 결혼 상태다. 독신 노인의 자살률은 기혼 노인의 자살률보다 높다. 이혼하거나 사별한 남성 노인의 자살률은 동일한 상황에 있는 여성 노인이나 기혼 남성 노인에 비해 더 높다(Duberstein, Conwell, & Cox, 1998; Li, 1995). 반면 사별한 여성 노인은 기혼 여성 노인에 비해서 자살률이 더 높지는 않다(Pearson & Brown, 2000).

약물남용과 같은 공병은 사회적 고립을 증가시킨다. 한 연구에서는 50세 때 알코올을 남용했던 사람은 85세에 혼자 사는 경우가 많았다(Murphy et al., 1992). 또 다른 연구에서는 사회적 고립의 정도가 낮고, 전화를 통해 건강전문가와 쉽게 접촉하는 사람의 경우 자살 위험성이 낮았다(De Leo, Carollo, & Dello Buono, 1995).

7) 경제적 요인

노인기에는 대부분 경제활동을 하기 어렵고, 이전에 비해 경제적으로 어려움을 겪는 경우가 많다. 경제적인 어려움을 겪고 있거나 비고용 상태에 있는 노인들의 자살률이 높다는 연구 결과가 있다(김형수, 2000; McCall, 1991). 김효창과 손영미(2006)의 연구에서도 노인자살자의 13%가 경제적 문제를 가지고 있는 것으로 나타났다.

8) 심리적 요인

Beck과 동료들은 우울한 자살환자를 대상으로 한 임상경험을 바탕으로 자살에 대한 절망감 이론을 제안했다(Beck, Kovacs, & Weissman, 1979). 절망감이라는 구성 개념은 미래에 대해 부정적이며, 긍정성이 결여된 믿음을 의미한다(Clark & Beck, 1999). 연구자들은 자살위기가 환자들이 자신의 상황을 절망적으로 개념화하는 것과 관련이 있다고 보고했다. 사람들은 상황을 부정적으로 보거나 부정적인 사건을 다룰 문제해결능력이 부족한 경우 자살의 위험에 놓이게 된다. 절망감을 느끼고 그 문제에 대한 해답이 없다고 느끼는 사람들의 자살 위험성이 가장 높다.

성인과 노인층에서 절망감과 자살로 인한 죽음과의 연관성을 발견한 여러 종단연구가 있다(Beck, Brown, Berchick, Stewart, & Steer, 1990; Beck, Beck, & Kovacs, 1975; Kuo, Gallo, & Eaton, 2004). 또한 공공시설에 수용된 노인 환자를 대상으로 한 연구에서도 절망감이 우울증의 수준에 따라서 자살생각과 강한 연관성이 있는 것으로 나타났다(Uncapher, Gallagher-Thompson, Osgood, & Bongar, 1998). 즉, 우울증의 수준이 심각한 사람들에게서만 절망감이 자살생각과 관련이 있었다. Szanto 등의 연구에서는 우울증이 노인의 자살시도력과 상관관계가 있는 것으로 나타났다(Szanto, Reynolds, Conwell, Begley, & Houck, 1998). 이처럼 노인층의 절망감이 자살성(suicidality)이나 우울증과 관련이 있는 것으로 나타났기 때문에 이후의 개입은 우울증뿐만 아니라 절망감의 수준을 낮추는 것에 집중하는 것이 자살 위험성을 낮추는 데 필요하다. 즐거움이나 흥미의 상실, 기분의 급격한 변동 또한 자살 위험성을 증가시킬 수 있다.

대처 방식 또한 자살 위험성을 높이거나 낮출 수 있다. 예를 들어, 갈등이나 심리적 고통을 행동화하는 노인들은 친밀한 사람에게 자신이 겪고 있는 갈등을 표현하는 사람에 비해 자살 위험성이 높다(Blazer & Koenig, 1996).

9) 생물학적 취약성

자살을 시도하거나 자살로 죽은 사람에 대한 생물학적 연구에서 일관적으로 발견된 사실은 그들이 뇌 척수액에서 낮은 5-HIAA(5-hydroxyindoleacetic acid: 5-하이드록시인돌초산) 수준을 보인다는 것이다(Asberg & Forslund, 2000). 이러한 발견은 다른 연령대에서 공통적으로 발견되었고, 자살시도를 한 노인을 대상으로 한 연구에서도 동일한 결과가 나왔다(Jones, Stanley, Mahn, 1990). 뇌척수 내의 5-HIAA의 수준은 치명성이 낮은 자살시도를 한 사람들보다 계획적이고, 치명성이 높은 자살시도를 한 사람들에게서 더 낮게 나타났다(Mann & Malone, 1997).

연구에 따르면, HPA 축(Hypothalamic-pituitary-adrenal axis, 시상하부-뇌하수체-부신축)의 비정상성과 세로토닌 시스템이 자살과 관련이 있다. 예를 들어, HPA의 기능부전은 인지적 기능의 주요한 변화와 관련이 있고, 이는 자살의 가능성에 기여한다는 것이다. 5-HIAA 수준의 감소는 폭력적 자살(violent suicide)로 사망하거나 자살을 시도할 가능성이 높은 사람들에 관한 연구에서 발견되었다(Jones et al., 1990). 세로토닌, 도파민, 노르에피네프린과 그 대사 물질(HVA, 5-HIAA)의 감소, MAO-B 활동 증가, HPA 활동 증가 등은 우울이나 정상적 노화와 관련된다는 연구 결과가 있다(Schneider, 1996). 노인자살과 관련된 신경생물학적 연구가 좀 더 필요하다.

4. 노인자살의 촉발사건

앞서 언급한 자살의 위험요인은 연구나 임상에서 자살과 밀접한 관련이 있는 것으로 확인된 변인들이다. 몇몇 위험요인을 지니고 있다고 해서 반드시 자살 위험성이 증가한다고는 할 수 없다. 그러나 여러 가지 스트레스를 받고 있는 상황에서 특정 사건이 발생하거나 고통스러운 경험을 하게 되면, 자살생각이 급속히 커지면서 위기에 처할 수 있다. 자살생각에 불을 지피는 역할을 하는 이러한 사건을 촉발사건(triggering event)이라 한다.

청소년이나 성인의 자살과는 달리 노인자살에서는 촉발사건에 직접적인 영향을 받아 자살하는 경우가 상대적으로 적다. 김효창과 손영미(2006)의 노인자살의 특성에 관한 연구에 따르면, 청소년의 경우는 58%, 성인의 경우 20%가 촉발사건으로 자살했으나 23건의 노인자살 사례 중에서 촉발요인이 분명한 경우는 13%(3건)에 지나지 않았다. 노인자살은 촉발사건이 분명하지 않은 경우가 많고, 촉발사건 자체가 자살을 유발했다기보다는 훨씬 복합적인 요인에 의해 자살을 결심한 것으로 판단할 수 있다. 다음에 제시된 사건은 그 자체로 자살을 유발하는 것은 아니지만 여러 사건이 누적되면서 자살을 선택할 가능성을 증가시킨다.

노인자살에서 촉발사건으로 작용할 수 있는 사건의 예는 다음과 같다.

촉발사건의 예

- 배우자의 죽음
- 자녀의 죽음이나 사고 또는 질병
- 만성질환이나 치매 등을 앓고 있는 배우자를 돌보는 것으로 인한 정신적·육체적 피로감
- 가족과 친척 간의 심한 갈등
- 가족 간의 소외 경험
- 가깝게 지내던 친구의 사망이나 자살
- 불치병 진단
- 만성질환의 악화

- 신체기능의 급속한 저하
- 신체적 통증의 심화
- 자신이 가족들에게 폐가 된다고 느끼게 하는 사건
- 경제적 어려움의 심화
- 원하지 않는 이사
- 수치스러운 일을 당하거나 명예가 실추될 것이 예상되는 상황

노인의 자살 위험성
평가 및 분류

Lester(1997)는 위기에 처해 있거나 자살하려는 사람을 상담할 때, 일반적으로 자살하려는 사람들은 무엇을 원하고 그것을 어떻게 얻을 수 있는지에 대해 혼란스러워하기 때문에 적극적으로 경청하고, 자살에 대해 직접적으로 질문하여 그의 이야기를 진지하게 받아들이고 있음을 전달할 필요가 있다고 했다. 또한 자살의도의 심각성을 판단하려고 노력하고, 전문적인 도움을 받을 수 있도록 그의 곁에 머물고, 지지적이고 비판단적이어야 하며, 자살을 생각하는 사람들의 감정을 존중해야 한다고 했다. 자살 위험성을 평가하는 과정에서 상담가가 보여야 할 태도 또한 이와 같다.

잠재적으로 자살할 가능성이 있는 노인에 대한 평가는 면담을 통한 직접적 평가와 심리검사를 이용한 간접적 평가로 나눌 수 있다. 두 가지 평가는 모두 자살을 완벽하게 예측하기가 어려운데, 자살은 여러 요인과 복잡한 상호작용 속에서 결정되는 행위이자 매우 드물게 일어나는 사건이기 때문이다. 그러나 자살 위험성을 적절히 평가하는 것은 내담자의 생명을 보호하고 시기적절한 개입을 하는 데 필수적인 과정이다.

자살 위험성은 속성상 과대 추정될 수 있는 주제다. 그렇다 해도 자살이 실제로 발생했을 때의 비극을 고려한다면, 위험성을 간과하는 것보다 과대 추정하는 것이 유용하다고 할 수 있다.

1. 직접적 평가

자살 위험성을 평가하기 위해 상담가는 잠재적으로 자살 가능성이 있는 노인과의 면담에서 자살생각, 자살계획, 자살시도의 과거력, 정신장애의 과거력, 그리고 관련된 심리·사회적 변인을 확인할 필요가 있다. 대부분의 상담가는 노인에게 자살생각을 하는지 직접적으로 질문하기를 불편해한다. 그러나 따뜻한 관심과 진정성을 담아 질문하면 내담자는 마음속에 깊이 담아 둔 이야기를 기꺼이 털어놓고자 할 것이다.

1) 자살생각

자살생각을 확인하기 위해 가장 먼저 할 수 있는 질문은 "살아갈 가치가 없다고 느낀 적이 있으세요?" 또는 "'살아서 뭐하나'라고 느낀 적이 있으신가요?"라고 묻는 것이다. 이 질문에 대해서 "그렇다"라고 대답하는 노인은 소수일 것이다. 우울증을 겪고 있는 노인은 '그렇다'고 대답할 확률이 좀 더 높다. 삶을 끝내기를 원하는 노인들의 대다수는 그 바람을 실행으로 옮기지 않을 것이다. 도덕적·종교적 이유에서부터 스스로 목숨을 끊을 때의 고통에 대한 두려움까지 죽음보다는 삶을 선택하는 이유는 다양하다.

만일 첫 번째 질문에 대해 '그렇다'고 대답했다면, 상담가는 "죽어야겠다고 생각하신 적이 있으세요?" 또는 "자살생각을 해 보신 적이 있으신가요?"라는 두 번째 질문을 해야 한다. 이 질문에 대해 자살을 생각한 적이 없다고 한다면, 질문은 여기서 중단할 수 있으며, 이는 직접적 평가의 관점에서 낮은 위험수준이라고 간주될 것이다. 자살생각을 하는 것으로 확인된 경우에는 자살생각을 얼마나 자주 하는지, 한 번 그 생각이 떠오르면 얼마나 오래 지속되는지를 질문할 필요가 있다. 다음에 제시된 질문은 면담 상황에 따라 필요한 질문을 선택해서 사용할 수 있다.

관련 질문

- 살아갈 가치가 없다고 느낀 적이 있으세요?
- '살아서 뭐하나'라고 느낀 적이 있으세요?
- 죽어야겠다고 생각하신 적이 있으세요?
- 자살생각을 해 보신 적이 있으세요?
- 자살생각을 일주일에 몇 번이나 하셨나요?
- 자살생각이 떠오르면 얼마나 오래 그 생각을 하시나요?

---

2) 자살계획 및 치명성

자살생각을 한 적이 있다는 대답을 들었다면, 상담가는 "구체적인 자살방법을 생각해 본 적이 있으세요?"라는 추가 질문을 해야 한다. 스스로에게 해를 가할 생각을 해본 노인 중 상당수는 스쳐 지나가는 생각으로 자살을 떠올린다. 그러나 제초제를 준비하거나 필요한 의학적 치료를 거부하는 등 자신에게 해를 가할 방법을 구체적으로 생각하는 노인도 있다. 만일 구체적인 자살방법을 생각해 냈고, 그러한 방법이 쉽게 이용할 수 있는 것이라면, 노인의 자살 위험성은 훨씬 더 커진다. 자살계획과 그 계획의 치명성을 평가하기 위해서는 다음에 제시된 측면을 탐색해 보아야 한다(Miller, 1985).

- 자살계획의 구체성: 시간, 장소, 방법 등에 대한 구체적인 계획을 세웠는지 확인한다.
- 자살방법의 치명성: 구체적인 계획을 세우고 있고, 계획한 방법이 치명적이라면 위험성은 더 크다. 예를 들어, 약물 과다복용보다 투신이나 목매기 등이 더 치명적인 방법이다.
- 언급한 자살방법의 이용 가능성: 만약 노인이 정신과 폐쇄병동에 입원하고 있다면 24시간 동안 의료진이 환자를 주시하고 있으며, 병동 안에 위험한 물건을 비치하지 않기 때문에 이용 가능한 자살수단을 찾기 어려울 것이다. 반대로 유독물질, 흉기, 약물이나 기타 다른 수단을 쉽게 구할 수 있거나 이용 가능하다면 자살 위험성은 증가한다.
- 사회적 지지 또는 지지 자원의 근접성: 노인과 함께 살거나 가까이에 사는 가족이나 친구 같은 사회적 지지 자원은 자살의 치명성을 평가할 때도 중요한 요소로 작용한다. 사회적 지지 자원이 많으면 주변 사람이 노인의 자살경고신호를 탐지할 가능성이 크고, 자살시도를 했을 때도 주변 사람이 구조할 가능성이 커지기 때문에 자살 위험성은 감소한다.

3) 자살시도의 과거력 및 가족의 자살에 관한 과거력

자살시도의 과거력을 평가하기 위해서 "이전에 자살시도를 해 본 적이 있으세요?"라고 질문한다. 자살 위험요인으로 과거 자살시도의 중요성은 앞에서 강조했다. 그런데 자살시도는 그 심각성에 따라 다양하게 분류할 수 있다. 자살시도의 경험이 있다면, 그 당시의 자살의도, 선택한 방법의 치명성, 자살시도로 인한 의학적·심리적 영향, 자살시도가 실패했을 때의 감정 등을 구체적으로 탐색해야 한다. 자살시도를 했다가 구조되었을 당시 안도감이나 후회가 아닌 분노의 감정을 표현했다면 자살의도가 더 분명했기 때문에 자살 위험성이 높음을 반영하는 것일 수 있다.

또한 가족이나 가까운 친척 중에 자살한 사람이 있는지를 확인하는 것도 중요하다. Silverman, Range와 Overholser(1995)에 따르면, 자살 유가족들은 다른 집단에 비해 자기-파괴적 행동을 평가하는 검사도구에서 점수가 더 높았다. 가족의 자살시도나 자살은 남아 있는 가족에게 심리적 혼란과 부담을 준다. 가족의 자살에 관해 보고할 경우에는 그 사건의 심리적·사회적 영향에 대해서 탐색하는 것뿐 아니라 인지적·심리적·정서적 수준에서 그러한 사건을 어떻게 받아들였는지를 반드시 살펴보아야 한다.

4) 정신장애의 과거력

앞서 언급했듯이 정신장애, 특히 우울증, 알코올 남용이나 의존은 노인자살에서 중요한 위험요인이다(Blazer, 1991). 정신질환의 과거력을 조사하기 위해서는 정신장애로 치료를 받은 적이 있는지 확인하고, 그렇다고 대답하면 추가 질문을 통해 구체적인 정보를 파악해야 한다. 또한 진단명을 알고 있는지 확인하고 언제, 어디에서 치료를 받았는지, 어떤 종류의 치료(입원, 외래치료, 낮병동, 정신보건센터 방문 등)를 받았는지 질문한다. 또한 치료를 받았을 때 효과가 있다고 느꼈는지, 약물을 꾸준히 복용했는지도 확인할 필요가 있다.

관련 질문

- 정신장애로 치료를 받은 적이 있으세요?
  (이 질문에 대해 그렇다고 대답했다면, 다음에 제시한 추가 질문을 통해 좀 더 구체적인 정보를 얻어야 한다.)
- 이전의 치료는 언제, 어디에서 받았나요?
- 진단명은 무엇이었나요?
- 어느 정도의 심각한 수준이었나요?
- 가장 최근에 치료를 받은 적은 언제인가요?
- 어떤 종류의 치료를 받았나요(입원, 외래치료, 낮병동, 정신보건센터 방문 등)?
- 복용한 약이 있다면, 어떤 종류의 약을 처방받았나요?
- 치료의 효과는 어땠나요?

---

5) 사회적 지지

사회적 지지의 부재로 인한 외로움과 고립감은 자살 위험성을 높이는 결정적인 요인이다. 반대로 사회적 지지는 자살을 방지하는 보호요인으로도 작용한다. 노인들은 은퇴, 자녀들의 독립, 배우자나 동료의 사망 등으로 사회적 지지 자원의 감소를 계속해서 경험하게 된다. 연구에 따르면 외로운 노인들은 자살에 대한 위험성이 더 높으며, 젊은 층에 비해 노인들에게 외로움은 자살을 고려하는 중요한 요인으로 작용한다(Kennedy & Tanenbaum, 2000). 따라서 노인의 자살 위험성을 평가할 때 사회적 지지 자원에 대해서 구체적으로 탐색해 보아야 한다. 아울러 단순히 가족이나 친척뿐 아니라 연락 가능한 친구, 이웃, 모임, 종교단체 등과 같은 다양한 사회적 자원을 확인할 필요가 있다.

관련 질문

- 가깝게 지내는 가족 및 친구가 있으신가요? 몇 명이나 되나요?
- 얼마나 자주 연락하거나 만나시나요?
- 지속적으로 참가하는 모임(동창회, 계모임, 종교활동 등)이 있으세요?
- 친구나 가족들과 자주 못 만나는 이유가 있으신가요?
- 최근에 가족이나 친구들과의 관계에 변한 점이 있으세요(이사, 사망, 이별 등)? 그러한 변화로 인해 어떤 영향이 있나요?

---

6) 경제적 여건

경제적인 불황이 닥치면 전반적으로 자살률이 증가하는 것처럼 개인의 경제적인 여건도 자살에 영향을 끼치는 요인이다. 노년기에 접어들면 경제적으로 생산적인 시기를 지나 그동안 모아 놓은 저축이나 연금, 보험 혹은 자녀들의 지원으로 생활을 꾸려 나가게 된다. 따라서 이전과 달리, 또는 이전보다 더 큰 경제적 압박을 경험할 수 있다.

노인들의 경제적 상태, 보험 혹은 연금, 자녀들의 지원 정도 등을 살펴봄으로써 자살 위험에 영향을 끼치는 경제적인 스트레스 요인을 살펴볼 수 있다.

관련 질문

- 생활비는 어떻게 충당하시나요?
- 가족의 지원이나 연금으로 보조를 받는 부분이 있으세요?
- 경제적으로 어려움이 있으신가요?

---

7) 신체적 건강상태

자살의 위험요인으로 만성적 신체장애는 최근 몇 년 동안 언론의 지대한 관심을 받아 왔다. 가장 자주 언급되는 질병은 중추신경체계의 질병(알츠하이머병), 악성 종양,

심폐질환, 남성의 비뇨생식기 장애 등이다. 알츠하이머성 치매와 혈관성 치매를 동시에 겪는 사람들은 특히 자살 위험성이 높다(Rao et al., 1997). 또한 인지적·신체적 손상 정도와 행동적 손상 정도 또한 질병과 우울증의 관계를 매개하는 요인이다.

관련 질문

- 최근에 건강상태는 어떠신가요? 신체상태에 변화가 있으세요?
- 치료받고 있는 질병이 있으신가요?
- 지난 몇 년간 건강검진이나 검사를 받은 적이 있나요? 있다면 검사 결과는 어땠나요?
- 신체적 통증이나 손상이 있으신가요?
- 어지러움, 피곤, 두통, 수면문제, 식욕문제, 만성통증 같은 문제가 있으신가요?

---

8) 음주 및 흡연

노인의 자살에서 알코올 남용은 우울증보다는 흔하지 않으며, 젊은 세대의 자살과 비교했을 때는 그 비율이 적은 편이다. 노인의 자살에 대한 전향적 연구에서 자살로 죽은 사람들이 술을 더 많이 마시는 것으로 나타났다. 어떤 사람에게 음주와 관련한 문제가 있다는 것은 문제상황에 대한 대처기술이 빈약함을 암시한다. 음주는 통제력의 상실 또는 충동성의 증가로 인한 행동문제 및 기타 건강상의 문제를 야기할 수 있다.

흡연과 자살의 연관성에 대한 연구는 없지만 흡연을 하지 않던 사람이 흡연을 하거나 혹은 평소보다 더 많은 양의 흡연을 하는 등 행동상의 변화는 자살의 경고신호로 해석할 수 있기 때문에 자살 위험성에 대한 탐색이 있어야 한다.

관련 질문

- 술을 드시나요? 얼마나 자주, 어느 정도나 드시나요?
- 담배를 피우시나요? 하루에 얼마나 피우세요?
- 술과 담배를 하지 않을 때의 금단증상이 있나요?
- 술과 담배로 인해 문제가 있었던 적이 있나요?
- 술이나 담배의 사용이 가족이나 친구들에게 끼치는 영향은 무엇인가요?

- 최근 술이나 담배를 사용하는 양상에 변화가 있나요?
- 절주 및 금연을 하고 있나요? 그렇다면 그 기간은 얼마나 되었나요?
- 술을 마시고 담배를 피우는 전형적인 시간과 상황은 무엇인가요?
- 술과 담배를 하는 이유는 무엇인가요?

2. 간접적 평가

다양한 심리검사를 활용하여 자살 위험성을 평가할 수 있다. 심리검사는 점수에 따라 위험 정도를 가늠할 수 있게 해 주며, 평가시기에 따라 현재 상태가 어떻게 변화해 가는지를 모니터링할 수 있게 해 준다. 또한 내담자의 상태에 대한 객관적 지표로 활용할 수 있다. 심리검사를 활용하기 위해서는 심리검사에 대한 지식과 심리평가과정에 대한 이해, 그리고 결과를 해석할 수 있는 전문적 지식이 필요하다. 즉, 단순히 점수만을 파악하는 것이 아니라 점수가 의미하는 바를 해석할 수 있어야 한다.

1) 심리검사의 활용

심리검사의 시행은 단순한 기계적인 작업이 아니다. 심리검사를 시행하고 해석하는 표준화된 지침을 따라야 하며, 심리검사과정이 그 자체로서 평가과정일 뿐 아니라 치료과정의 일부에 포함된다는 사실을 명심해야 한다. 심리검사를 시행하고, 검사 결과를 해석하고, 결과를 토대로 내담자에게 가장 적합한 개입방법을 제안하는 일련의 임무를 적절하게 수행하기 위해서는 전문적 지식 및 훈련 경험을 거친 전문가가 필요하다.

자살생각척도와 절망감척도, 그리고 대인관계 욕구 질문지, 사회적 지지척도의 경우는 점수가 높을수록 해당 척도가 측정하는 증상이 심각하다고 할 수 있지만, 우리나라에 적용할 수 있는 절단점에 대한 추가적인 연구가 필요한 실정이다. 한국형 알코올 중독 선별검사는 한국 실정에 맞게 타당화되어 있지만, 연령층에 따라 다소 다른 기준이 적용될 가능성이 있기 때문에 노인을 대상으로 한 추가적인 연구가 필요하다.

2) 측정도구 및 사용방법

자살생각척도(Scale for Suicide Ideation: SSI) [1]　　　　SSI는 Beck, Kovacs와 Weissman(1979)이 개발한 척도로 원래 임상면접을 통해 임상가가 3점 척도로 평가하는 19문항의 검사지였다. 그러나 많은 피험자를 면담하는 것이 불가능하여 박광배와 신민섭 등(1990)이 기존 질문지 문항을 충실하게 자기보고형 질문지로 변형했다. SSI는 자살시도 전에 자살에 대한 심각성을 측정하는 도구로, 자살에 대한 생각이 반드시 자살시도를 이끌지는 않지만 이후에 발생할 자살행동에 대한 중요한 예언지표가 될 수 있다는(Beck et al., 1979) 것을 전제로 한다. 본 척도는 장미희(2006)가 노인 대상자에게 익숙한 용어로 어휘를 변형한 질문지다. SSI는 현재 노인 인구를 대상으로 이루어진 절단점 연구는 없으며, 2008년 지역사회 간호학 의지에 등재된 최서희 등(2008)의 연구에서 본 척도를 활용한 노인 인구 SSI 평균점수는 14.88점이었다.

Beck 절망감척도(Beck Hopelessness Scale: BHS) [2]　　　　BHS는 Beck, Weissman, Lester와 Trexler(1974)가 개발한 척도로, 미래에 대한 부정적이고 비판적인 생각을 측정한다. 총 20문항으로 되어 있고 자신이 느끼는 바를 '예/아니요' 중 한 가지에 표기하도록 되어 있다. 신민섭, 박광배, 오경자, 김중술(1990)의 연구에서는 척도의 내적 일관성 지수가 .81로 나타났다.

우울척도(Revised Korean Version of the Geriatric Depression Scale: GDS-K-R) [3]
GDS는 Yesavage, Brink, Rose, Lum, Huang과 Adey(1982)가 노인의 우울을 측정하기 위해 개발한 척도이며, 총 30문항으로 구성되어 있다. 한국에서는 우종인 등(2008)이 타당화하여 GDS-K-R이라 명명했다. 그들의 연구에서 본 척도의 내적 일관성 지수는 .90이었으며, 검사-재검사 신뢰도는 .91이었다. 우울을 측정하는 다른 질문지들(BDI, CES-D, SDS)과 달리 이 질문지에는 우울한 사람들에게 흔히 보이는 신체적 증상에 대한 질문을 포함하지 않고 있는데, 노인들은 일반적으로 우울증이 아닌 다른 신체적인

---

1) 자살생각척도(별첨 1)
2) Beck 절망감척도(별첨 2)
3) 우울척도(별첨 3)

장애로 인해 신체적인 증상을 경험하는 경우가 많기 때문이다. 우종인(2008)의 연구에서는 주요 우울장애를 선별하기 위한 절단점으로 18점 이상을 제안했으며, 주요 우울장애와 가벼운 우울장애를 포함하는 노년기 우울증으로 판단할 수 있는 절단점으로 16점 이상을 제안했다. 이외에도 교육 연한에 따른 절단점 등 무학이나 6년 이하의 교육 연한 노인인구가 많은 우리나라 실정에 맞춰 다양한 절단점을 제안하고 있으며, 6년 이하의 교육 연한 절단점을 18점으로 구분했다.

사회적 지지척도[4]　사회적 지지척도는 박지원(1985)이 개발한 척도다. 총 25문항으로 되어 있으며, 리커트 5점 척도(1점: 전혀 아니다~5점: 아주 그렇다)로 응답하도록 되어 있고 네 개의 하위 척도로 구성되어 있다. 정서적 지지(7문항)는 사랑, 공감적 경청, 신뢰, 격려, 이해 등에 관한 것이며, 평가적 지지(6문항)는 공정한 평가, 인격 존중, 칭찬, 소질 인정, 가치 고양, 의사 존중 등에 관한 것이고, 정보적 지지(6문항)는 문제해결, 의사결정, 적응, 위기 등의 상황에 관한 것, 물질적 지지(6문항)는 돈, 물건, 서비스, 시간 등에 관한 것이다. 강현식(2005)의 연구에서 내적 일관성 지수는 .96이었다.

대인관계 욕구 질문지(Interpersonal Needs Questionnaire Revised: INQ–R)[5]　대인관계 욕구 질문지(INQ–R)는 개인이 다른 사람들과 얼마나 관계되어 있다고 생각하는가와 관련된 소속감과 주변 사람에게 얼마나 짐이 된다고 느끼는가와 관련된 짐이 되는 느낌에 대한 신념을 7점 리커트상에 평정하도록 되어 있다(1점: 전혀 그렇지 않다~7점: 매우 그렇다).

INQ–R은 자기보고형 질문지로 좌절된 소속감을 측정하는 14개의 문항(2, 6, 7, 9, 12, 14, 15, 16, 17, 18, 19, 20, 21, 22번)과 짐이 되는 느낌을 측정하는 8개의 문항으로 구성되어 있던 기존의 질문지(Van Orden, 2009)에 짐이 되는 느낌을 측정하는 9개의 문항을 측정한(Van Orden, in press) 질문지를, 조민호(2009)가 번역하여 사용한 자료다. 조민호(2009)의 연구에서 본 질문지의 내적 일관성 지수는 전체 문항의 경우 .95, 좌절된 소속감 문항이 .87, 짐이 되는 느낌 문항이 .94였다.

---

4) 사회적 지지척도(별첨 4)
5) 대인관계 욕구 질문지(별첨 5)

불안척도[6]　　Zung(1971)이 개발한 자기-보고식 불안척도(SAS)를 왕성권(1978)이 번역하여 표준화한 자기보고식 질문지다. '아니다'를 1점, '때때로 그렇다'를 2점, '자주 그렇다'를 3점, '항상 그렇다'를 4점으로 배점했으며 역문항의 경우는 역산했다. 점수가 높을수록 불안이 높은 것을 의미한다. 이 도구의 내적 일관성 지수는 .74이며, 이영란(1999)의 연구에서는 .66이었다.

한국형 알코올 중독 선별검사(National Alcoholism Screening Test: NAST)[7]　　NAST는 김경빈, 한광수, 이정국, 이민규, 김유광, 김철규(1991)가 알코올 중독의 단계를 파악하기 위해 개발한 자기 보고식 질문지다. NAST는 총 12개 문항으로 구성되어 있으며, '그렇다' 2점, '아니다'는 0점으로 처리하며 점수가 높을수록 알코올 중독 심각도가 높은 것을 의미한다(김경빈 외, 1991). 김경빈 등(1991)의 연구에서는 '그렇다'가 4개 이상인 경우 알코올 중독으로 진단될 가능성이 높다고 제안한 바 있다.

치매검사(Mini Mental State Examination-Korean version: MMSE-K)[8]　　MMSE-K는 권용철과 박종한(1989)이 인지기능의 장애를 나타내는 노인을 일차적으로 선별하고 진단하며 이들을 추적평가하기 위해 개발한 자기보고식 질문지다. MMSE-K는 시간 및 장소에 대한 지남력, 기억력(등록 및 회상), 주의력 및 계산능력, 언어 기능, 이해력 및 판단 등의 소척도로 구성되어 최고 30점의 점수를 받을 수 있다. 김민걸 등(1998)의 연구에서는 25점 이상을 치매 유무의 구분점으로 제시한 바 있다.

3. 자살 위험성의 분류

자살 위험성 평가는 일차적으로는 내담자와의 면담과정에서 파악한 정보를 바탕으로 한다. 위험성 평가기록지의 내용을 면밀히 검토하고, 가용한 심리검사 결과가 있다

---

6) 불안척도(별첨 6)
7) 한국형 알코올 중독 선별검사(별첨 7)
8) 치매검사(별첨 8)

면 이를 참조하며, 보호자와의 면담이나 내담자의 행동관찰을 고려하여 최종적으로 상담가가 위험수준을 판단한다. 다음에 제시된 분류표를 기준으로 자살 위험성을 매우 높은 위험에서 낮은 위험까지 4수준으로 분류할 수 있다.

자살 위험성의 수준을 분류하는 이유는 위험수준에 따라 취해야 할 조치와 상담가가 해야 할 역할이 다를 수 있기 때문이다. 하지만 낮은 자살 위험수준에 해당된다고 판단되는 사람이 자살할 수도 있고, 높은 자살 위험수준에 해당된다고 판단되는 사람이 죽음보다는 삶을 선택할 수도 있다. 그러므로 낮은 위험수준으로 분류된 사람이라도 충분한 관심을 기울일 필요가 있다.

위험수준 1

- 강렬하며, 지속적인 자살생각을 보인다.
- 분명하고 구체적인 자살계획을 세우고 있으며, 자살에 사용할 수단을 확보하고 있다.
- 분명한 자살의도를 가지고 있다.
- 이전에 치명적인 방법으로 자살시도를 한 경험이 있다.
- 정서적으로 매우 불안정하며, 심한 정서적 고통을 호소하고 있다.
- 폭음을 하거나 불법 약물을 복용하고 있다.
- 사회적으로 고립되어 있으며, 주위에 도움을 요청할 수 있는 가까운 사람이 없다.

위험수준 2

- 빈번하고 지속적인 자살생각을 보인다.
- 분명하고 구체적인 자살계획을 세우고 있다.
- 분명한 자살의도를 보이거나, 자살의도에 대해 보고하지는 않지만, 객관적으로 보기에 자살의도가 있음이 확인된다. 예를 들면, 자살계획에서 치명적인 수단을 선택하거나, 그 수단이 이용 가능하고 접근 가능한 상태이거나, 본격적으로 자살시도를 하기 전에 준비행동을 하고 있다.
- 심한 음주나 흡연 등 자기 행동을 통제할 능력이 부족하고, 충동적인 양상을 보인다.
- 정서적 불안정성과 불안을 경험한다.
- 여러 가지 위험요인이 존재한다. 예를 들면, 심한 경제적 어려움을 겪고 있으며, 최근에 건강이 악화된 경우다.
- 보호요인이 매우 적거나 거의 없다. 특히 사회적 지지 자원이 결여된 상태다.

위험수준 3

- 자살에 대해 자주 생각한다.
- 자살계획이 모호하거나 구체적인 준비를 하지 않았다.
- 자살의도를 보이고 있으나 자살에 대한 양가감정이 남아 있다.
- 정신장애에 대한 약간의 증거가 있지만, 심한 불안정성을 보이지 않는다.
- 음주를 조절하지 못하는 등 충동적인 행동을 할 가능성이 있다.
- 위험요인이 존재한다.
- 이용할 수 있는 사회적 지지 자원을 포함하여 몇몇 보호요인이 존재한다.

위험수준 4

- 자살에 대해 일시적 또는 간헐적으로 생각한다.
- 구체적인 자살계획을 세우지 않았다.
- 자살의도가 분명하지 않으며, 자살에 대한 양가감정을 가지고 있다.
- 불안정한 심리적 상태일 수 있지만 자기 통제가 가능하다.
- 위험요인의 수가 적고, 사회적 지지 자원을 포함한 보호요인이 존재한다.

4. 자살 위험성 평가양식

1) 자살 위험성 평가기록지의 사용

다른 심리평가과정과 마찬가지로 자살 위험성 평가도 반드시 충분한 교육과정을 이수한 전문가가 실시해야 한다. 다음에 제시된 자살 위험성 평가기록지는 면담 중에 활용할 수 있도록 자살 위험성 평가 시 확인해야 할 주요 사항을 포함하고 있다.

자살 위험성 평가기록지는 크게 다섯 부분으로 구성되어 있다. 첫째 부분에는 내담자와 면담자의 신상정보를 기록한다. 비상시에 연락할 수 있도록 내담자의 주소와 연락처를 확보하는 일은 중요하다. 또한 내담자를 다른 전문기관에 의뢰하는 경우가 있을 수 있기 때문에 자살 위험성 평가양식을 작성한 평가자의 이름과 연락처를 기록하는 것이 치료자 간 협조체계를 이루는 데 큰 도움이 된다. 둘째 부분은 자살생각, 자살계획의 유무 및 자살계획의 치명성과 자살시도의 과거력, 정신장애의 과거력, 사회적 지지, 경제적 여건, 신체적 건강상태, 음주 및 흡연 여부, 그 외 위험요인에 대해 평가하도록 되어 있다. 이 부분에서는 자살 위험성을 높일 수 있는 위험요인의 평가와 더불어, 자살 위험성을 낮추는 보호요인의 존재 여부를 확인하는 것이 중요하다. 자살생각, 자살계획, 위험요인 및 보호요인의 존재 여부에 대해 기록하고 나면, 셋째 부분에서는 자살 위험성을 분류하여 표시하도록 되어 있다. 이때 면담 내용과 이 책에서 제시한 위험성 수준별 특징을 참고하여 네 가지 위험수준으로 분류한다. 자살 위험성을 '높음' '중간' '낮음'으로 명명하면 '낮은 자살 위험성'으로 분류했을 때, 자살 위험성이 있지만 상대적으로 급박한 위기상황은 아니라는 의미이지만 자살 위험성이 낮아 신속한 개입이나 처리가 필요하지 않은 것으로 오해할 여지가 있다. 따라서 매우 높은 위험수준부터 위험수준 1에서 위험수준 4까지로 명명했다. 넷째 부분에서는 후속조치를 기재하는데, 이 부분에서는 위험성 분류수준에 따른 조치와 연계체계를 맺고 있는 기관에서 제공하는 서비스에 대해 기재하는 것이다. 후속조치의 내용으로는 안전계획을 수립하는 것, 자살의 치명적인 수단을 제거하거나 접근을 제한하는 것, 가족에게 연락하는 것, 가능한 의뢰체계로 의뢰하는 것 등이 포함된다. 이러한 후속조치의 결과는 다섯째 부분에 기록하면 된다.

자살 위험성 평가기록지

No. _____

	1. 신상정보			
내담자	이름:	나이: 세		성별: 남 / 여
	집전화:		휴대전화:	
	주소:			
	결혼상태:			
	동거가족:			
면담자	이름:	소속:		직위:
	연락처	기관:		휴대전화:
	면담일: 년 월 일			

	2. 자살 위험성 평가
1. 자살생각	
2. 자살계획 및 치명성	
3. 자살시도의 과거력	
4. 정신장애의 과거력	
5. 사회적 지지	
6. 경제적 여건	
7. 신체적 건강상태	

02

8. 음주 및 흡연	
9. 그 외 위험요인	

3. 평가 결과

자살 위험성 수준 4	수준 3	수준 2	수준 1
☐	☐	☐	☐

평가 사유:

4. 개 입

5. 처리 결과

5. 자살 위험성 평가의 실제

자살생각을 하는 노인의 사례를 통해 자살 위험성 평가양식을 활용하여 자살 위험성 평가 실시방법을 살펴본다. 각 사례는 실제 사례를 일부 참조하여 재구성했으며, 위험성의 정도에 따라 수준별 사례를 각각 제시했다.

■ 사례를 통한 노인의 자살 위험성 평가

사례 1

> 박○○ 씨는 69세 된 남자 어르신으로 5년 동안 같이 생활하던 동거녀의 갑작스러운 가출로 인한 충격과 분노를 술로 달래고 있다. 하루에 소주 3, 4병을 마시고 있으며 술을 마신 상태에서 경찰이나 119, 복지관에 자주 전화를 해 "죽어 버리겠다, 칼을 갈아 놓았다, 제초제도 옆에 있다, 나랑 살던 여자를 찾아내라. 칼로 찔러 죽이고 나도 죽을 거다."라는 등의 협박을 했다.
>
> 어르신은 젊은 시절부터 시작되었던 몇 번의 외도로 인해 아내와 갈등이 심했고 50대 초반에 결국 아내와 갈라섰다. 아내와의 사이에 두 아들이 있으나 어르신과는 함께 살 때부터 사이가 좋지 않았고 지금은 어떻게 사는지도 모르고 지낸다. 어르신은 장사를 하면서 동거녀를 만났는데, 동거녀는 싹싹하고 활달한 성격이어서 장사를 돕다가 함께 살게 되었다.
>
> 지난 몇 년간 장사가 점점 어려워지고, 경제적으로 궁핍해지면서 동거녀와 사소한 일로도 싸우는 일이 잦아졌다. 심하게 싸우는 날이면, 간혹 폭력이 오가는 경우도 있었다. 얼마 전 어르신이 사용한 카드빚이 500만 원이 있음을 알게 되면서 심한 말다툼이 벌어졌고 동거녀는 집을 나갔다. 어르신은 워낙 술을 많이 마시는 편이었는데, 동거녀가 가출한 이후 거의 매일 술을 마시고 있다.
>
> 어르신은 간이 좋지 않아 지속적으로 약을 복용하고 있었는데 최근에는 약을 챙겨 먹지 않을 뿐만 아니라 식사도 제때 하는 적이 별로 없다.

자살 위험성 평가기록지 예시

No. __1__

		1.신상정보			
내담자	이름: 박○○		나이: 69세		성별: 남
	집전화:			휴대전화:	
	주소:				
	결혼상태: 동거 중 가출				
	동거가족: 없음				
면담자	이름: 이○○		소속:		직위:
	연락처		기관:		휴대전화:
	면담일:　　　년　　　월　　　일				

	2. 자살 위험성 평가
1. 자살생각	지난 일주일간 거의 매일 자살생각을 하고 있다. 한번 자살생각이 떠오르면 떨쳐 버리기 어렵다고 느낀다.
2. 자살계획 및 치명성	어르신은 칼이나 제초제와 같은 자살수단을 확보하고 있으며, 구체적인 자살계획을 세워 놓았다. 칼이나 제초제의 사용은 치명성이 높은 자살방법이다.
3. 자살시도의 과거력	이전에 자살시도경험은 없었다.
4. 정신장애의 과거력	알코올 의존이나 남용의 가능성이 있다.
5. 사회적 지지	이혼한 아내나 자녀들과는 연락하지 않고 지내고 있으며, 가까이에 친한 친구나 친척들이 없는 상태다. 유일하게 곁에 있던 동거녀마저 어르신을 떠나 사회적으로 고립된 상태다.
6. 경제적 여건	500만 원의 카드빚이 있으며, 가게가 어려워지면서 이전보다 더 심한 경제적 어려움을 겪고 있다.
7. 신체적 건강상태	간이 좋지 않아 지속적으로 치료를 받고 있으나, 최근에는 처방받은 약을 먹지 않고 있다. 또한 식사도 제때 챙겨 먹지 않으면서 전반적인 건강상태가 악화된 상태다.
8. 음주 및 흡연	하루에 소주 3, 4병을 마실 정도로 술을 많이 마시고 있다.
9. 그 외 위험요인	동거녀 가출로 인한 심한 배신감과 분노를 경험하고 있다.

3.평가 결과

자살 위험성 수준 4	수준 3	수준 2	수준 1
☐	☐	☐	☑

평가 사유:

어르신은 최근에 동거녀가 가출한 후 몹시 화가 나 있고 불안정한 상태다. 현재 매일 자살생각을 하고 있으며, 구두로 자살의도를 명백하게 표현하고 있다. 또한 구체적인 자살계획을 가지고 있으며, 자살에 사용 가능한 수단을 확보해 놓은 상태다. 이뿐만 아니라 신체적인 건강상태가 좋지 않은 것을 알면서도 반복적으로 폭음을 하는 등 충동조절능력이 저하되어 있는 현재의 상황을 고려할 때, 자살 위험성이 매우 높은 수준으로 판단된다. 정신과 입원을 포함한 적극적인 개입이 필요하며, 24시간 안전이 확보될 수 있도록 하는 조치가 필요할 것으로 판단된다.

4.개 입

1. 어르신의 집으로 긴급 출동하여 자살도구 제거 및 정신과 폐쇄병동 입원 고려
2. 전문기관연계: 정서적 고통의 완화와 진단을 위한 정신과 상담 및 약물치료
3. 음주문제: 알코올센터나 알코올전문병원의 도움
4. 연락 가능한 친인척을 확인하고 연락
5. 급성 위기가 지나간 후 상담 서비스 제공

5.처리 결과

지속적인 심리상담과 약물치료를 병행하였다. 상담을 진행하면서 아들과 접촉을 시도하여 연락이 되었으나 아버지에 대한 증오심과 불신감이 커서 만나지 않을 것이고, 정신과병원 입원에 대한 동의서도 써 주지 않겠다며 다시는 연락하지 말라고 하였다. 어르신의 인근 지역에는 알코올전문병원이 없어 차선책으로 정신보건센터와 연계하여 항우울제를 처방받아 복용하고 있다. 내과병원과도 연계하여 치료제도 처방받았다. 상담과정 중에 가출했던 동거녀가 돌아와 집안일을 돌보고 있고, 이로 인해 심리적으로 안정감이 생겼으며, 제대로 살아보겠다며 머리도 짧게 자르고 술도 하루에 소주 3, 4병 마시던 것을 1병 이하로 줄였다. 몸이 좋아지면 일도 하고 싶다는 욕구를 표현하기도 했다.

사례 2

　　김○○ 씨는 72세의 남자 어르신으로, 3개월 전 아내와 사별한 후 부쩍 말수가 줄고 집에만 있으려고 하여 이웃들이 상담센터에 의뢰해 왔다.

　　어르신의 아내는 심한 관절염을 앓고 있었는데, 증세가 점점 악화되어 심한 통증을 겪었고 간단한 집안일을 하는 것도 몹시 힘들어 했다. 아내는 우울해하고 짜증을 많이 내서 정신과에서 약을 처방받은 적이 있었으나 꾸준히 약을 먹지는 않았다. 그러다 3개월 전 아내는 스스로 목숨을 끊었다. 아내가 종종 죽고 싶다고 말한 적이 있었지만 정말 죽을 것이라고는 생각하지 못했던 탓에 어르신은 아내의 자살에 몹시 충격을 받았고, 좀 더 잘해 주지 못한 것에 죄책감을 느끼고 있다.

　　최근에는 잠을 잘 이루지 못하고 새벽까지 뒤척이는 일이 잦으며, 잠깐 잠이 들어도 악몽에 시달리는 경우가 많다. 어르신은 당뇨병과 고혈압을 앓고 있으며, 신체적으로 점차 쇠약해지고 있다고 느끼고 있다. 현재 어르신은 혼자 살고 있는데, 큰딸과 간간이 전화로 연락을 할 뿐, 아들 내외와는 왕래가 없다. 어르신의 퇴직금과 얼마 안 되는 재산은 아들이 사업을 시작하면서 전부 자본금으로 들어갔으나 사업이 어려워지면서 가산을 탕진했다. 이 일로 아들과 말다툼을 자주 하게 되었고, 결국 어르신과는 사이가 멀어졌다.

　　어르신은 현재 보증금 2,000만 원에 월세 20여만 원인 집에 살고 있다. 국민기초생활 수급권자로 20여만 원의 보조금과 딸에게 용돈을 받고 있으나 경제적으로 매우 어려운 형편이다. 아내가 있을 때에는 불평을 하면서도 아내가 식사 준비를 하곤 했는데, 혼자서 밥과 반찬을 만들어 먹으려니 식사 챙기는 일이 매우 버겁게 느껴진다. 최근에는 식사를 거르는 일이 잦다. 어르신은 동네 이웃들과 어울리는 일도 거의 없고 집 밖으로 잘 나가지 않는다. 이웃에 사는 박○○ 씨는 어르신의 오랜 친구로 어르신의 상태에 대해 매우 걱정하고 있다.

　　어르신은 죽고 싶은 생각을 자주 하며, 이러면 안 된다고 생각하지만 한번 자살생각을 하면 떨쳐 버리기가 어렵다고 느낀다. 자살시도를 했던 적은 없으며, 제초제를 먹으면 죽을 수도 있을 것이라 생각하고 있다.

자살 위험성 평가기록지 예시

No. __2__

1. 신상정보				
내담자	이름: 김○○	나이: 72세		성별: 남
	집전화:		휴대전화:	
	주소:			
	결혼상태: 사별			
	동거가족: 없음			
면담자	이름: 김○○	소속:		직위:
	연락처	기관:		휴대전화:
	면담일: 년 월 일			

2. 자살 위험성 평가	
1. 자살생각	죽고 싶다는 생각을 자주 하며, 한번 자살생각을 하면 떨쳐 버리기가 힘들다고 보고했다.
2. 자살계획 및 치명성	자살방법으로 제초제를 생각하고 있다. 아직 제초제를 구입하지는 않았으나 구체적으로 자살방법을 결정한 상태다.
3. 자살시도의 과거력	이전에 자살시도를 한 적은 없는 것으로 보고했다.
4. 정신장애의 과거력	우울증을 포함하여 다른 정신장애를 앓았던 적은 없다고 했다. 친인척 중에는 작은아버지가 알코올 문제가 있었고, 우울증이나 다른 정신장애의 가족력은 부인했다.
5. 사회적 지지	오랜 지인인 박○○ 씨가 가까이 살고 있고 어르신의 상태에 관심을 가지고 있다. 아내와 사별한 상태다. 딸과는 가끔 전화로 연락을 하고 있으나 아들과는 연락이 닿지 않고 있다.
6. 경제적 여건	보증금 2,000만 원에 월세 20여만 원인 집에 혼자 살고 있다. 국민기초생활수급권자로 20여만 원의 보조금과 딸이 용돈을 주고 있지만 경제적으로 매우 어려운 형편이다.
7. 신체적 건강상태	당뇨병과 고혈압을 앓고 있는데, 약을 제때 복용하지 않고 식사도 제대로 하지 않아 전반적으로 쇠약해진 상태다.
8. 음주 및 흡연	술은 거의 마시지 않으며, 담배는 하루 반 갑 정도로 이전보다 피우는 양이 많아졌다.
9. 그 외 위험요인	최근 아내가 자살로 사망했다. 아내의 죽음에 대해 더 신경 써 주지 못한 것에 대한 죄책감과 자신을 버리고 떠난 것에 대한 원망이 뒤섞인 감정을 느끼고 있다.

3. 평가 결과

자살 위험성 수준 4	수준 3	수준 2	수준 1
☐	☐	☑	☐

평가 사유:

어르신은 얼마 전 아내가 자살한 후 심한 우울감과 죄책감을 경험하고 있다. 자살생각을 거의 매일 하고 있으며, 한번 자살생각이 떠오르면 떨쳐 버리기 어렵다고 느낀다. 자살에 사용할 도구를 구입한 것은 아니지만 구체적인 자살방법을 생각해 둔 상태다. 이전에 자살시도를 했던 경험은 없다.

위험요인으로는 만성적인 신체질환이 있으며, 정상적으로 수면을 취하지 못하고 있고, 신체적으로 기능이 저하되고 있다고 느낀다. 또한 경제적으로 어려움을 겪고 있으며, 식사와 같은 기본적인 생활의 유지가 어려운 상황이다. 어르신을 걱정하는 이웃의 박○○ 씨가 있지만 사람들과 어울리는 것을 꺼려하는 등 사회적으로 고립되어 있으며, 가족들과도 관계가 소원하다.

어르신은 아내의 자살이라는 외상적 사건으로 인해 심한 정서적 고통을 겪고 있으며, 자살생각의 빈도가 잦고 구체적인 자살계획을 세우고 있으므로, 자살 위험성이 높은 수준으로 판단된다. 정서적 고통의 완화와 더불어 긴급한 개입이 뒤따라야 할 것으로 보인다. 딸과 이웃의 박○○ 씨에게 지속적인 관찰을 부탁하고, 응급 시 취해야 할 행동에 대해 교육할 필요성이 있다.

4. 개 입

1. 상담연계: 수면, 죄책감, 불안에 대해 상담 제공
2. 전문기관연계: 정신과 상담 및 약물치료 권유
3. 신체적인 어려움: 방문보건서비스, 노인돌보미서비스, 재가서비스 제공
4. 경제적인 어려움: 긴급지원서비스, 무한돌봄서비스 제공, 노인취업이나 일자리사업 참여
5. 대인관계문제: 노노상담, 말벗서비스, 노인돌보미, 여가시설(복지관이나 경로당 제공) 이용

5. 처리 결과

지속적인 심리상담을 진행하여 아내와의 결혼생활에 대해 충분히 이야기를 나누는 과정에서 아내에 대한 죄책감이 줄어들기 시작하였다. 지속적인 자살생각이 생길 때는 상담자나 딸, 박○○ 씨에게 전화할 것을 약속했다. 혼자 있는 시간을 줄이기 위해 인근 복지관의 프로그램을 안내하였고, 흥미 있는 프로그램을 찾아 참여해보기로 하였다. 또한 불면과 고혈압, 당뇨는 병원과 연계하여 적절한 치료를 받고, 방문보건서비스를 주 1회 받을 수 있게 되었다. 식사는 스스로 해결하는 데 어려움이 있어 복지관에서 고혈압과 당뇨에 맞추어 반찬서비스를 주 2회 제공한다.

오○○ 씨는 올해 79세의 여자 어르신이다. 어르신의 남편은 6년 전 뇌졸중으로 쓰러져 거동이 몹시 불편한 상태다. 어르신이 부축하면 걸을 수는 있으나 잘 움직이지 않으려 하고, 좀처럼 집 밖을 나가려 하지 않는다. 어르신은 오래전부터 관절염을 앓고 있었는데, 점점 증상이 심해지면서 계단을 오르내리거나 무거운 것을 드는 것을 힘겨워 하고 있다. 그러다 보니 남편을 부축해서 화장실에 가는 것도, 남편을 씻기는 것도 점점 힘에 부친다고 느끼고 있다.

슬하에 두 자녀가 있는데, 도시에 거주해서 자주 찾아오지는 못하고 가끔 전화를 하는 것이 전부다. 자녀들로부터 약간의 생활비를 받고 있지만, 남편과 자신의 치료비로 상당 부분이 사용되고 있어 경제적으로 여유가 있는 상황은 아니다.

그동안은 경로당에 가끔 나가 동네 사람들과 이야기도 하고 놀다 들어오기도 했는데, 최근에는 사람들을 만나는 것도 편하지가 않고 부담스럽다고 느낀다. 남편은 젊어서도 별로 말이 없었는데, 집에만 있다 보니 말수가 더 줄었고, 건강이 나빠진 후로는 하루 종일 어르신과 한두 마디도 안 하고 지나가는 경우도 있다.

어르신은 최근에 죽고 싶다는 말을 자주 한다. 아직 구체적으로 자살계획을 세운 것은 아니지만, 남편의 건강이 앞으로 좋아질 것이라는 보장도 없고, 본인도 거동이 점점 불편해지는 상황에서 삶을 계속 살아가는 것이 무슨 의미가 있을까라고 생각한다. 이러한 상황에 대해 누군가에게 속 시원히 이야기하고 싶지만, 남편에게도 자식들에게도 이야기할 수 있는 상황이 아니라고 생각하고 있다.

평소에 술을 즐기는 편은 아니었지만, 최근에는 잠자리에 들기 전 혼자서 술을 마셔야 술기운을 빌려 잠들 수 있다. 이전에는 한번도 자살생각을 해 본 적이 없지만, 요즘은 하루에도 몇 번씩 죽고 싶은 생각이 든다. 그러다가도 자식들과 손자들의 얼굴을 떠올리면 '그래도 살아야지.'라는 생각을 하기도 한다. 매일 밤 잠자리에 들 때, 내일 아침에 눈을 뜨지 않았으면 좋겠다고 생각한다.

젊었을 때에는 주변 사람들로부터 천성이 밝고 긍정적인 사람이라는 소리를 들었고, 정신장애를 경험한 적도 없었다. 그러나 최근에는 아침에 잠에서 깨어날 때 또다시 절망적인 하루를 '억지로 살아야' 한다는 것에 대해서 심한 우울감과 무기력감을 느낀다.

자살 위험성 평가기록지 예시

1. 신상정보			
내담자	이름: 오○○	나이: 79세	성별: 여
	집전화:	휴대전화:	
	주소:		
	결혼상태: 기혼		
	동거가족: 남편		
면담자	이름: 박○○	소속:	직위:
	연락처	기관:	휴대전화:
	면담일: 년 월 일		

2. 자살 위험성 평가	
1. 자살생각	하루에도 몇 번씩 죽고 싶은 생각을 하는 등 자주 자살생각을 하고 있다.
2. 자살계획 및 치명성	구체적으로 자살계획을 세우지는 않았다.
3. 자살시도의 과거력	이전의 자살시도 경험은 없다고 보고했다.
4. 정신장애의 과거력	이전에 정신장애를 겪은 경험은 없지만, 최근에는 심한 우울감을 느끼고 있다.
5. 사회적 지지	경로당에서 이웃들과 함께 시간을 보내곤 했으나 요즘에는 예전과 달리 그들을 대하기가 불편하다고 했다. 자식들에게 적극적으로 의지하거나 도움을 청하지는 않지만, 그들의 존재 자체가 어르신이 삶을 지속하도록 동기를 부여하고 있다.
6. 경제적 여건	자녀들로부터 약간의 생활비를 받고 있지만, 상당 부분이 남편과 자신의 치료비로 지출되기 때문에 경제적으로 여유가 있는 상황은 아니다.
7. 신체적 건강상태	관절염을 앓고 있고, 이런 상황에서 자신뿐만 아니라 뇌졸중을 앓고 있는 남편의 뒷바라지에 신체적으로 힘에 부친다고 느낀다.
8. 음주 및 흡연	과거에 즐기지 않던 술을 매일 밤 자기 전에 마시고, 술기운을 빌려야만 겨우 잠들 수 있을 정도로 술에 의지하게 되었다.
9. 그 외 위험요인	남편의 신체적인 건강이 좋아질 것이라는 보장이 없고, 자신의 신체 또한 쇠약해지는 상황에 대해 절망감과 무기력감을 느끼고 있다.

3. 평가 결과

자살 위험성 수준 4	수준 3	수준 2	수준 1
☐	✔	☐	☐

평가 사유:

어르신은 오랜 기간 동안 거동이 불편한 남편을 뒷바라지해 왔는데 점차 기력이 쇠약해지면서 신체적으로나 정신적으로 몹시 지친 상태다. 최근에 자살생각을 자주 하고 있으며, 남편이나 자신의 건강이 더 나아지지는 않을 것이고, 상황은 점점 악화되리라는 비관적인 생각을 하고 있다. 이전에 잘 마시지 않던 술에 의존해야만 잠을 이룰 수 있는 상태로 우울감과 절망감을 경험하고 있다. 자살계획을 구체적으로 세우지는 않았으며, 이전에 자살시도를 한 경험은 없다고 보고했다.

위험요인으로는 신체적 건강의 악화, 우울증(정확한 진단을 받을 필요성이 있음), 경제적 어려움 등이 있으며, 사회적 지지체계가 부족하다. 그러나 낙천적이고 밝은 성격, 자녀와 손자들이 보호요인으로 기능할 수 있다.

현재 자살생각의 빈도와 우울 및 절망감 등 정서적 고통을 고려하면, 수준 3의 자살 위험성이 있는 것으로 평가되며 신속한 개입이 필요할 것으로 판단된다.

4. 개입

1. 남편에 대한 신체적인 돌봄의 문제: 장기요양서비스 제공
2. 내담자의 신체적인 문제와 남편의 간호: 재가서비스(복지관), 방문간호서비스(보건소)
3. 경제적 어려움: 무한돌봄서비스, 긴급지원서비스
4. 음주문제: 알코올센터나 알코올전문병원의 도움, 정신과치료 및 상담 제공
5. 대인관계와 여가: 주간보호센터(복지관), 여가 프로그램(복지관, 경로당), 말벗서비스
6. 심리문제: 절망감과 우울에 대한 심리상담, 우울증 진단 및 약물치료를 위한 정신과 방문 권유

5. 처리 결과

부양에 대한 부담감을 줄이기 위해 국민건강보험공단에 노인 장기요양 인정 신청을 하여 요양등급 3등급을 받아, 지역에서 운영하는 주간보호센터를 이용하게 되었다. 남편이 주간보호센터를 이용하는 동안 어르신은 경로당에도 다시 나갈 수 있게 되었고, 관절염을 관리하기 위해 무료로 이용할 수 있는 복지관 물리치료실을 이용하기로 하였다. 점차 자신만의 시간을 가지게 되고, 남편의 부양 부담이 줄어들면서 예전의 밝고 긍정적인 모습을 되찾아가기 시작했다.

낮 동안의 활동으로 숙면하는 날도 늘어나고, 그로 인해 술 마시는 빈도도 줄어들었다. 심리상담에서 남편을 돌보는 과정에서 느끼는 스트레스를 다루고 있고, 남편과의 대화를 위해서 대화법을 익히고 역할연습을 진행해 보기로 하였다.

사례 4

　이○○ 씨는 66세의 남자 어르신으로, 지난해 공기업에서 은퇴했다. 은퇴 후에는 여유 있게 노후 생활을 즐기고 싶었지만, 다달이 들어오던 급여가 끊기면서 경제적으로 부담을 느끼고 있다. 오랜 직장생활을 했지만 그동안 세 자녀를 대학에 보내고 결혼을 시키면서 노후자금을 따로 마련하지는 못했다. 집 한 채와 얼마간의 예금을 가지고 있으나 매달 필요한 생활비와 더 나이가 들어 병이라도 생기면 치료비로 들어갈 돈 생각에 압박감을 느끼곤 한다.

　은퇴할 당시에는 무슨 일이든 못하겠는가 하는 생각도 있었고, 자기 정도면 크게 욕심내지 않는 한 직장을 다시 구할 수 있을 것이라고 생각했다. 그러나 직장을 알아보기 위해 여러 군데 부탁을 해 두었으나 연락 오는 곳도 없고, 계속 거절을 당하다 보니 점점 자신감을 잃고 위축되어 가고 있다.

　아내는 활달한 성격으로 사람들과 어울리기를 좋아하고 모임에 자주 참석한다. 어르신이 은퇴한 후 아내의 잦은 외출이 신경 쓰여 뭐라고 하면 아내와 싸움으로 이어지기 일쑤였고, 며칠씩 서로 말도 안 하고 지내기도 했다. 아내는 어르신이 갓 은퇴했을 당시에는 남편에게 신경도 써 주고 같이 외출도 했으나 어르신이 점점 아내가 돈 쓰는 것과 늦게 들어오는 것에 대해 잔소리를 하면서 은퇴 전보다 사이가 나빠졌다. 아내도 남편에게 매일 세끼 식사를 챙겨 줘야 한다는 것을 부담스러워하는 눈치다.

　결혼한 세 자녀는 가끔 찾아오기도 하고 전화도 하지만, 젊어서부터 자식들과 살가운 사이는 아니었던 터라 만나도 거리감을 느낀다. 게다가 자녀들이 아내와 좀 더 편하게 지내는 것 같아 마음이 불편하다. 직장생활을 하면서 만났던 사람들 대부분은 업무상 관계된 사람들이어서 속마음을 터놓을 사람들은 아니라고 느꼈고 은퇴 후에 따로 만나는 일은 거의 없다.

　이전에 정신장애를 경험한 적도 없고 한번도 죽음에 대해 심각하게 고민해 본 적이 없지만, 최근에 자신이 사회에서 쓸모없는 존재인 것처럼 느껴질 때면 가끔 죽고 싶다는 생각을 하곤 한다. 그러나 구체적인 방법까지 생각해 보지는 않았다.

　아내에게 섭섭한 것이 쌓이고 자식들에게도 원망스러운 마음이 들면서, 자신에 대한 자책이 심해지고 부정적인 생각을 많이 하고 있다. 그런 생각이 들 때면, 대학동창이자 입사동기이며 어르신처럼 최근에 은퇴한 서○○ 씨에게 연락을 하곤 한다. 무엇보다 자신과 비슷한 처지에서 비슷한 감정을 경험하는 사람이 곁에 있다는 것이 큰 위안이 된다. 서○○ 씨와 만날 때면 술을 마시면서 이야기하곤 하지만, 원래 어르신은 술이나 담배를 즐기는 성격이 아닌 탓에 이전처럼 적당한 정도로만 술을 마신다.

자살 위험성 평가기록지 예시

No. <u>4</u>

1. 신상정보			
내담자	이름: 이○○	나이: 66세	성별: 남
	집전화:	휴대전화:	
	주소:		
	결혼상태: 기혼		
	동거가족: 아내		
면담자	이름: 박○○	소속:	직위:
	연락처	기관:	휴대전화:
	면담일: 년 월 일		

2. 자살 위험성 평가	
1. 자살생각	때때로 자신이 사회에서 쓸모없는 존재가 되어 버렸다는 생각이 들 때면 죽고 싶다는 생각을 한다(주 2~3회 정도).
2. 자살계획 및 치명성	구체적으로 자살계획을 세우지는 않았다.
3. 자살시도의 과거력	이전에 자살생각을 하거나 자살시도를 해 본 적은 없다.
4. 정신장애의 과거력	이전에 정신장애를 겪은 경험은 없다.
5. 사회적 지지	자식들과 가끔 왕래하기는 하나 그들과의 소통에 단절이 있다고 느끼며, 아내와의 갈등이 이전에 비해 심해졌다. 비슷한 처지에 있는 서○○ 씨와의 관계가 어르신에게 큰 위안을 준다.
6. 경제적 여건	당장은 심한 경제적 어려움을 경험하고 있지는 않지만, 은퇴 후 이전보다 빠듯하게 생활하고 있다. 새로운 직장도 구하지 못한 상황에서 미래에 치료비 등으로 지출 비용이 더 많아질 것을 예상하며 압박감을 느끼고 있다.
7. 신체적 건강상태	현재 신체적 건강에 특별한 문제는 없다.
8. 음주 및 흡연	원래 음주나 흡연을 즐기지 않으며, 이전보다 음주량이 증가하지 않았다.
9. 그 외 위험요인	은퇴 후 서○○ 씨와의 만남을 제외하고는 정기적으로 하는 활동이나 모임없이 고립되어 지낸다.

3. 평가 결과

자살 위험성 수준 4	수준 3	수준 2	수준 1
☑	☐	☐	☐

평가 사유:

어르신은 은퇴 후 아내와의 갈등이 심화되고 재취업에 어려움을 겪으면서 부정적인 생각을 많이 하고 있고, 간헐적으로 자살생각을 하고 있다. 어르신은 구체적인 자살계획을 세운 적이 없으며 자살시도의 과거력도 없다.

위험요인으로는 오랫동안 몸담아 온 직장에서 은퇴한 것이 직업, 경제력, 지위, 유능감의 상실과 연결되면서 심리적 어려움을 겪고 있다. 하지만 현재 특정한 정신장애를 앓고 있지 않으며 정신장애의 과거력도 가지고 있지 않다. 또한 신체적 질환이나 기능적 장애가 없으며, 아내와 갈등이 있기는 하지만 이전에는 좋은 관계를 유지했고, 관계의 개선이 가능한 상황이다. 또한 대학동창이자 입사동기인 서○○ 씨와 속마음을 터놓을 수 있는 관계를 유지하고 있다. 따라서 현재 자살생각을 하고 있으므로 체계적인 개입이 필요하지만, 급박한 자살위기상태는 아니라고 판단되므로 수준 4의 자살 위험성이 있는 것으로 평가된다.

4. 개 입

1. 부인과의 관계 개선: 상담연계 및 건강가정지원센터 프로그램 참여
2. 자녀와의 관계 개선: 상담서비스 제공
3. 취업, 일자리: 취업지원센터, 실버인력뱅크, 노인복지관, 시니어클럽 등의 서비스
4. 여가: 복지관 여가 프로그램

5. 처리 결과

재취업을 위해 어르신과 공감형성이 잘 이루어지는 서○○ 어르신과 노인취업지원센터, 시니어클럽, 노인복지관에 구직신청을 하고, 기다리는 동안 취미활동을 하면서 취업을 위해 필요한 면접요령이나 이력서 작성요령 교육을 받았다. 그리고 노화에 대해 긍정적으로 수용을 할 수 있도록 취업이 아닌 자원봉사를 통한 삶의 방식 등 자신의 노년의 삶을 상담을 통해 계획해 보았다. 또한 노화가 진행되면서 다가올 수 있는 위기나 스트레스를 사전에 예상해 보고 대처방법도 계획할 수 있게 되었다. 지속적인 상담을 통해 아내와 이전의 좋은 관계를 유지하기 위해 할 수 있는 일을 계획하고, 아내의 삶을 이해하고 수용하는 입장을 가지게 되었다.

위기 개입 시 문제유형별
연계조직 및 기능

1. 수준별 자살예방 연계조직 및 기능

　노인자살을 해결하기 위한 상담적 개입과 연계는 노인자살을 바라보는 이론적 시각과 위험성 수준에 따라 크게 달라진다. 이 장에서는 자살에 대한 이론적 모델인 우울증상모델과 사회통합모델을 모두 통합하여 연계서비스 및 상담적 개입에 반영하기 위해 노력했다. 또한 자살 위험성을 포함한 자살에 영향을 줄 수 있는 주요 노인문제의 심각성 수준을 구분하고, 각각의 수준에 적절한 개입과 연계기관, 연계서비스를 세부적으로 제시했다.

　이는 노인자살문제를 상담할 상담가가 고려하고 연계해야 할 주요 개입을 각각의 문제와 심각성 수준에 따라 정리한 것으로, 실제 노인자살상담을 진행할 때 유용한 지침이 될 것이다.

　노인자살연구의 이론적 적용은 개인 심리의 내적인 특성으로 자살을 이해하는 심리학적 입장과 개인이 접하고 있는 생활조건이 자살을 유발할 수 있다는 사회학적 입장으로 구분할 수 있다. 전자의 경우는 무기력감과 절망감이 주요 특징인 우울증상으로 자살을 이해하는 연구가 대표적인 예다. 노인자살의 대표적인 사회학적 연구는 노인 개개인을 둘러싸고 있는 노인문제의 구조적 상황이 그들이 속한 집단으로의 결속력을 약화시켜 자살을 초래한다는 사회통합론적 시각이다(김형수, 2000).

　노인자살은 우울증상모델과 사회통합모델 양쪽의 입장에서 종합적인 대책과 다차원적인 개입이 필요하다고 볼 수 있다. 또한 우울증 치료와 복지적이며 정책적인 예방활동 외에 노년기에 어쩔 수 없이 다가오는 상실에 대해 긍정적으로 대처할 수 있는 심리적 건강을 증진시킬 수 있는 심리상담이 강화되어야 한다.

　이러한 특성을 반영하여 본 사회통합모델 차원에서, 노인복지관을 중심으로 다양한 복지서비스 연계를 통해 노년기의 다양한 상실을 예방하고 보완하는 다각적 노력으로 노인자살예방체계를 구축하고, 더불어 노인상담 전문인력을 시·군에 배치하여 종합적인 자살예방사업을 전담하여 추진하도록 하고, 상실 및 자살위기를 극복하도록 돕는 심리상담을 진행하는 모델을 제안한다.

Maltsberger(1992)는 일반적으로 자살예방을 위한 조치는 1차, 2차, 3차 수준에서 시행되고 있다고 주장한다.

1차 자살예방이란 자살의도의 전개 자체를 사전에 억제하는 조치를 뜻하며(자살을 유도하는 개인적 동기 및 사회적 조건을 원천적으로 봉쇄하려는 것이다.), 2차 자살예방이란 일단 자살을 고려하기 시작한 사람들을 확인한 후 자살과정에 개입하여 중단시키기 위해 취해지는 조치를 말한다. 그리고 3차 자살예방은 만성적인 자살위험에 처해 있는 극소수의 사람(자살시도의 경험이 있는 사람)을 대상으로 자살로 인한 손상과 자살률을 경감시키기 위한 조치를 지칭한다.

2차 자살예방은 노후에 경험하게 되는 각종 상실이 노인의 사회통합을 약화시켜 자살을 유발한다는 사회통합이론에 기초한 노인복지정책 프로그램과 공공 영역인 행정부의 역할과 관련이 있다.

노인자살의 대다수가 생활고, 신병, 가족불화 등 노인이 당면한 생활문제에 기인한다는 점을 감안할 때, 자살 배후에 있는 노인문제가 무엇인가를 진단하여 사회적 조건의 개선, 즉 1차 예방대책으로서의 사회복지적 대응이 우선적으로 요구되는 것은 지극히 당연한 일이다. 노인자살의 이면에 있는 사회문제가 무엇인가를 분석하여 이에 대한 적절한 대책을 세워야만 노인 자살률을 줄일 수 있을 뿐 아니라 다수의 노인이 보다 건전한 노후생활을 보낼 수 있는 사회를 형성할 수 있는 초석을 다질 수 있을 것이다(김형수, 1998). 예를 들어, 1차 예방대책으로 노인복지관의 역할과 노인돌봄서비스의 자살예방 역할을 강화하고, 위기가정에 대한 무한돌봄사업과 노인일자리사업 등의 정책을 적극적으로 실시하여 사회적 조건을 개선하고자 노력하는 것을 들 수 있다.

2차 예방은 노후에 경험하는 각종 상실로 인한 우울한 정서와 자살생각을 하고 있는 위기에 대한 노인을 찾아내고, 개입하는 상담 및 치료와 사례관리시스템으로서 사회복지적 대응이 중요하다. 현재 경기도에서 설치한 노인자살예방센터는 2차 예방을 위한 전문적 개입 역할을 수행하는 기관이다. 노인자살예방센터에서는 다양한 노인자살예방교육 활동과 더불어 노인일자리를 활용한 노노상담 노인생명돌보미를 운영하여 계이트 키퍼 역할과 말벗서비스의 사례관리를 실시하고 있으며, 발굴된 위기노인을 대상으로 노인자살전문상담원의 전문상담 및 서비스 연계를 지원하고 있다. 특히 지역의 노인자살예방센터에서는 지역사회 내 다양한 자원과 네트워크를 구축하고, 노인과 관련된 서비스 연계를 강화하는 역할에 중점을 두고 있다. 또한 노인의 우울한 정서와 부정적인 자살 관련 사고를 다룰 수 있는 전문적인 심리상담이 동시에 병행될 수 있도록 시·군 자살예방센터에 상담 및 심리치료전문가를 배치하고 있다.

3차 예방 수준에서 시·군 자살예방센터는 발견된 자살위험노인에 대해 긴급 개입하여, 자살도구를 회수하는 등 자살위기를 감소시키고 전문기관 및 응급기관에 연계하는 위기시스템을 구축하고 있다. 또한 경기도는 24시간 자살전화상담을 수행하는 광역정신보건센터와 삼자통화가 가능하도록 소방서와의 연계가 구축되어 있다.

다음 〈표 3-1〉과 〈표 3-2〉는 예방 수준에 따른 지역사회 내 대표 연계기관과 연계서비스를 구분해서 설명하고 있다.

표 3-1 예방 수준에 따른 경기도 노인자살 대표 연계기관

구분	서비스 대상	서비스 내용			연계기관	방법
		복지	상담	보건		
1차 예방 상담센터 공공기관 •예방 •인식개선 •교육	•노인을 포함한 지역사회 주민 •통·이장(부녀회, 아파트 경비원) •실무자 •공무원 •종교단체	•자살위험 요인 예방사업(사별, 독거, 사회 참여, 가족 갈등, 정서적 결여, 건강 악화, 경제적 불안정, 사회적 관계망 축소 등)	•자살에 대한 인식 개선 및 교육 •생애 스트레스에 대처할 능력 배양 교육 •긍정적인 노년의 삶에 대한 모델 제시	•정신건강 증진(알코올 중독예방 및 우울 예방, 분노조절 취약교육 등)	•노인복지관 •노인복지시설 •주민센터 •119소방 공무원 •경찰서 •노인자살전문상담원 •노인생명돌보미 •대학 평생교육원 •노인종합상담센터	•지역사회 캠페인을 통한 인식 개선 •연계기관 및 서비스 대상을 상대로 정기적인 교육 •자살위험군에 대한 지속 방문 •지역복지협의체 노인 실무분과 내 노인자살예방 관련팀 구성

구분	서비스 대상	서비스 내용			연계기관	방법
		복지	상담	보건		
2차 예방 시·군 노인자살 예방센터 (복지관) • 위험군발굴 및 적극 개입 • 심리상담 • 사례관리	• 우울노인 • 우울 및 자살 척도 고득점 자군 • 자살위기노인 • 복합적 문제 를 가지고 있 는 노인	• 취약 부문 갈등 해소 (일자리, 수 급권 등) • 가족과의 비상연락망 구축 • 보호요인 강 화(복지관, 통·이장, 가 족, 노인생 명돌보미, 노인자살전 문상담원, 지인 등)	• 자살위험자 조기 발굴 및 상담 • 사회적 지지 망 구축 • 가족 지지망 강화를 위한 상담 및 개입 • 위급상황에 대비한 핫라 인 개설(추 진 필요) • 위기대상자 의 일시보호 를 위한 24시 간 쉼터(현 재 추진 중) • 고위험군 리 스트 확보	• 타 정신과질 환 여부 확 인 및 개입	• 정신보건센터 • 보건소 • 경찰서 • 119소방공무원 • 노인자살전문상 담원 • 주민센터 • 노인복지관 • 노인복지시설 • 노인보호전문 기관 • 위기노인쉼터 (현재 추진 중) • 노인종합상담 센터	• 실무자 및 지역 사회전문가로 구성된 고위험 군 솔루션회의 팀 구성(솔루션 위원회 상시 개 최 필요) • 핫라인 발신자 에 대한 원스톱 지원 서비스(핫 라인 수신 → 거주지 및 전화 번호 확인 → 119소방공무원 출동 → 상담 진행 및 응급병 원 연계 → 가 족과의 비상연 락망 가동·24 시간 보호)
3차 예방 광역정신 보건센터, 시·군자살 예방센터, 정신보건 센터 • 응급치료 • 지속치료 및 사후관리 • 가족교육 및상담	• 자살시도 노 인 • 자살시도과거 력 노인 • 지속관리필요 노인 • 자살 유가족 관리 • 자살시도노인 의 가족관리 및 교육	• 사회적 지지 체계 강화(여 가활동, 사회 적 활동, 자 원봉사, 레크 리에이션) • 취약 부문의 지속적 지원 (노인돌봄서 비스, 도시락 배달, 노인 일자리 등) • 고위험군 사 후관리	• 지속상담(개 인 및 집단 상담) • 자살시도 노 인의 가족 상담 • 자살유가족 상담	• 약물관리 • 정기검진 • 응급의료처 치시행	• 노인복지관 • 노인자살전문상 담원 • 노인생명돌보미 • 병원 • 정신보건센터 • 보건소 • 시·군 노인자살 예방센터 • 주민센터 • 응급병원(의료사 회복지사, 정신보 건사회복지사)	• 고위험군 리스 트공유 및 사후 관리팀 구성(대 처의 적절성에 대한 평가와 이 후 발생할 취약 부문에 대한 해 결책 논의)

구분	서비스 대상	서비스 내용		구체적 내용
1차 예방 상담센터 공공기관 • 예방 • 인식 개선 • 교육	• 지역사회주민 • 통·이장 • 부녀회 • 아파트 경비원 • 실무자 (사회복지사) • 공무원 • 종교단체 • 경로당 • 노인	회의 및 네트 워크 구축	노인 복지관	지역사회캠페인, 실무자회의	• 지역사회 네트워크 구성을 위한 회의 – 월 4회 캠페인 – 주 1회 실무자회의(일자리, 상담, 노인자살전문상담원) – 주민센터(공무원) 월 1회 통·반장회의 시 노인자살예방회의 5분 정도 배정하여 네트워크 구성회의 – 노인자살예방을 위한 지역복지협의체회의 – 노인자살예방을 위한 도위원회회의
			주민센터 및 시청	노인자살예방위원회, 통·반장회의, 지역복지협의체회의	
			노인자살 전문상담원	실무자회의	
			경기도 노인종합상담 센터	노인학대·자살예방위원회회의	
		교육 및 홍보 활동	119, 경찰서	노인자살예방교육	• 노인자살의 인식 개선 및 노인자살예방을 위한 교육 – 119, 경찰서(공문을 통한 교육 협조) 분기별 교육 – 노인복지관 분기별 우울자살예방프로그램 실시, 경로당 및 홍보활동 월 4회 의무적 실시 – 노인자살전문상담원의 재가 및 장기요양시설 노인자살예방교육 수시로 실시 – 지역사회주민 및 종교단체 노인자살예방교육 홍보하여 분기별 실시 – 공무원 교육 시 노인자살예방교육 필수과목으로 지정하여 반드시 교육 이수하도록 조치
			노인 복지관 (실무자 등)	노인자살예방교육 및 홍보활동, 캠페인 활동, 우울자살예방프로그램 실시	
			노인복지시설	재가장기요양기관 대상 서비스 대상자 및 실무자 교육	
			경로당	노인자살예방교육	
			노인자살전문 상담원	노인자살예방교육 진행, 노인자살예방상담교육	
			주민센터및 시청	지역사회캠페인 및 홍보활동	
			종교단체	노인자살예방교육	
			지역사회주민	노인자살예방교육	
		연구 사업	경기도 노인종합상담 센터	노인자살예방교육진행, 연구사업, 매뉴얼 개발	• 노인자살예방사업을 진행할 수 있도록 매뉴얼 개발과 인식 개선을 위한 노인자살예방교육 총괄 진행

03

구분	서비스 대상	서비스 내용		구체적 내용
2차 예방 시·군 노인 자살예방 센터(복지관) • 위험군 발굴 및 적극 개입 • 심리상담 • 사례관리	• 자살생각을 하고 있는 노인	발굴	정신보건센터	24시간 응급위기전화	• 노인자살위험군 발굴 시 노인복 지관(사업기관은 리스트 작성) – 노인자살위험군 발굴을 위 한 지역사회 내 홍보캠페인 활동(노인자살전문상담원 및 노인생명돌보미 참여) – 보건소와 119, 지역사회주민 은 노인자살위험군 발견 시 노인복지관으로 상담 신청 – 노인생명돌보미는 지역사회 내 홍보활동으로 노인위험 군을 발굴하여 노인자살전 문상담원에게 연계 – 노인자살전문상담원은 발굴 된 대상자에 대하여 초기상 담 실시 – 발굴된 대상자에게 필요한 서비스 연계
			보건소	신체질환과 관련하여 지 속적 관리(방문간호서비 스 등)	
			119 및 경찰서	내담자 위급상황 발생 시 출동, 가족연락 시도	
			지역사회주민 (통장 등)	지역사회 내 자살위험군 발굴	
			노인복지관	월 4회 홍보캠페인을 통한 노인자살위험군 발굴 지역사회보호 리 스트 구성	
			노인자살 전문상담원	홍보활동 및 교육을 통한 노인자살위험군 발굴	
			노인생명 돌보미	홍보활동(공원 및 경로당) 노인자살위험군 발굴	
		개입	노인자살 전문상담원	자살시도 노인의 지속 관리, 사례토의 모임, 방 문상담, 정서지원서비스 제공	• 노인자살위험군 지역사회 개입 – 노인자살전문상담원은 방문 을 통한 상담 제공 – 주 1회 사례토의 모임 진행 – 노인생명돌보미는 지속적 방문을 통한 정서지원서비 스 제공, 말벗서비스 제공 – 주민센터의 경우 어르신의 지원 여부 판단 • 연계된 자살위험노인 개입 – 노인보호전문기관은 학대의 문제를 가진 내담자의 경우, 보호받을 수 있도록 법률적 문제를 해결 – 정신보건센터는 연계받은 대 상자가 알코올 문제나 정신 질환의 경우 약물관리 및 알 코올 문제에 대한 개입 실시 • 시청 및 주민센터 공무원은 위 기대상자 발생 시 즉각 솔루션 회의를 개최하고, 위기대상자 가 없을 경우에도 정기적으로 솔루션회의를 개최하도록 함
			노인복지관	노인돌봄 기본 서비스 및 복지관 내 서비스 제공	
			노인보호 전문기관	노인학대 관련 내담자의 경우 법률적 문제 해결, 학대로부터 보호할 수 있 도록 내담자 보호	
			정신보건센터	연계된 대상자에 한하여 약물관리 및 알코올 문제 관리	
			위기노인쉼터	자살시도 노인 24시간 관리	
			주민센터 및 시청	솔루션위원회 개최(지역 사회전문가), 경제적 지 원 가능 여부 판별 및 지 원(무한돌봄서비스 및 국민기초생활수급권자 지정 등)	

구분	서비스 대상	서비스 내용		구체적 내용
		지속관리	노인복지관	내담자별 리스트 관리, 필요 서비스 확인 및 제공	• 노인자살위험군 지속 관리 　－노인복지관은 내담자별 리스트관리 및 상담일지 관리, 상담회기가 진행될 때마다 필요한 서비스를 확인하여 연계 　－노인자살전문상담원은 내담자와 상담스케줄 조정, 노인생명돌보미 관리, 위기대상자 주 1회 상담 　－노인생명돌보미는 위기대상자 정서 지원 및 주 1회 이상 지속 방문상담 　－경기도 노인종합상담 센터는 노인자살전문상담원 파견, 시·군노인자살예방 센터 지원
			노인자살 전문상담원	내담자 상담스케줄 조정, 노인생명돌보미 관리, 위기대상자 관리 등	
			노인생명 돌보미	위기대상자 정서 지원 및 지속 상담	
			경기도 노인종합 상담센터	노인자살전문상담원 파견 및 시·군 노인자살예방사업 지원(내담자가 많은 경우, 상담지원 및 사업 지원 등)	
3차 예방 광역정신 보건센터 시·군 자살 예방센터 정신보건센터 • 위기 개입 • 응급보호 • 위기노인 사후관리	• 자살시도 노인 • 지속관리필요 노인 • 자살유가족 • 자살시도 노인의 가족 • 구체적 자살 계획과 도구를 준비한 노인	긴급개입	노인복지관, 노인자살 전문상담원, 노인생명 돌보미	고위험군 리스트를 작성하여 공유, 방문상담, 자살시도 노인 관리, 자살시도 노인의 지속 관리, 사후관리	• 노인자살위험군 긴급개입 　－노인복지관 실무자(사회복지사) 고위험군 리스트를 작성하여 지역사회(119, 병원, 보건소, 경찰) 공유 　－주기적인 상담진행 및 복지관 서비스 제공 　－시청 및 주민센터 직원은 위기 대상자 발생 시 즉각 솔루션회의를 개최하고, 위기대상자가 없을 경우에도 정기적으로 솔루션회의 개최하도록 함 　－알코올 문제 및 정신질환 내담자의 경우, 지속 관리는 정신보건센터로 연계함 　－응급병원 및 장례식장, 보건소에 노인자살예방 관련 긴급개입 내용의 리플릿 배치 및 리스트 공유
			병원, 보건소, 응급병원	자살위험대상자 치료 및 진단, 정신과 상담, 신체질환 사후관리(방문간호), 자살위기 노인 응급치료, 장례식장	
			정신보건 센터	알코올 중독 또는 정신질환 시 약물관리	
			주민센터, 시청	자살시도 노인 대상 적극적 서비스 제공(지속적·경제적 지원 가능 여부 및 병원비 지원 등)	
		사후관리	경기도 노인종합 상담센터	자살시도 노인 및 자살유가족 관리·교육	• 자살유가족 및 자살시도 노인의 가족지지 및 가족관리 교육진행 • 자살유가족이 상담을 원할 경우 지속적 상담 제공

2. 위기 개입 시 문제유형별 연계조직 및 기능

1) 자살 위험성 분류에 따른 연계조직 및 기능

자살 위험성 평가 및 분류 기준은 제2장을 참조하길 바란다. 이 장에서 경기도 노인 종합상담센터(경기도 노인자살예방센터)는 서비스 연계를 위하여 편의상 S1, S2, S3, S4 단계로 코드화했으며, 이는 제2장에서 설명한 자살 위험성 평가 및 분류단계의 위험수준 1(S1), 2(S2), 3(S3), 4(S4)에 해당한다.

대분류	소분류	분류 기준 (각 기준에 하나 이상만 해당되면 분류 가능)	연계조직 및 기능	세부지침
자살 위험성	위험수준 1 (S1)	• 빈번하고 강렬하며 지속적인 자살생각을 보이는 경우 • 분명한 자살의도를 보이지는 않지만 객관적으로 보기에 자살의도가 있을 것으로 보이며 자기 행동을 통제할 능력이 부족하고 정서적으로 심한 불안을 경험하고 있는 경우 • 자살시도의 과거력이 있는 경우 • 자살도구를 구체적으로 준비해 놓은 경우 • 자살시도를 했거나 자살로 사망한 가족이 있는 경우 • 구체적인 면담기준을 통해 확보된 면담 내용이 노인자살전문상담원의 판단으로 보아 심각한 자살사고와 관련 있다고 여겨지는 경우[1]	정신보건센터	
			24시간 핫라인 유지[2]	1577-0199나 국번 없이 129로 전화하면 주간은 정신보건센터[3]나 보건소[4]로 연결(오전 9시~오후 6시), 야간(오후 6시 이후)이나 휴일의 경우 지정된 관할 국·공립 정신의료기관 및 광역정신보건센터[5]로 연결된다.[6]
			응급입원 지원[7]	「정신보건법」 제26조 제1항의 규정에 의하여 정신질환자로 추정되는 자에 대한 응급입원을 의뢰하고자 하는 자는 응급입원을 동의한 의사와 국가경찰공무원(제주특별자치도의 경우에는 자치경찰공무원을 포함한다. 이하 같다)이 서명 또는 날인한 응급입원의뢰서[8]를 정신의료기관에 제출(전자문서에 의한 제출을 포함한다)해야 한다.[9]
			응급입원 (72시간) 퇴원 지원	응급입원이 끝나고 가족과의 연락망이 구축되지 않아 지속입원치료가 불가하거나 상태의 호전으로 지속입원이 필요치 않을 경우 퇴원 절차를 진행하고 기존 거주지 및 가족 거주지로의 이동을 도와주며 외래진료에 대한 절차를 지원한다.[10]
			의료기관 내원 권유 및 동행	정신보건전문요원은 노인상담전문가로부터 의뢰된 대상에게 의료기관 내원을 권유하고 초진 및 재진 시 동행한다.[11]
			약물관리	주 1회 약물관리를 통해 자살도구로의 전환을 방지하고 부작용 및 복용법에 대한 교육을 실시한다.

---

1) 구체적인 면담기준(별첨 9)
2) 2009년 정신보건사업 안내 설치기준 및 사업 내용상(광역형 정신보건센터), 자살위기대응팀을 설치하여 365일 24시간 자살위기상담함을 근거로 한다.

대분류	소분류	분류기준 (각 기준에 하나 이상만 해당되면 분류 가능)	연계조직 및 기능		세부지침
자살 위험성	위험 수준 1 (S1)		노인 자살 예방 센터 (노인 자살 전문 상담원)	주 1회 상담 및 안부 확인	최소 주 1회 방문상담 및 주중 안부 확인을 위한 전화상담을 해야 하며 필요 시 안전동의서[12]를 받고 야간 및 공휴일 자살생각이 들거나 안전동의서 내용을 어길 상황이 생길 시, 연락처(1577−0199, 129)와 관련 정보를 제공한다.
				정신과 내원 권유	정신과 내원이 필요하다고 판단되는 대상이 있을 경우, 정신과 내원을 권유하고 내원 시, 정신보건전문요원과 함께 동행할 수도 있다.
			노인 생명 돌보미, 이장, 지역 주민, 종교인	매일 안부 확인 전화	노인생명돌보미는 노인자살전문상담원과의 방문 및 전화상담이 없는 날 안부전화나 방문 확인해야 하며, 이외의 사람들(이장, 지역주민, 종교인) 중 친분이 있는 사람이 부정기적으로 안부를 확인할 수 있다.
			119 소방 공무원 및 경찰서, 지구대	응급 시 출동 및 응급입원 지원	응급상황 발생 시 긴급하게 대상자에게 출동, 필요한 응급조치와 지역 내 의료기관으로 이송, 응급입원을 지원한다. 보호자 협조 시, 보호자 동의 입원을 하고 그렇지 않을 경우 정신보건센터에서 추천한 의사와 국가경찰공무원의 확인을 받아 응급입원을 적극 지원한다.

03

3) 전국 정신보건센터(별첨 10)

4) 전국 보건소(별첨 11)

5) 2009년 정신보건사업 안내(보건복지가족부, 발간등록번호 11−1351000−000273−10) 시·도별 야간/일·휴무일 운영기관 및 휴대폰 연결전화 참고(별첨 12)

6) 2009년 정신보건사업 안내(보건복지가족부, 발간등록번호 11−1351000−000273−10) 정신건강 위기상담전화 운영을 근거로 함(별첨 13)

7) 2009년 정신보건사업 안내(보건복지가족부, 발간등록번호 11−1351000−000273−10) 정신건강 위기상담전화(1577−0199) 운영을 근거로 함(별첨 14)

8) 응급입원의뢰서(별첨 15)

9) 정신보건법 시행령(대통령령 제 21357호, 2009. 3. 18 일부 개정, 시행 2009. 3. 22) 제7조 응급입원 항목에 의거 진행(제26조 제1항 참고, 별첨 16)

10) 2009년 정신보건사업 안내(보건복지가족부, 발간등록번호 11−1351000−000273−10) 유형별 조치 자살 등 자해 내용 및 자살 시도자 사후관리서비스, 지원체계 구축 참조(별첨 17)

11) 2009년 정신보건사업 안내(보건복지가족부, 발간등록번호 11−1351000−000273−10) 유형별 조치 자살 등 자해 내용 참조(별첨 18)

12) 안전동의서(별첨 19)

2. 위기 개입 시 문제유형별 연계조직 및 기능   67

대분류	소분류	분류기준 (각 기준에 하나 이상만 해당되면 분류 가능)	연계조직 및 기능		세부지침
자살위험성	위험수준1 (S1)		시청 및 주민센터	가족과의 연락망 구축	S1 대상으로 확인될 경우, 가족과의 연락망을 미리 구축해놓고 위기상황 발생 시 지속적으로 가족과의 연락을 시도하며 필요한 행정절차를 지원한다.
				필요한 복지서비스 제공	일자리를 원하거나 경제적인 어려움을 호소할 경우 필요한 복지서비스를 최대한 지원해야 하며, 응급입원 및 퇴원 후 내과적인 불편감(자살시도에 의한)을 호소할 경우, 필요한 의료비 지원 등과 같은 긴급의료 지원에 적극 개입한다.
			노인복지관 및 종합복지관	필요한 복지서비스 제공	복지관[13]에서 제공 가능한 복지서비스(재가서비스 등)를 제공하고 관리대상으로 등록, 안부 확인을 위한 전화상담 및 지속 관리한다.
	위험수준2 (S2)	• S1에 해당되지는 않으나 습관적으로 자살에 대해 약한 언급을 하거나 지속기간이 짧은 경우[14] • 덜 구체적인 자살계획이 있는 경우 • 자살의도가 다소 있긴 하나 자기 통제가 가능하고 정서적으로 안정되어 있는 경우 • 간헐적으로 자살에 대한 언급을 하긴 하지만 사회적 지지체계를 포함한 보호요인이 존재하는 경우	정신보건센터	24시간 핫라인 유지	1577-0199나 국번 없이 129로 전화하면 주간은 정신보건센터나 보건소로 연결(오전 9시~오후 6시), 야간(오후 6시 이후)이나 휴일의 경우 지정된 관할 국·공립 정신의료기관 및 광역정신보건센터로 연결된다. S1으로 등급 조정되면 이후 지침은 S1 대상 세부지침을 따른다.
				약물관리	정신과 약물을 복용하고 있을 경우, 주 1회 약물관리를 통해 자살도구로서의 전환을 방지하고 부작용 및 복용법에 대한 교육을 실시한다.
			119 소방공무원 및 경찰서, 지구대	응급 시 출동 및 응급입원 지원	응급상황 발생 시 긴급하게 대상자에게 출동, 필요한 응급조치와 지역 내 의료기관으로 이송, 응급입원을 지원한다. 보호자 협조 시, 보호자 동의 입원을 하고 그렇지 않을 경우 정신보건센터에서 추천한 의사와 국가경찰 공무원의 확인을 받아 응급입원을 적극 지원한다.
			시청 및 주민센터	가족과의 연락망 구축	가족과의 연락망을 미리 구축해 두며 S1으로 등급 조정되면 이후 지침은 S1 대상 세부지침을 따른다.
				필요한 복지서비스 제공	일자리를 원하거나 경제적인 어려움을 호소할 경우, 필요한 복지서비스를 최대한 지원해야 하며 긴급 의료지원의 필요성이 제기될 경우 지원할 수 있다.
			노인복지관 및 종합복지관	안부전화 복지서비스	복지관에서 제공 가능한 복지서비스를 제공(재가서비스 등)하고 관리대상으로 등록, 안부 확인을 위한 전화상담 및 지속 관리한다.

13) 전국 종합사회복지관 및 노인복지관(별첨 20)
14) "살아 뭐해.", "이렇게 사느니 죽는 게 나아.", "그냥 내가 확 죽어야지.", "사나 죽으나 그게 그거야.", "내가 죽으면 다 해결될

대분류	소분류	분류기준 (각 기준에 하나 이상만 해당되면 분류 가능)	연계조직 및 기능		세부지침
자살 위험성	위험 수준 3 (S3)	• 자살에 대해 일시적으로 생각하긴 하나 자살계획이나 의도가 없는 경우	노인자살전문상담원 또는 노인생명돌보미	주 1회 상담 및 안부 확인	노인자살전문상담원이나 노인생명돌보미가 주 1회 상담 및 안부 확인을 위한 전화상담을 해야 한다. 자살시도가 있을 시, S1으로 등급 조정되며, 이후 지침은 S1 대상 세부지침을 따른다.
			시청 및 주민센터	필요한 복지서비스 제공	일자리를 원하거나 경제적인 어려움을 호소할 경우, 필요한 복지서비스를 최대한 지원해야 하며, 긴급 의료지원의 필요성이 제기될 경우 지원할 수 있다.
	위험 수준 4 (S4)	• 여러 가지 심리적 불편감을 호소하나 자살생각은 없는 경우	노인생명돌보미	주 1회 상담 또는 전화상담	노인생명돌보미가 주 1회 방문상담 또는 전화상담할 수 있으며 상담과정 중 자살에 대한 위험성이 부상될 경우 노인자살전문상담원에게 내담자를 연계하고 재분류한다.

※ 대분류 '자살 위험성'은 자살의도, 자살시도력, 자살계획 언급 등 자살생각 및 표현행동만을 중심으로 한 분류이며 이하 10개 대분류(우울정서, 대인관계 어려움, 알코올 의존, 치매, 기타 정신장애, 건강상의 어려움, 경제적 어려움, 이성문제, 부부갈등, 가족갈등) 및 기타 상황이 원인이 되어 최종적인 자살사고만을 기준으로 분류한 수준임

03

거야.", "자식들 생각하면 내가 죽어야 해." 등 자살과 직접적으로 연결된 언급이 아니라 할지라도 지속적으로 삶에 대해 부정적인 태도를 보이는 경우가 이에 해당된다.

2) 문제유형별 분류에 따른 연계조직 및 기능

다음에 소개한 10개 대분류(우울정서, 대인관계 어려움, 알코올 의존, 치매, 기타 정신장애, 건강상의 어려움, 경제적 어려움, 이성문제, 부부갈등, 가족갈등)를 노인자살에 영향을 미치는 10대 문제유형으로 보고 그 경중에 따라 소분류를 2개 혹은 3개 단계로 코드화했다.

대분류	소분류	분류기준 (각 기준에 하나 이상만 해당되면 분류 가능)	연계조직 및 기능		세부지침
우울정서	상 (D1)	• GDS−K−R (Revised Korean Version of the Geriatric Depression Scale) 점수 18점 이상[15] • 노화를 통한 사회적 차별을 경험하거나 경제적·사회적·가정 내 지위의 하락에 대한 좌절감을 민감하게 보고하는 경우 • 구체적인 면담기준을 통해 확보된 면담 내용이 노인자살전문상담원의 판단으로 보아 심각한 우울정서와 관련 있다고 여겨지는 경우	정신보건센터	24시간 핫라인 유지	1577−0199나 국번 없이 129로 전화하면 주간은 정신보건센터나 보건소로 연결(오전 9시~오후 6시), 야간(오후 6시 이후)이나 휴일의 경우 지정된 관할 국·공립 정신 의료기관 및 광역정신보건센터로 연결된다.
				응급입원 지원	「정신보건법」 제26조 제1항의 규정에 의하여 정신질환자로 추정되는 자에 대한 응급입원을 의뢰하고자 하는 자는 응급입원을 동의한 의사와 국가경찰공무원(제주특별자치도의 경우에는 자치경찰공무원을 포함한다. 이하 같다)이 서명 또는 날인한 응급입원의뢰서를 정신의료기관에 제출(전자문서에 의한 제출을 포함한다)해야 한다.
				응급입원 (72시간) 퇴원 지원	응급입원이 끝나고 가족과의 연락망이 구축되지 않아 지속입원치료가 불가하거나 상태의 호전으로 지속입원이 필요치 않을 경우 퇴원절차를 진행하고 기존 거주지 및 가족 거주지로의 이동을 도와주며 지속 외래진료에 대한 절차를 지원한다.
				의료기관내원 권유및 동행	정신보건전문요원은 노인자살전문상담원으로부터 의뢰된 대상에게 의료기관 내원을 권유하고 초진 및 재진 시 동행한다.
				약물관리	주 1회 약물관리를 통해 자살도구로의 전환을 방지하고 부작용 및 복용법에 대한 교육을 실시한다.
			노인자살예방센터 (노인자살전문상담원)	최소 주 1회 상담 및 안부 확인	초기 면접상담에서 GDS−K−R척도 및 면담을 통해 소분류를 나눠야 하며 D1 대상으로 확인될 경우, 최소 주 1회 방문상담 및 주중 안부 확인을 위한 전화상담을 해야 하며 필요 시 안전동의서를 받고 야간 및 공휴일 자살생각이 나거나 안전동의서 내용을 어길 상황이 생길 시, 연락처(1577−0199, 129)와 관련 정보를 제공한다.

15) Yesavage JA, Brink TL, Rose TL, Lum O, Huang V, Adey M, Von Otto L(1983): Development and validation of a geriatric depression screening scale. A preliminary report. J Psychiat Res 17. 37−49에 게재된 GDS(Geriatric Depression Scale)를 우종인 등(2008)이 Standardization of the Korean Version of the Geriatric Depression Scale: Reliability, Validity, and Factor Structure. Psychiatry Investigation, 5권 4호, 232−238을 통해 개정된 GDS−K−R(Revised Korean Version of the Geriatric Depression Scale, 별첨 3)을 선보였으며 절단점을 연령과 학력에 따라 MDD(Major Depression Disorder) 및 MnDD(Minor

대분류	소분류	분류기준 (각 기준에 하나 이상만 해당되면 분류 가능)	연계조직 및 기능		세부지침
우울정서	상 (D1)			정신과 내원 이유	정신과 내원이 필요하다고 판단되는 대상이 있을 경우, 정신과 내원을 권유하고 내원 시, 정신보건전문요원과 함께 동행할 수도 있다.[16]
			노인생명돌보미, 이장, 지역주민, 종교인	매일 안부 확인 전화	노인생명돌보미는 노인자살전문상담원과의 방문 및 전화 상담이 없는 날 안부전화나 방문 확인해야 하며, 이외의 사람들(이장, 지역주민, 종교인) 중 친분이 있는 사람이 부정기적으로 안부를 확인할 수 있다.
			119 소방공무원 및 경찰서, 지구대	응급 시 출동 및 응급입원 지원	응급상황 발생 시 긴급하게 대상자에게 출동, 필요한 응급조치와 지역 내 의료기관으로 이송, 응급입원을 지원한다. 보호자 협조 시, 보호자 동의 입원을 하고 그렇지 않을 경우 정신보건센터에서 추천한 의사와 국가경찰공무원의 확인을 받아 응급입원을 적극 지원한다.
			시청 및 주민센터	가족과의 연락망 구축	D1 대상으로 확인될 경우, 가족과의 연락망을 미리 구축해 두고 위기상황 발생 시 지속적으로 가족과의 연락을 시도하며 필요한 행정절차를 지원한다.
				필요한 복지 서비스 제공	일자리를 원하거나 경제적인 어려움을 호소할 경우 필요한 복지서비스를 최대한 지원해야 하며, 응급입원 퇴원 후 내과적인 불편감(자살시도에 의한)을 호소할 경우, 필요한 의료비 지원 등과 같은 긴급의료 지원에 적극 개입한다.
			노인복지관 및 종합 복지관	재가서비스	복지관에서 제공 가능한 복지서비스를 제공(재가서비스 등)하고 관리대상으로 등록, 안부 확인을 위한 전화상담을 하고 지속 관리한다.
	중 (D2)	• 우울한 정서를 계속적으로 호소하거나 간단한 일상생활을 제외한 외부활동이 거의 없고 대인관계 또한 극소수의 주변인들과의 관계만 유지하고 있는 경우	정신보건센터	24시간 핫라인 유지	1577-0199나 국번 없이 129로 전화하면 주간은 정신보건센터나 보건소로 연결(오전 9시~오후 6시), 야간(오후 6시 이후)이나 휴일의 경우 지정된 관할 국·공립 정신의료기관 및 광역정신보건센터로 연결된다. D1으로 등급 조정되면 이후 지침은 D1 대상 세부지침을 따른다.
				약물관리	정신과 약물을 복용하고 있을 경우, 주 1회 약물관리를 통해 자살도구로서의 전환을 방지하고 부작용 및 복용법에 대한 교육을 실시한다.
			노인자살전문상담원 또는 노인생명돌보미	주 1회 상담 및 안부 확인	초기 면접상담에서 GDS-K-R척도 및 면담을 통해 소분류를 나눠야 하며 D2 대상으로 확인될 경우, 노인자살전문상담원이나 노인생명돌보미가 주 1회 상담 및 안부 확인을 위한 전화상담을 해야 한다. 자살시도가 있을 시 D1으로 등급 조정되며, 이후 지침은 D1 대상 세부지침을 따른다.

Depression Disorder)로 구별했다. 여기에서는 각 경우의 절단점에 해당하는 점수 중 최고 점수인 18점을 절단점으로 통일하여 단일적용하고자 한다.

16) 정신과 내원을 통해 항우울제의 복용이나 정신과 의사의 진단 및 면담이 필요하다고 판단되는 경우, 경기도 무한돌봄 항우울

대분류	소분류	분류기준 (각 기준에 하나 이상만 해당되면 분류 가능)	연계조직 및 기능		세부지침
우울정서	중 (D2)		119 소방 공무원 및 경찰서, 지구대	응급 시 출동 및 응급입원 지원	응급상황 발생 시 긴급하게 대상자에게 출동, 필요한 응급조치와 지역 내 의료기관으로 이송, 응급입원을 지원한다. 보호자 협조 시, 보호자 동의 입원을 하고 그렇지 않을 경우 정신보건센터에서 추천한 의사와 국가경찰공무원의 확인을 받아 응급입원을 적극 지원한다.
			시청 및 주민센터	가족과의 연락망 구축	가족과의 연락망을 미리 구축해 두며 D1으로 등급 조정되면 이후 지침은 D1 대상 세부지침을 따른다.
				필요한 복지서비스 제공	일자리를 원하거나 경제적인 어려움을 호소할 경우, 필요한 복지서비스를 최대한 지원해야 하며 응급입원 퇴원 후, 내과적인 불편감(자살시도에 의한)을 호소할 경우, 필요한 의료비 지원 등과 같은 긴급 의료지원에 적극 개입한다.
			노인복지관 및 종합 복지관	필요한 복지서비스 제공	복지관 프로그램(우울예방, 긍정성 향상 등)에 참여하도록 하며, 대인관계 향상을 위한 자원봉사활동 등 사회참여를 위한 활동을 적극 지원한다.
	하 (D3)	• 기본적인 일상생활 이외에도 외부활동 가능하며 대인관계도 일정기간 유지하고 있는 경우	노인생명 돌보미	주 1회 상담 또는 전화상담	초기면접 상담에서 GDS-K-R척도 및 면담을 통해 소분류를 나눠야 하며 D3 대상으로 확인될 경우, 노인생명돌보미가 주 1회 방문상담 또는 전화상담할 수 있으며 상담과정 중 자살에 대한 위험성이 확인될 경우 노인자살전문상담원에게 내담자를 연계하고 재분류한다.
			시청 및 주민센터	필요한 복지서비스 제공	일자리를 원하거나 경제적인 어려움을 호소할 경우, 필요한 복지서비스를 최대한 지원해야 하며 긴급의료지원의 필요성이 제기될 경우 지원할 수 있다.
대인관계 어려움	상 (I1)	• 주변인들과의 관계가 원활하지 못하고 지속적으로 관계하는 지인이 없을 경우(보호요인 제외) • 구체적인 면담기준을 통해 확보된 면담 내용이 노인자살전문상담원의 판단으로 보아 심각한 대인관계 어려움을 경험하고 있다고 여겨지는 경우	노인자살 전문상담원 또는 노인생명 돌보미	주 1회 상담 및 안부 확인	초기 면접상담에서 면담을 통해 소분류를 나눠야 하며 I1 대상으로 확인될 경우, 노인자살전문상담원이나 노인생명돌보미가 주 1회 상담 및 안부 확인을 위한 전화상담을 해야 한다.
			노인복지관 및종합 복지관	프로그램 참여, 노인일자리 사업, 자원 봉사활동 사업	대인관계에 어려움을 호소하는 노인에게 상담을 제공하면서 사회참여를 할 수 있도록 적절한 서비스를 탐색한다.

제 지원사업을 통해 경기도 내에 거주하는 만 65세 이상 어르신에게 항우울제를 무료로 제공할 수 있게 한다. 관련사업 안내 (별첨 21)

대분류	소분류	분류기준 (각 기준에 하나 이상만 해당되면 분류 가능)	연계조직 및 기능		세부지침
알코올 의존	하 (I2)	• 주변인들과의 관계가 적극적이지는 않지만 그런대로 유지되고 있는 경우	노인생명 돌보미	주 1회 상담 또는 전화상담	초기 면접상담에서 면담을 통해 소분류를 나눠야 하며 I2 대상으로 확인될 경우, 노인생명돌보미가 주 1회 방문상담 또는 전화상담을 할 수 있으며 상담과정 중 자살에 대한 위험성이 부상될 경우 노인자살전문상담원에게 내담자를 연계하고 재분류한다.
			노인복지관 및 종합 복지관	필요한 서비스 제공	필요한 복지서비스를 제공하고 대인관계가 향상될 수 있도록 하며, 사회참여를 위한 노인자원봉사활동 또는 노인일자리사업에 참여할 수 있도록 한다.
	상 (A1)	• 음주가 습관적이며 음주 후, 일상적인 반응과는 다른 과격하거나 극단적인 반응을 보이고 자살충동에 대해 언급하는 경우 • NAST(National Alcoholism Screening Test) 점수가 4점 이상[17] • NAST(National Alcoholism Screening Test) 10번, 11번 문항에 1개라도 체크한 경우[18]	알코올 상담센터	방문상담 전화상담 및 응급입원 지원[19]	초기 면접상담에서 NAST척도[20] 및 면담을 통해 소분류를 나눠야 하며 A1으로 확인될 경우, 알코올상담센터가 있는 지역의 경우에는 알코올상담센터 전문요원이 방문상담 및 전화상담(야간의 경우 광역정신보건센터 24시간 핫라인 이용)하며 응급입원이 필요할 경우 정신보건센터와 연계하여 지원한다.
			정신보건 센터	24시간 핫라인 유지[21]	1577−0199나 국번 없이 129로 전화하면 주간은 정신보건센터나 보건소로 연결(오전 9시~오후 6시), 야간(오후 6시 이후)이나 휴일의 경우 지정된 관할 국·공립 정신의료기관 및 광역정신보건센터로 연결된다.
				응급입원 지원	「정신보건법」제26조 제1항의 규정에 의하여 정신질환자로 추정되는 자에 대한 응급입원을 의뢰하고자 하는 자는 응급입원을 동의한 의사와 국가경찰공무원(제주특별자치도의 경우에는 자치경찰공무원을 포함한다. 이하 같다)이 서명 또는 날인한 응급입원의뢰서를 정신의료기관에 제출(전자문서에 의한 제출을 포함한다)해야 한다.
				응급입원 (72시간) 퇴원 지원	응급입원이 끝나고(72시간) 가족과의 연락망이 구축되지 않아 지속입원치료가 불가하거나 상태의 호전으로 지속입원이 필요치 않을 경우 퇴원절차를 진행하고 기존 거주지 및 가족 거주지로의 이동을 도와주며 지속적으로 외래진료에 대한 절차를 지원한다.[22]

17) 김경빈은 1987~1991년 사이 국립서울정신병원 알코올센터에 입원한 환자들을 중심으로 한국 입원환자들에게서 가장 많은 반응을 보인 질문 내용을 모아 국립서울정신병원형(한국형) 알코올 중독 선별검사표(National Alcoholism Screening Test: NAST)를 제작·명명했고, 이후 이 검사가 한국에서 널리 사용되고 있다.

18) NAST 문항 중, 알코올 금단증상을 심각하게 드러낸다고 본 10번 문항(술에서 깨면 진땀, 손 떨림, 불안이나 좌절 혹은 불편을 경험한다), 11번 문항(술이 깨면서 공포나 몸이 심하게 떨리는 것을 경험하거나 혹은 헛것을 보거나 헛소리를 들은 적이 있다)에 체크한 경우 알코올 의존이 심한 사례로 보았다.

19) 알코올상담센터가 지역에 있는 경우에 한하며 전국 알코올상담센터(별첨 22)

20) NAST척도(별첨 7)

21) 알코올상담센터가 지역에 없는 경우 정신보건센터나 광역정신보건센터가 24시간 핫라인 유지 및 긴급입원 지원한다.

22) 2009년 정신보건사업 안내(보건복지가족부, 발간등록번호 11−1351000−000273−10) 정신보건센터 설치·운영 및 기금보조 참조(별첨 23)

대분류	소분류	분류기준 (각 기준에 하나 이상만 해당되면 분류 가능)	연계조직 및 기능		세부지침
알코올 의존	상 (A1)	• 구체적인 면담기준을 통해 확보된 면담 내용이 노인 자살 전문상담원의 판단으로 보아 알코올 의존이 심각하다 여겨지는 내용을 포함하고 있는 경우	노인자살 예방센터 (노인자살 전문상담원)	약물관리	주 1회 약물관리를 통해 자살도구로서의 전환을 방지하고 부작용 및 복용법에 대한 교육을 실시한다.
				최소 주 1회 상담 및 안부 확인	초기 면접상담에서 NAST척도 및 면담을 통해 소분류를 나눠야 하며 A1 대상으로 확인될 경우, 최소 주 1회 방문상담 및 주중 안부 확인을 위한 전화상담을 해야 하며, 필요 시 안전동의서를 받고 야간 및 공휴일 자살 생각이 나거나 안전동의서 내용을 어길 상황이 생길 시 연락처(1577-0199, 129)와 관련 정보를 제공한다.
				알코올 상담센터 와의 연계	지역 내 알코올상담센터가 있을 경우, 알코올상담센터와 연계해 NAST점수 및 연계서비스와 관련 내용을 공유한다.
			노인생명 돌보미	주 1회 방문상담 또는 전화상담	노인생명돌보미는 노인자살전문상담원의 방문 및 전화상담이 없는 날 안부전화나 방문 확인해야 하며, 상담과정 중 자살에 대한 위험성이 부상될 경우 노인자살전문상담원에게 내담자를 연계하고 재분류한다.
			119 소방 공무원 및 경찰서, 지구대	응급 시 출동 및 응급입원 지원	응급상황 발생 시 긴급하게 대상자에게 출동, 필요한 응급조치와 지역 내 의료기관으로 이송, 응급입원을 지원한다. 보호자 협조 시, 보호자 동의 입원을 하고 그렇지 않을 경우 알코올상담센터나 정신보건센터에서 추천한 의사와 국가경찰공무원의 확인을 받아 응급입원을 적극 지원한다.
			시청 및 주민센터	가족과의 연락망 구축	A1 대상으로 확인될 경우, 가족과의 연락망을 미리 구축해 둔다.
				응급입원 지원	응급입원 상황이 발생할 경우, 입원 이후에도 지속적으로 가족과의 연락을 시도하며 필요한 행정절차가 있을 시 이를 지원한다.
				필요한 복지서비스 제공	일자리를 원하거나 경제적인 어려움을 호소할 경우, 필요한 복지서비스를 최대한 지원해야 하며 응급입원 퇴원 후 내과적인 불편감(자살시도에 의한)을 호소할 경우, 필요한 의료비 지원 등과 같은 긴급의료 지원에 적극 개입한다.
			노인복지관 및 종합 복지관	사례회의 개최	알코올 의존 자살위기노인을 정신보건센터에 연계하고 적절한 복지서비스 제공을 위하여 정신보건센터, 보건소, 112, 119와 함께 지역사회 사례회의를 개최한다.
				필요한 복지서비스 제공	알코올 자조집단모임을 구성하도록 하고, 알코올 의존도를 낮추도록 적절한 서비스(안부 확인 및 전화상담)를 제공한다.

대분류	소분류	분류기준 (각 기준에 하나 이상만 해당되면 분류 가능)	연계조직 및 기능		세부지침
알코올 의존	중 (A2)	• 음주 후, 자살충동에 대해 언급하긴 하나 극단적인 반응을 보이거나 습관적이지는 않은 경우	알코올 상담센터	방문상담 전화상담 및 응급입원 지원	알코올상담센터가 있는 지역의 경우에는 알코올상담센터 전문요원이 방문상담 및 전화상담(야간의 경우 광역정신보건센터 24시간 핫라인 이용)을 하며 응급입원이 필요할 경우 정신보건센터와 연계하여 지원한다. A1으로 등급 조정되면 이후 지침은 A1대상 세부지침을 따른다.
			정신보건 센터	24시간 핫라인 유지	1577−0199나 국번 없이 129로 전화하면 주간은 정신보건센터나 보건소로 연결(오전 9시~오후 6시), 야간(오후 6시 이후)이나 휴일의 경우 지정된 관할 국·공립 정신의료기관 및 광역정신보건센터로 연결된다. A1으로 등급 조정되면 이후 지침은 A1 대상 세부지침을 따른다.
			노인자살 전문상담원 또는 노인생명 돌보미	주 1회 상담 또는 안부 확인	노인자살전문상담원이나 노인생명돌보미가 주 1회 상담 및 안부 확인을 위한 전화상담을 해야 한다. 자살시도가 있을 시, A1 대상으로 등급 조정되며 이후 지침은 A1 대상 세부지침을 따른다.
			119 소방 공무원 및 경찰서, 지구대	응급 시 출동 및 응급입원 지원	응급상황 발생 시 긴급하게 대상자에게 출동, 필요한 응급조치와 지역 내 의료기관으로 이송, 응급입원을 지원한다. 보호자 협조 시, 보호자 동의 입원을 하고 그렇지 않을 경우 알코올상담센터나 정신보건센터에서 추천한 의사와 국가경찰공무원의 확인을 받아 응급입원을 적극 지원한다.
			노인복지관 및 종합 복지관	사례회의 개최	알코올 의존 자살위기노인을 정신보건센터에 연계하고 적절한 복지서비스 제공을 위하여 정신보건센터, 보건소와 함께 지역사회 사례회의를 개최한다.
				필요한 복지서비스 제공	알코올 자조집단모임을 구성하도록 하고, 알코올 의존도를 낮추도록 적절한 서비스(안부 확인 및 전화상담)를 제공한다.
	하 (A3)	• 가끔 음주를 하기는 하지만 음주 후에도 특별한 행동양상의 변화는 없는 경우	노인생명 돌보미	주 1회 상담 또는 전화상담	주 1회 방문상담 또는 전화상담할 수 있으며 상담과정 중 자살에 대한 위험성이 부상될 경우 노인자살전문상담원에게 내담자를 연계하고 분류한다.
			노인복지관 및 종합 복지관	필요한 복지서비스 제공	프로그램 참여 및 사회적 활동을 할 수 있도록 서비스를 연계한다.

03

대분류	소분류	분류기준 (각 기준에 하나 이상만 해당되면 분류 가능)	연계조직 및 기능		세부지침
치매	상 (AL1)	• MMSE-K (Mini Mental State Examination-Korean version) 점수가 19점 이하 • 구체적인 면담기준을 통해 확보된 면담 내용 이 노인자살전문상담 원의 판단으로 보아 심 각한 치매라 여겨지는 내용을 포함하고 있는 경우	보건소 (치매예방 센터)	방문상담 필요한 서비스 제공	보건소 전문요원이 방문하여 필요한 검사를 통해 대 상자를 한번 더 확인하고 필요한 서비스를 제공하거 나 시설입소와 관련 정보를 제공 및 검토한다.[23]
			노인자살 예방센터 (노인자살 전문상담원)	Screening test 및 보건소 연계	초기 면접상담에서 MMSE-K척도[24] 및 면담을 통 해 소분류를 나눠야 하며 AL1 대상으로 확인될 경 우, 보건소 및 주민센터, 복지관에 연계한다.
			주민센터 사회복지과	가족과의 연락망 구축	AL1 대상으로 확인될 경우, 가족과의 연락망을 구축 하고 보건소 및 복지관 실무자와 정보를 공유한다.
			노인복지관 및 종합 복지관	노인장기요양 보험제도와 관련 정보 제공[25]	제도와 관련 정보를 제공하고 공단 신청과 관련 업 무를 지원한다.
				재가서비스 등 필요한 복지 서비스 제공	시설입소 및 노인장기요양보험제도의 지원이 제한 적일 경우 제공할 수 있는 복지서비스를 찾아 제공 한다.
	중 (AL2)	• MMSE-K (Mini Mental State Examination-Korean version) 점수가 20~ 23점 사이인 경우 • 현재로서는 일상생활이 가능하나 다소 인지적인 어려움이 있는 것으로 판단되어 치매가 의심스 러운 경우	보건소 (치매예방 센터)	방문상담 하여 필요한 서비스 제공	치매 의심수준으로 분류된 대상이므로 필요한 서 비스나 지속적인 관리를 통해 변화 추이를 살피고 지속 관리 및 예방 차원의 프로그램을 실시한다.
			노인자살 전문상담원 또는 노인생명 돌보미	주 1회 상담 또는 안부 확인	노인자살전문상담원이나 노인생명돌보미가 주 1회 상담 및 안부 확인을 위한 전화상담을 해야 한다. 자살시도나 위험이 감지될 시, AL1 대상으 로 등급 조정되며 이후 지침은 AL1 대상 세부지침 을 따른다.
	하 (AL3)	• 노화로 인한 인지기능 의 저하 및 점진적인 기 억력의 감퇴를 느끼긴 하나 일상생활 및 현재 활동에 불편감 이상의 어려움이 없는 경우	노인생명 돌보미	주 1회 상담 또는 전화상담	주 1회 방문상담 또는 전화상담할 수 있으며, 상담 과정 중 자살에 대한 위험성이 부상될 경우 노인 자살전문상담원에게 상담 대상을 이양하고 재분 류한다.

23) 보건복지가족부 공고 제2009-565호「노인복지법」시행규칙 일부 개정령(안) 입법예고 참조(별첨 24)
24) MMSE-K 척도(별첨 7)
25) 2008년 7월 6일부터 시행된 노인장기요양보험제도를 설명하고(실무자 및 본인, 가족 모두 신청 가능) 방문조사를 통해(국민건
　강보험공단 직원이 직접 방문하여 필요한 서비스와 정도를 조사) 등급을 판정받은 후, 시설입소나 재가서비스를 받을 수 있다.

대분류	소분류	분류기준 (각 기준에 하나 이상만 해당되면 분류 가능)	연계조직 및 기능		세부지침
기타 정신 장애	상 (P1)	• 정신증적인 장애(정신분열병, 술 또는 습관적 약물복용으로 인한 정신장애, 각종 기질성 정신장애, 기타 정신병적 상태를 포함한 성격장애 등)를 경험하고 있으며 이로 인해 정신의료기관의 진료를 받고 있거나 받아야 할 수준의 어려움을 경험하고 있는 경우 • 환청이나 망상을 보고하거나 있을 것으로 여겨지는 경우 • 현실검증력이나 질병이 없는 경우 • 구체적인 면담기준을 통해 확보된 면담 내용이 노인자살전문상담원의 판단으로 보아 심각한 기타 정신질환을 경험하고 있는 것으로 판단되는 경우	정신보건센터	24시간 핫라인 유지	1577-0199나 국번 없이 129로 전화하면 주간은 정신보건센터나 보건소로 연결(오전 9시~오후 6시), 야간(오후 6시 이후)이나 휴일의 경우 지정된 관할 국·공립 정신의료기관 및 광역정신보건센터로 연결된다.
				응급입원 지원	「정신보건법」 제26조 제1항의 규정에 의하여 정신질환자로 추정되는 자에 대한 응급입원을 의뢰하고자 하는 자는 응급입원을 동의한 의사와 국가경찰공무원(제주특별자치도의 경우에는 자치경찰공무원을 포함한다. 이하 같다)이 서명 또는 날인한 응급입원의뢰서를 정신의료기관에 제출(전자문서에 의한 제출을 포함한다)해야 한다.
				응급입원 (72시간) 퇴원 지원	응급입원이 끝나고(72시간) 가족과의 연락망이 구축되지 않아 지속입원치료가 불가하거나 상태의 호전으로 지속입원이 필요치 않을 경우 퇴원 절차를 진행하고, 기존 거주 지 및 가족 거주지로의 이동을 도와주며 지속외래진료에 대한 절차를 지원한다.
				의료기관 내원 권유 및 동행	정신보건전문요원은 노인자살전문상담원으로부터 의뢰된 대상에게 의료기관 내원을 권유하고 초진 및 재진 시 동행한다.
				외래치료 명령제 운영[26]	정신보건전문요원은 2009년 3월 개정된 「정신보건법」을 기반으로 외래치료명령제의 대상인지를 확인하고 이를 진행한다.
				필요한 서비스및 프로그램제공	낮병동을 비롯해 필요한 프로그램 및 서비스를 제공하고 정신증적인 증상의 조정을 받거나 자·타해의 위험성이 있는지를 지속적으로 관찰한다.
				약물관리를 포함한 방문 상담및 전화 상담	최소 주 1회 증상의 심각성에 대한 확인을 전화 및 방문상담을 통해 해야 하며 정신과 약물을 복용 중인 경우 주 1회 약물관리를 실시한다.
			노인자살 예방센터 (노인자살 전문 상담원)	주 1회 상담 또는 전화상담	최소 주 1회 방문상담이나 주중 안부 확인을 위한 전화상담을 해야 하며 정신증적인 증상의 강도가 심해지거나 자·타해가 염려되는 경우 정신보건전문요원과의 동행을 주선할 수 있다. 인근 정신보건센터의 위치 및 위급상황에서의 연락처(1577-0199, 129)와 관련 정보를 제공한다.
			노인 복지관 및 종합 복지관	가족과의 연락망 구축	P1 대상으로 확인될 경우, 가족과의 연락망을 미리 구축해 둔다.
				응급입원 지원	응급입원 상황이 발생할 경우, 입원 이후에도 지속적으로 가족과의 연락을 시도하며, 필요한 행정 절차가 있을 시 이를 지원한다.

26) 2009년 3월 개정된 정신보건법상 외래치료명령제 운영에 관한 내용 참조(별첨 25)

대분류	소분류	분류기준 (각 기준에 하나 이상만 해당되면 분류 가능)	연계조직 및 기능		세부지침
기타 정신 장애	중 (P2)	• 정신증적인 증상이 있기는 하나 현실검증력 및 질병이 있고 정서적으로 불안하지 않은 경우	정신보건센터	필요한 서비스 및 프로그램 제공	낮병동을 비롯해 필요한 프로그램 및 서비스를 제공하여 정신증적인 증상의 조정을 받거나 자·타해의 위험성이 있는지를 지속적으로 관찰한다.
				방문상담 및 전화상담	전화상담 및 방문상담을 통해 증상의 심각성에 대한 확인을 한다.
			노인자살전문상담원 또는 노인생명돌보미	주 1회 상담 또는 안부 확인	노인자살전문상담원이나 노인생명돌보미가 주 1회 상담 및 안부 확인을 위한 전화상담을 해야 한다. 자살시도나 위험이 감지될 시, P1 대상으로 등급 조정되며 이후 지침은 P1 대상 세부지침을 따른다.
	하 (P3)	• 과거 정신과 치료를 받은 적이 있기는 하나 현재는 증상이 전혀 없는 경우	정신보건센터	사례관리	관리대상으로 등록하고 전화상담을 통해 지속적인 사례관리를 한다.
			노인생명돌보미	주 1회 상담 또는 전화상담	주 1회 방문상담 또는 전화상담을 할 수 있으며 상담과정 중 자살에 대한 위험성이 확인될 경우 노인자살전문상담원에게 내담자를 연계하고 재분류한다.
			노인복지관 및 종합복지관	필요한 복지 서비스 제공	여가활동 지원 등 복지관 프로그램을 이용할 수 있도록 필요한 복지 서비스를 제공한다.
건강상의 어려움	상 (B1)	• 신체질환으로 장기적 입원 및 외래치료를 지속하고 있는 경우 • 신체장애등급 판정을 받았거나 판정이 가능한 수준의 장애를 경험하고 있는 경우 • 갑작스럽게 모르던 신체질환을 발견했거나 기존에 앓고 있는 질환이 보다 심각하게 악화된 경우 • 상해로 인해(교통사고 포함) 급격한 신체기능의 저하가 일어난 경우 • 구체적인 면담기준을 통해 확보된 면담 내용이 노인자살전문상담원의 판단으로 심각한 건강상의 어려움을 포함하고 있는 것으로 여겨지는 경우	119 소방공무원 및 경찰서, 지구대	응급 시 출동 및 응급 입원 지원	응급상황 발생 시 긴급하게 대상자에게 출동, 필요한 응급조치와 지역 내 의료기관으로 이송, 응급입원을 지원한다.
			의료기관	입원 지원	119를 통해서 대상자를 인계받거나 대상자가 직접 응급상황에 대해 위험을 알려 올 경우, 대상자를 이송하고 필요한 의료서비스를 실시하며 필요한 경우 입원치료도 연계한다.
			보건소	방문상담 필요한 정보 및 서비스 제공	관리대상으로 등록하고 주기적으로 신체질환의 추이를 관찰하며 필요한 정보 및 서비스를 제공한다. 입원치료가 필요할 경우, 119나 일반 의료기관의 응급서비스를 통해 입원과정을 지원한다.
			시청 및 주민센터	가족과의 연락망 구축	B1 대상으로 확인될 경우, 가족과의 연락망을 구축하고 보건소 및 복지관 실무자와 정보를 공유하며 경제적인 어려움이 동반될 경우, 긴급 지원과 관련 서비스를 적극 지원한다.

대분류	소분류	분류기준 (각 기준에 하나 이상만 해당되면 분류 가능)	연계조직 및 기능		세부지침
건강상의 어려움	상 (B1)		노인복지관 및 종합복지관	노인장기요양보험제도와 관련된 정보 제공	제도와 관련 정보를 제공하고 공단 신청과 관련 업무를 지원한다.
				필요한 복지서비스 제공	시설입소 및 노인장기요양보험제도의 지원이 제한적일 경우 제공할 수 있는 복지서비스(노인돌보미사업, 재가서비스)를 제공한다.
			노인자살예방센터 (노인자살전문상담원)	주 1회 상담 및 안부 확인	최소 주 1회 방문 상담 및 주중 안부 확인을 위한 전화상담을 해야 하며, 필요 시 안전동의서를 받고 야간 및 공휴일 자살생각이 나거나 안전동의서 내용을 어길 상황이 생길 시 연락처와 관련 정보를 제공한다. 보건소, 복지관 및 주민센터와 정보를 공유하며 원하는 서비스에 대한 정보 제공 및 연계를 돕는다.
	중 (B2)	• 신체질환과 관련된 호소를 하기는 하나 그 정도가 약하고 간헐적으로 외래치료를 하고 있는 경우 • 근래 신체질환이 악화되어 기능상의 어려움을 더 호소하고 있긴 하나 기본적인 일상생활을 유지하는 데 어려움이 없는 경우 • 상해나 만성질환으로 인해 신체기능의 저하가 있기는 하지만 보호요인으로 인해 큰 불편감을 경험하고 있지는 않은 경우	보건소	필요한 정보 및 서비스 제공	관리대상으로 등록하고 주기적으로 신체질환의 추이를 관찰하며 필요한 정보 및 서비스를 제공한다.
			노인복지관 및 종합복지관	노인장기요양보험제도와 관련된 정보 제공	제도와 관련 정보를 제공하고 공단 신청과 관련 업무를 지원한다.
				필요한 복지서비스 제공	시설입소 및 노인장기요양보험제도의 지원이 제한적일 경우 제공할 수 있는 복지서비스를 찾아 제공한다. 치료 레크리에이션 및 복지관에서 시행되고 있는 프로그램 등을 소개하여 예방 및 증상의 악화를 막을 수 있는 활동 프로그램에 대한 정보를 제공하고 활용을 유도한다.
			노인자살전문상담원	주 1회 방문상담 또는 전화상담	노인자살전문상담원은 주 1회 방문상담 또는 전화상담을 통해 안부 확인 및 상담을 진행해야 하며, 자살시도나 위험이 감지될 시 B1 대상으로 등급 조정되며, 이후 지침은 B1 대상 세부지침을 따른다.
			시청 및 주민센터	필요한 복지정보 및 서비스 제공	보건소 및 복지관 실무자와 정보를 공유하고 의료비 지원 등과 같은 긴급의료 지원에 적극 개입한다.
	하 (B3)	• 노화로 인한 신체기능의 저하가 자연스럽게 일어나고 있는 경우 • 선천적이거나 후천적이라 해도 오랜 기간 지속되어 온 신체기능의 어려움을 자연스럽게 받아들이고 있으며 보조기구의 도움으로 특별한 불편감을 호소하고 있지 않은 경우	노인생명돌보미	주 1회 상담 또는 전화상담	주 1회 방문상담 또는 전화상담을 할 수 있으며 상담과정 중 자살에 대한 위험성이 확인될 경우 노인자살전문상담원에게 내담자를 연계하고 재분류한다.
			노인복지관 및 종합복지관	필요한 복지서비스 및 프로그램 제공	필요한 복지서비스 및 프로그램 제공, 치료 레크리에이션 및 복지관에서 시행되고 있는 프로그램 등을 소개해 활용을 유도하며, 노인주간보호센터 이용 등 필요한 정보를 제공한다.

03

대분류	소분류	분류기준 (각 기준에 하나 이상만 해당되면 분류 가능)	연계조직 및 기능		세부지침
경제적 어려움	상 (E1)	• 주거지 유지가 불안하거나 현재 주거지로부터 강제 퇴거 명령이 내려졌음에도 불구하고 새로운 주거지 확보가 어려운 경우 • 일정한 수입이 없고 금융 및 부동산 재산이 저소득층에 해당되는 경우 • 서류상 저소득층 이상의 보유자산을 가지고 있긴 하나 실질적으로 재산상의 권리를 행사할 수 없고 삶의 질을 향상시키는 데 전혀 도움이 되지 않는 경우 • 일정한 수입이 있어도 수입을 집행할 권한이 없는 경우(임금차압 등) • 부채가 갑작스럽게 늘어난 경우 • 갑작스럽게 경제적으로 더 어려워졌거나 복구가 어려운 상황에 처한 경우 • 일정한 수입이 있어도 그 수준이 미약해 생활비를 충당하기 어려운 경우 • 최근 일자리를 잃었거나 적극적인 구직에도 불구하고 일자리를 찾지 못하는 경우 • 최근 국민기초생활수급권이 탈락된 경우 • 구체적인 면담기준을 통해 확보된 면담 내용이 노인자살전문상담원의 판단으로 보아 심각한 경제적 어려움과 관련 내용을 포함하고 있는 경우	시청 및 주민센터	필요한 복지 서비스 제공	대상자에게 제공 가능한 복지서비스의 내용 및 긴급 지원 가능 여부를 살펴보고 가능한 서비스를 제공한다. 국민기초생활수급권자 가능 여부, 무한돌봄 대상자 가능 여부를 판단하고 지원한다.
				희망근로 사업 참여	희망근로사업 참여 여부를 판단하고, 경제적 어려움을 해소할 수 있도록 서비스를 제공한다.
			노인 복지관 및 종합 복지관	필요한 복지 서비스 제공	대상자에게 제공 가능한 복지서비스의 내용을 살펴보고 가능한 서비스를 제공한다. 경제적 위기로 인한 자살위기노인의 위험도를 낮추기 위하여 적절한 일자리를 탐색하고 서비스를 제공한다.
			노인자살 예방센터 (노인자살 전문 상담원)	주 1회 상담 및 안부 확인	최소 주 1회 방문상담 및 주중 안부 확인을 위한 전화상담을 해야 하며, 필요 시 안전동의서를 받고 야간 및 공휴일 자살생각이 나거나 안전동의서 내용을 어길 상황이 생길 시 연락처와 관련 정보를 제공한다. 복지관 및 주민센터와 정보를 공유하며 원하는 서비스에 대해 정보 제공 및 연계를 돕는다.
			법률구조 공단	파산신청 등 경제 법률 문의	파산신청 등 법적 부분에 대하여 서비스를 제공하도록 한다.

대분류	소분류	분류기준 (각 기준에 하나 이상만 해당되면 분류 가능)	연계조직 및 기능		세부지침
경제적 어려움	중 (E2)	• 국민기초생활수급권자의 경우 • 일정한 수입이 있긴 하나 삶의 질이 낮다고 인지하는 경우 • 객관적으로는 경제적으로 어려운 수준의 수입을 가지고 있긴 하나 스스로 큰 불편감을 호소하지 않고 있는 경우	시청 및 주민센터	필요한 복지서비스 제공	노인돌봄서비스 및 노인장기요양보험제도 등을 살펴보고 가능한 서비스를 제공한다.
			노인복지관 및 종합복지관	복지관 프로그램 이용	복지관 프로그램을 이용하도록 하며, 경제적 위기로 인한 자살위기노인의 위험도를 낮추기 위하여 적절한 일자리를 탐색하고 서비스를 제공한다.
			노인자살전문상담원 또는 노인생명돌보미	주1회 상담 또는 안부 확인	노인자살전문상담원이나 노인생명돌보미가 주 1회상담 및 안부 확인을 위한 전화상담을 해야 한다.
	하 (E3)	• 일정한 수입이나 경제적 보조가 있으며 경제적으로 큰 불편감을 호소하지 않는 경우	노인복지관 및 종합복지관	필요한 프로그램 제공	복지관에서 시행되고 있는 프로그램 등을 소개해 활용을 유도하며 필요한 정보를 제공한다. 경제적 위기로 인한 자살위기노인의 위험도를 낮추기 위하여 적절한 일자리를 탐색하고 서비스를 제공한다.
			노인생명돌보미	주1회 상담 또는 전화상담	주 1회 방문상담 또는 전화상담을 할 수 있으며 상담 과정 중 자살에 대한 위험성이 부상될 경우 노인자살전문상담원에게 내담자를 연계하고 재분류한다.
이성문제	상 (G1)	• 성관계를 원하지만 사별이나 이혼 등 상황적 요인으로 인하여 성관계 대상이 없는 경우 • 기존의 성관계 대상과 갑작스러운 단절을 경험한 경우 • 갑작스러운 성기능의 감퇴가 이루어진 경우 • 성병 및 성과 관련한 질환으로 치료가 필요한 경우 • 이성관계와 관련하여 외로움이나 고독감을 표현하는 경우 • 이성친구의 필요성에 대해 적극적으로 요구하는 경우 • 구체적인 면담기준을 통해 확보된 면담 내용이 노인자살전문상담원의 판단으로 보아 심각한 성문제의 내용을 포함하고 있다 여겨지는 경우	보건소	필요한 정보 및 서비스 제공	기질적인 문제나 질환이 있다고 판단되는 경우, 적절한 조치가 보건소를 통해 이루어질 수 있는지에 대한 검토가 필요하며, 필요 시 적절한 의료기관으로의 치료권유 및 내원을 적극적으로 지원한다.
			한국 노인의 전화	알찬 노후를 생각하는 모임	한국 노인의 전화에서 운영하는 알찬 노후를 생각하는 모임에 참여하도록 권유한다.
			의료기관	의료 서비스 제공	질환과 관련해 필요한 의료조치를 취한다.
			노인복지관 및 종합복지관	필요한 프로그램 제공	복지관에서 시행되고 있는 프로그램 등을 소개해 활용을 유도하며 필요한 정보를 제공한다.

03

대분류	소분류	분류기준 (각 기준에 하나 이상만 해당되면 분류 가능)	연계조직 및 기능		세부지침
이성문제	상 (G1)		시청 및 주민센터	필요한 복지 서비스 제공	보건소 및 복지관 실무자와 정보를 공유하고 의료비 지원 등과 같은 긴급의료 지원에 적극 개입한다.
			노인자살 예방센터 (노인자살 전문상담원)	주 1회 상담 및 안부 확인	최소 주 1회 방문상담(부부상담 가능) 및 주중 안부 확인을 위한 전화상담을 해야 하며, 필요 시 안전동의서를 받고 야간 및 공휴일 자살생각이 나거나 안전동의서 내용을 어길 상황이 생길 시 연락처와 관련 정보를 제공한다. 보건소 및 복지관과 정보를 공유하며 원하는 서비스에 대해 정보 제공 및 연계를 돕는다.
	중 (G2)	• 오랜 기간 독거 및 사별, 이혼 등으로 인해 성관계를 유지할 만한 대상이 없는 경우 • 이성관계 및 이성친구에 대한 관심 및 요구가 있는 것으로 판단되는 경우	노인복지관 및 종합복지관	필요한 프로그램 제공	복지관에서 시행되고 있는 프로그램 등을 소개해 활용을 유도하며 필요한 정보를 제공한다.
			한국 노인의 전화	알찬 노후를 생각하는 모임	한국 노인의 전화에서 운영하는 알찬 노후를 생각하는 모임에 참여하도록 권유한다.
			노인자살전문상담원 또는 노인생명돌보미	주 1회 상담 또는 안부 확인	노인자살전문상담원이나 노인생명돌보미가 주 1회 상담 및 안부 확인을 위해 전화상담을 해야 한다.
	하 (G3)	• 노화로 인한 성기능의 저하를 경험하고 있긴 하나 성관계를 유지할 만한 대상이 존재하고, 기능의 저하를 큰 거부감 없이 받아들이고 있는 경우	노인복지관 및 종합복지관	필요한 프로그램 제공	복지관에서 시행되고 있는 프로그램 등을 소개해 활용을 유도하며 필요한 정보를 제공한다.
			노인생명돌보미	주 1회 상담 또는 전화상담	주 1회 방문상담 또는 전화상담을 할 수 있으며 상담과정 중 자살에 대한 위험성이 부상될 경우 노인자살전문상담원에게 내담자를 연계하고 재분류한다.
부부갈등	상 (C1)	• 부부간에 폭력이 자주 오가거나 일방적인 폭행이 있는 경우 • 의사소통이 어렵고 서로의 입장을 잘 이해하지 못하는 경우 • 황혼이혼을 준비하고 있거나 부부 중 한 명 이상의 의지로 별거를 하고 있는 경우 • 황혼이혼을 비롯해 이혼한 경우 • 거의 매일 싸우거나 잦은 다툼이 감소될 확률이 없어 보이는 경우	119 소방공무원 및 경찰서, 지구대	응급 시 출동 및 지원	응급상황 발생 시 긴급하게 대상자에게 출동, 필요한 응급조치와 지역 내 의료기관으로 이송, 응급입원을 지원한다. 적절한 조치가 필요 시 일시적으로 폭행 가해자와 피해자와의 격리를 도우며 가족과의 만남을 통해 향후 계획이나 대안에 대한 정보 제공 및 중재역할을 한다.
			노인보호전문기관[27]	24시간 핫라인 유지	24시간 노인학대 상담 및 신고전화(1577-1389)를 운영하고 위기상황에 대비한다.
				긴급출동 및 의료기관으로의 연계	지원이 필요한 경우 긴급출동하여 상황 판단 및 적극적인 개입을 하며, 필요한 경우 일시 보호하거나 적절한 처치를 위한 의료기관으로의 연계를 돕는다.

---

27) 전국 노인보호전문기관(별첨 26)

대분류	소분류	분류기준 (각 기준에 하나 이상만 해당되면 분류 가능)	연계조직 및 기능		세부지침
부부갈등	상 (C1)	• 부부관계 개선에 대한 관심이 없거나 나아지지 않을 거라고 생각하고 있는 경우 • 부부간의 성관계가 일방적으로 이루어지고 있는 경우 • 구체적인 면담기준을 통해 확보된 면담 내용이 노인자살전문상담원의 판단으로 보아 심각한 부부갈등과 관련된 내용을 포함하고 있다고 여겨지는 경우	노인보호전문기관	법적 조치와 관련된 정보 제공	법적 대응과 관련된 정보와 도움을 받을 수 있는 기관에 적극적인 연계라인을 제공한다.
				상담 및 정보 제공	지속적인 상담 및 안부 확인을 유지하며 관련 문제에 대한 정보를 제공한다.
			시청 및 주민센터	가족과의 연락망 구축	C1 대상으로 확인될 경우, 가족과의 연락망을 미리 구축해 두고 위기상황 발생 시 지속적으로 가족과의 연락을 시도하며 필요한 행정절차를 지원한다.
			노인복지관 및 종합복지관	필요한 프로그램 제공	복지관에서 시행되고 있는 프로그램 등을 소개해 활용을 유도하며 필요한 정보를 제공한다.
			노인자살예방센터 (노인자살전문상담원)	주 1회 상담 및 안부 확인	최소 주 1회 방문상담 및 주중 안부 확인을 위한 전화상담을 해야 하며, 필요 시 안전동의서를 받고 야간 및 공휴일 자살생각이 나거나 안전동의서 내용을 어길 상황이 생길 시 연락처와 관련 정보를 제공한다. 주민센터 및 복지관과 정보를 공유하며 원하는 서비스에 대해 정보 제공 및 연계를 돕는다.
				부부상담	부부갈등에 대한 근본적인 해결을 위한 부부상담을 시도해 볼 수 있다.
			건강가정지원센터	필요한 프로그램 및 서비스 제공	부부상담 및 부부대화 프로그램 등 부부관계 향상 프로그램에 참여하도록 정보를 제공한다.
			법률구조공단	법적 조치와 관련한 정보 제공	이혼위기, 소송 등의 법률서비스를 제공한다.
			한국가정법률상담소		
	중 (C2)	• 다툼이 잦긴 하지만 서로에 대해 적응하고 있는 경우 • 악화된 부부관계에 관심을 가지고 있거나 이를 개선시키고자 노력하고 있는 경우	노인복지관 및 종합복지관	필요한 프로그램 제공	복지관에서 시행되고 있는 프로그램 등을 소개해 활용을 유도하며 필요한 정보를 제공한다.
			건강가정지원센터	필요한 프로그램 및 서비스 제공	부부상담 및 부부대화 프로그램 등 부부관계 향상 프로그램에 참여하도록 정보를 제공한다.
			노인자살전문상담원 또는 노인생명돌보미	주 1회 상담 또는 안부 확인	노인자살전문상담원이나 노인생명돌보미가 주 1회 상담 및 안부 확인을 위한 전화상담을 해야 한다.

03

대분류	소분류	분류기준 (각 기준에 하나 이상만 해당되면 분류 가능)	연계조직 및 기능		세부지침
부부갈등	하 (C3)	• 다소 불만이 있긴 하나 큰 거부감 없이 부부관계가 유지되고 있는 경우	노인복지관 및 종합복지관	필요한 프로그램 제공	복지관에서 시행되고 있는 프로그램 등을 소개해 활용을 유도하며 필요한 정보를 제공한다.
			노인생명 돌보미	주 1회 상담 또는 전화상담	주 1회 방문상담 또는 전화상담을 할 수 있으며 상담 과정 중 자살에 대한 위험성이 부상될 경우 노인자살전문상담원에게 내담자를 연계하고 재분류한다.
가족갈등	상 (F1)	• 직계존비속으로부터 폭행을 비롯한 학대를 받고 있는 경우 • 적극적인 학대는 아니라 할지라도 자녀들이 부양의 책임을 회피하고 방치하는 경우 • 가족끼리 경제적인 문제로 법정 공방(예: 상속, 유산)이 있거나 이로 인한 갈등이 심화되어 있는 경우(예: 생활 및 부양비, 의료비) • 가족 간의 유대감이 많이 부족하여 서로 간의 이해나 공감이 이루어지지 않으며 왕래가 거의 없는 경우 • 가족 구성원 중 1인이나 그 이상이 적극적인 무시나 비난을 통해 가족 구성원으로서의 권리를 제한시키는 구성원이 존재하는 경우 • 안부전화나 방문 등 일상적인 안부 확인이 거의 이루어지지 않는 경우 • 구체적인 면담기준을 통해 확보된 면담 내용이 노인자살전문상담원의 판단으로 보아 심각한 가족갈등과 관련된 내용을 포함하고 있다 여겨지는 경우	노인보호 전문기관	24시간 핫라인 유지	24시간 노인학대 상담 및 신고전화(1577−1389)를 운영하고 위기상황에 대비한다.
				긴급출동 및 의료기관으로의 연계	지원이 필요한 경우 긴급출동하여 상황판단 및 적극적인 개입을 하며 필요한 경우, 일시 보호하거나 적절한 처치를 위한 의료기관으로의 연계를 돕는다.
				법적조치와 관련한 정보 제공	법적 대응과 관련 정보 및 도움을 받을 수 있는 기관에 적극적인 연계라인을 제공한다.
				상담 및 정보 제공	지속적인 상담 및 안부 확인을 유지하며 관련 문제에 대한 정보를 제공한다.
			시청 및 주민센터	필요한 복지서비스 제공	대상자에게 제공 가능한 복지서비스의 내용 및 긴급지원 가능 여부를 살펴보고 가능한 서비스를 제공한다.
			노인복지관 및 종합복지관	필요한 복지서비스 제공	대상자에게 제공 가능한 복지서비스의 내용을 살펴보고 가능한 서비스를 제공한다.
			노인자살 예방센터 (노인자살 전문상담원)	주 1회 상담 및 안부 확인	최소 주 1회 방문상담 및 주중 안부 확인을 위한 전화상담을 해야 하며, 필요 시 안전동의서를 받고 야간 및 공휴일 자살생각이 나거나 안전동의서 내용을 어길 상황이 생길 시 연락처(1577−1389)와 관련 정보를 제공한다. 복지관 및 주민센터와 정보를 공유하며 원하는 서비스에 대해 정보 제공 및 연계를 돕는다.
				가족상담	가족갈등에 대한 근본적인 해결을 위한 가족상담을 시도해 볼 수 있다.
			건강가정 지원센터	필요한 가족상담 및 서비스 제공	가족갈등을 완화하기 위한 가족상담, 가족갈등 해소 프로그램에 참여하도록 정보를 제공하고 참여를 유도한다.
			법률구조공단 한국가정법률 상담소	법적조치와 관련 정보 제공	가족갈등과 관련 법적조치 및 관련 정보를 제공한다.

대분류	소분류	분류기준 (각 기준에 하나 이상만 해당되면 분류 가능)	연계조직 및 기능		세부지침
가족갈등	중 (F2)	• 다양한 이유로 인해 이전에 비해 가족 간의 유대감이 많이 저하된 경우 • 그 횟수가 드물고 주기적으로 이루어지지는 않지만 가끔씩 안부전화나 방문이 이어지고 있는 경우 • 경제적인 문제로 가족 구성원 간의 다툼이 있긴 하나 부양에 대한 책임을 이행하고 있는 구성원이 있는 경우 • 적극적인 학대는 아니지만 노인에 대한 부정적인 태도나 선입견을 드러내는 행동이나 말을 하는 경우 • 단순히 부양이 의무 수준을 넘지 못하는 수동적인 형태의 부양을 받고 있다고 느끼는 경우 • 경제적인 부양은 이루어지나 정서적으로 지지체제가 존재한다는 느낌을 받지 못하는 상태 • 가족이 보호요인으로서의 역할을 하지 못하고 있는 경우	노인보호 전문기관	24시간 핫라인 유지	24시간 노인학대상담 및 신고전화(1577-1389)를 운영하고 위기상황에 대비한다.
				긴급출동 및 의료기관으로의 연계	지원이 필요한 경우 긴급출동하여 상황판단 및 적극적인 개입을 하며 필요한 경우, 일시 보호하거나 적절한 처치를 위한 의료기관으로의 연계를 돕는다.
				상담 및 정보 제공	지속적인 상담 및 안부 확인을 유지하며 관련 문제에 대한 정보를 제공한다.
			시청 및 주민센터	필요한 복지서비스 제공	대상자에게 제공 가능한 복지서비스의 내용 및 긴급지원 가능 여부를 살펴보고 가능한 서비스를 제공한다.
			건강가정 지원센터	필요한 상담 및 서비스 제공	가족갈등을 완화하기 위한 가족상담, 가족갈등 해소프로그램에 참여하도록 정보를 제공하고 참여를 유도한다.
			노인복지관 및 종합 복지관	필요한 복지서비스 제공	대상자에게 제공 가능한 복지서비스의 내용을 살펴보고 가능한 서비스를 제공한다.
			노인자살 전문상담원 또는 노인생명 돌보미	주 1회 방문상담 또는 전화상담	노인자살전문상담원이나 노인생명돌보미는 주 1회 방문상담 및 전화상담을 통해 안부 확인 및 상담을 진행해야 하며, 자살시도나 위험이 감지될 시 F1 대상으로 등급 조정되며, 이후 지침은 F1 대상 세부지침을 따른다.
				가족상담	가족갈등에 대한 근본적인 해결을 위한 가족상담을 시도해 볼 수 있다.
	하 (F3)	• 가족 구성원 중 1인이나 그 이상이 보호요인으로서의 역할을 하고 있는 경우 • 가족 전체는 아니지만 일정 수준 이상 가족 구성원 사이의 유대감이 적절히 유지되고 있는 경우 • 가끔씩 갈등이 있긴 하지만 부양에 대한 의무나 경제적인 보조에 대해 가족 구성원 간의 합의가 이루어져 있는 경우	노인복지관 및 종합 복지관	필요한 프로그램 제공	복지관에서 시행되고 있는 프로그램 등을 소개해 활용을 유도하며 필요한 정보를 제공한다.
			노인생명 돌보미	주 1회 상담 또는 전화상담	주 1회 방문상담 또는 전화상담을 할 수 있으며 상담과정 중 자살에 대한 위험성이 부상될 경우 노인자살전문상담원에게 상담 대상을 이양하고 재분류한다.

03

3) 면담을 통한 직접평가 시 사용할 수 있는 구체적 질문

노인의 경우, 자기 방어를 많이 하고 직계가족과 관련하여 부정적인 영향을 끼칠 것으로 판단하여 관련 정보에 대한 보고가 이루어지지 않을 수도 있다. 따라서 노인자살 전문상담원은 면담기준을 통해 반응하는 내담자의 언어적·비언어적 보고 내용을 예의 주시하여 평가한다.

분류 기준	면담기준	질문	평가 결과
우울 정서	• 좌절감이나 고독감에 대해 반복적으로 보고하거나 스스로 심각하다고 여기고 있는 경우 • 최근 가까운 가족이나 지인의 사별을 경험했거나 사별 가능성을 감지하고 있는 경우 • 낮잠을 자지 않고도 밤에 잠을 이루지 못하는 경우 • 절망감에 대해 반복하여 언급하는 경우 • 스스로 탈출구가 없다는 느낌을 가지고 있는 경우 • 스스로 자신의 역할이 없고 할 수 있는 일이 없다는 상실감을 느끼는 경우 • 노화를 통한 사회적 차별을 경험했거나 경제적·사회적·가정 내 지위의 하락에 대한 좌절감을 민감하게 얘기하는 경우	• 누군가에게 내가 짐이 되는 존재라는 생각이 드세요? • 너무 슬프고 외롭다는 느낌 때문에 힘든 적이 있으신가요? • 나이가 드니 주변 분들이 어르신을 전과는 다르게 대한다는 생각이 들어본 적이 있으세요? • 현재 상황에서 더 좋아질 것 같은 느낌을 갖기가 힘드신가요? • 최근 가까운 가족이나 친구분 중에 돌아가시거나 임종을 앞두고 계신 분이 있으신가요?	D1 D2 D3
대인 관계 어려움	• 새로운 사람을 사귀거나 사회적 관계망 형성 및 유지가 어렵거나 귀찮은 경우 • 주변 사람들과의 다툼이 잦거나 주변인들로부터 소외를 경험하고 있는 경우	• 가깝게 지내는 가족 및 친구가 있으신가요? 몇 명이나 되나요? • 얼마나 친한가요? • 얼마나 자주 연락하거나 만나시나요? • 지속적으로 참여하는 모임이 있으세요? • 친구들이나 가족들과 자주 못 만나는 이유가 있으신가요? • 최근 가족이나 친구들과의 관계에 변화가 있으신가요? (예: 이사, 사망, 이별 등) 그것으로 인해 어떤 영향을 받으셨나요?	I1 I2
알코올 의존	• 최근 기존 주량을 초과하는 과음을 했거나 술을 자살도구로 생각하고 있는 경우 • 지속적인 음주로 인해 일주일에 3회 이상 반주를 비롯한 음주가 이루어지고 있는 경우	• 술을 드시나요? 얼마나 자주, 어느 정도나 드시나요? • 담배를 피우시나요? 하루에 얼마나 피우시나요? • 술과 담배를 하지 않았을 때의 금단증상이 있으세요? • 술과 담배로 인해 문제가 있었던 적이 있으세요? • 술이나 담배가 가족이나 친구들에게 미치는 영향은 무엇인가요? • 최근 술이나 담배를 사용하는 양상에 변화가 있나요? • 절주 및 금연을 하고 있나요? 그렇다면 그 기간은 어떻게 되나요? • 술을 마시고 담배를 피우는 전형적인 시간과 상황은 무엇인가요? • 술과 담배를 하는 이유는 무엇인가요?	A1 A2 A3

분류 기준	면담기준	질문	평가 결과
치매	• 인지기능의 저하를 스스로 느끼거나 주변 사람들로부터 비슷한 보고를 자주 접하게 되어 자존감이 떨어져 있는 경우	• 기억력이나 총명함이 예전보다 못하다는 생각이 드세요?	AL1
		• 자주 잊어버려서 주변 사람들이 자신을 부족하게 여길 것이라는 우려가 있으신가요? • 하루에도 몇 번씩 내가 무엇을 하려고 했는지 기억을 하지 못하는 경우가 있으신가요?	AL2
		• 늘 만지거나 다루시던 물건의 이름이 아무리 생각해도 떠오르지 않을 때가 있으세요?	AL3
기타 정신 장애	• 죽음이나 실패에 대해 망상을 갖고 있는 경우 • 심각한 심리적 불안이나 혼란감을 표현하고 있는 경우 • 끊임없이 반복되는 생각이 있는 경우	• 정신장애로 치료를 받은 적이 있으세요? 〈이 질문에 대해 그렇다고 대답했다면, 추가질문을 통해 좀 더 구체적인 정보를 얻어야 한다.〉	P1
		• 이전에 치료는 언제, 어디서 받았나요? • 진단명은 무엇이었나요? • 어느 정도 심각한 수준이었나요? • 가장 최근에 치료받은 것은 언제인가요? • 어떤 종류의 치료를 받았나요?	P2
		• 복용한 약이 있다면, 어떤 종류의 약을 처방받았나요? • 치료의 효과는 어땠나요?	P3
건강 상의 어려움	• 갑작스럽게 모르던 신체질환을 발견했거나 기존에 앓고 있는 질환이 심각하게 악화된 경우	• 최근에 건강상태는 어떠신가요? 신체상태의 변화가 있으세요?	B1
		• 치료받고 있는 질환이 있으신가요? • 지난 몇 년간 건강검진이나 검사를 받은 적이 있나요? 있다면 검사 결과는 어땠나요? • 신체적 통증이나 손상이 있으신가요?	B2
		• 어지러움, 피곤, 두통, 수면문제, 식욕문제, 만성통증 등의 문제가 있으신가요?	B3
경제적 어려움	• 최근 일자리를 잃었거나 적극적인 구직에도 불구하고 일자리를 찾지 못하고 있는 경우 • 갑작스럽게 경제적으로 더 어려워졌거나 복구가 어려운 상황에 처한 경우 • 직계존비속 중 경제적인 어려움에 빠진 가족이 있거나 법적 조치에 연루되어 있는 경우		E1
	• 가까운 가족이나 지인의 경제적인 어려움으로 인해 내담자가 불편감을 느끼고 있거나 직접적인 피해를 입고 있는 경우 • 주거지 확보와 관련된 어려움을 지속적으로 겪고 있거나 최근 주거지와 관련된 어려움이 부상된 경우	• 생활비는 어떻게 충당하시나요? • 가족들의 지원이나 연금으로 보조를 받는 부분이 있으세요? • 경제적 어려움이 있으신가요? • 최근 경제적 수준이 급격하게 나빠지셨나요?	E2
	• 경제적인 어려움으로 인하여 삶의 질이 저하되어 있다고 여기는 경우 • 최근 국민기초생활수급권이 탈락된 경우		E3

분류 기준	면담기준	질문	평가 결과
이성 문제	• 성관계를 원하지만 대상이 없거나 최근 대상이 사라진 경우 • 갑작스러운 성기능의 감퇴로 인해 자신감을 잃은 경우 • 별거나 이혼, 사별 등으로 오랜 독거생활을 유지했거나 최근 원하지 않는 독거를 시작한 경우 • 이성관계 및 이성친구에 대한 욕구를 표현하는 경우	• 성관계에 어려움이나 아쉬움은 없으신가요? • 성욕이나 기능 때문에 위축된다는 느낌을 받지는 않나요? • 이성친구를 만나보고 싶다는 생각을 해 보신 적이 있나요?	G1 G2 G3
부부 갈등	• 황혼이혼을 경험했거나 부부관계가 원만하지 못한 경우	• 남편(혹은 아내) 없이 혼자 살면 더 편할 것 같다는 생각을 해 본 적이 있으세요? • 부부지만 남 같다고 생각을 해 본 적이 있으세요? • 최근에 남편(혹은 아내)을 때리거나 맞아 본 적 있으세요?	C1 C2 C3
가족 갈등	• 부부를 비롯한 가족 간에 폭력이 자주 오가거나 일방적인 폭행이 있는 경우 • 부부를 비롯한 가족 구성원 간의 의사소통이 어렵고 서로의 입장을 이해하지 못하는 경우 • 직계존비속으로부터 폭행을 비롯한 학대를 받고 있는 경우 • 적극적인 학대는 아니더라도 자녀들이 부양의 책임을 회피하고 방치하는 경우 • 가족끼리 경제적인 문제로 법정 공방(예: 상속, 유산)이 있거나 이로 인한 갈등이 심화되어 있는 경우(예: 생활 및 부양비, 의료비) • 가족의 신체적 · 정서적 어려움으로 인해 내담자의 생활에서도 부정적인 영향을 받고 있는 경우 • 가족지지체계에 변화가 생겼거나 보호요인의 영향력이 약화된 경우	• 집안분위기는 어떠세요? • 가족 중에 서로 사이가 좋지 않은 구성원이 있으신가요? • 자녀분들이 어르신 부양에 부담을 느끼시는 것 같으신가요? • 가족 중에 너무 힘든 사람이 있어서 어르신까지 답답하고 힘들다는 느낌을 주는 사람이 있나요? • 가족 중에 없었으면 좋겠다 싶은 사람이 있으세요? • 혹시 가족과 얘기하다 지나치게 언성이 높아져 폭행이 오가는 경우가 있나요?	F1 F2 F3

자살 관련 행동을 하는
노인에 대한 상담

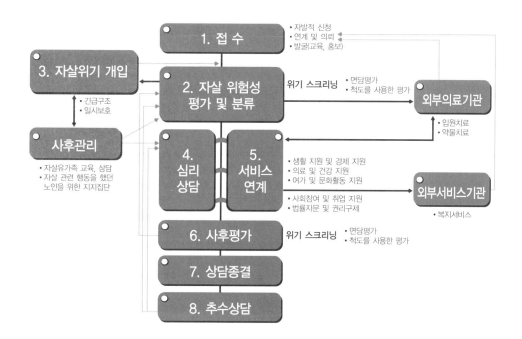

자살 관련 행동을 하는 노인을 보다 효과적으로 상담하기 위해 노인자살위기 개입 및 상담모델을 체계화하여 제시한다.

첫 번째 단계인 접수 단계는 노인 내담자를 처음 만나는 단계로, 경기도의 노인자살예방센터에서는 내담자가 자발적으로 상담을 신청한 경우, 타 기관으로부터 의뢰된 경우, 노인생명돌보미들이 발굴한 경우의 세 가지 경로를 통해 접수가 이루어진다. 의뢰는 의료기관, 노인 관련 서비스기관, 공공기관, 지역사회 등 다양한 곳으로부터 이루어질 수 있다. 더불어 접수 단계에서는 라포 형성을 위한 관계 맺기가 처음 이루어진다.

두 번째 단계인 자살 위험성 평가 및 분류 단계에선 우선 긴급한 위기상황 여부를 확인하여, 긴급한 위기인 경우 자살위기 개입 단계로 곧바로 넘어가며, 긴급한 위기상황이 아닌 경우, 면담평가를 통해 자살 위험성의 평가 및 분류를 실시한다. 경우에 따라 함께 제시한 간접평가도구를 활용할 수도 있다. 자살 위험성의 평가 및 분류가 이루어지면, 위험성 분류 수준에 따라 자살의 위험성을 제거하기 위한 자살위기 개입이 반드시 이루어져야 한다.

세 번째 단계인 자살위기 개입 단계에서는 가족 또는 보호자에게 연락, 안전동의서 작성, 자살도구 제거, 정신의료기관에 연계 등의 개입활동이 이루어져야 한다.

네 번째와 다섯 번째 단계인 심리상담과 서비스 연계는 자살위기 개입으로 자살 위험성 수준이 떨어진 내담자의 복합적인 문제를 찾아내고 적절한 서비스를 연계함과 동시에 심리적 안정감을 회복할 수 있는 심리상담을 병행한다.

여섯 번째 단계인 사후평가는 상담 및 개입이 진행되고 있더라도, 정기적으로 자살 위험성에 대해 사후평가를 실시하여, 내담자의 자살 위험성 수준을 객관적으로 다시 하도록 점검하는 단계다. 상담이 지속적으로 진행되어 안정되었던 내담자라도 자살 위험성 사후평가에 의해 다시 자살 위험성 수준이 상승했다고 판단된 경우, 상담가는 자살위기 개입 단계로 돌아가야 한다.

일곱 번째 단계인 상담종결에서 자살 위험성 사후평가 결과와 상담 장면에서의 내담자의 반응이 긍정적일 경우, 상담가는 상담을 종결할 수 있다. 종결 시 추수상담 및 노인생명돌보미의 사례관리를 병행하도록 권유하여, 내담자를 지속적으로 관리할 수 있도록 한다.

여덟 번째 단계인 추수상담 단계에서 특히 자살 위험성 수준이 매우 높았던 내담자의 경우, 현재 안정된 상태일지라도 지속적으로 추수상담 및 자살 위험성 평가를 진행하여 자살 위험성 수준의 변동 여부를 확인해야 한다.

추가로 사후관리 단계에는 긴급한 자살응급 개입 이후, 자살 관련 행동을 했던 노인을 위한 지지집단, 자살유가족에 대한 교육 등의 활동이 포함된다.

1. 접 수

1) 접 수

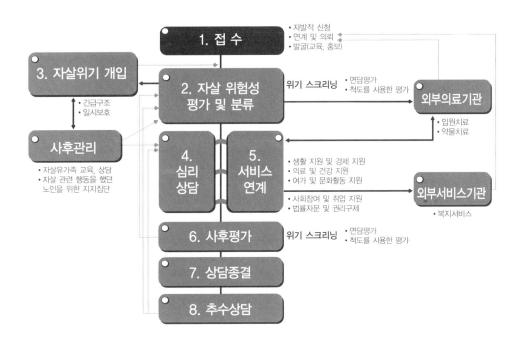

노인 내담자가 자발적으로 도움을 요청했거나 또는 비자발적으로 상담을 받게 되었다는 것은 내담자가 상담가의 지식과 상담능력으로 자신의 위기를 변화시킬 수 있다는 사실을 믿는 것이다. 상담가는 노인 내담자가 가지고 있는 상담환경에 대한 어색함과 잘 알지 못하는 상담가에 대한 낯섦을 해결해야 할 과제를 안고 있다. 상담가는 이러한 과제를 해결하기 위해 노인 내담자에게 적합한 정서적 환경을 만들어 주어야 한다.

접수 예시(방문상담, 내방상담)

※ 사전에 상담약속을 확인한다.

※ 신분증과 준비물(초기상담신청서, 상담일지, 자살생각척도, 우울척도, 대인관계척
   도, 절망감척도, 치매척도, 알코올척도 등)을 준비하여 내담자에게 도움을 주겠다는
   마음가짐으로 상담에 임한다.

※ 상담 구조화 실시 및 녹음에 대한 동의를 받는다.

① 벨을 누른다.
② 인사를 한다.

경우 1) 방문
상담가: 현관문이 열려 있던데, 안 잠그고 계셨네요.
내담자: 선생님 오신다고 해서 열어 놨어요. 선생님이랑 약속인데 지켜야죠.
상담가: 네, 그러셨어요. 저하고 약속을 잘 기억하고 계셨네요.

경우 2) 방문
상담가: 뭐하고 계셨어요?
내담자: 선생님 기다리고 있었어요. (반색하며 먹을 것을 준비한다) 내 집에 오신 분은
        그냥 가시면 안 돼요. 뭘 드시고 가서야 내 맘이 좋아요. 반갑잖아요. 날 위해
        서 먼 데서 오셨는데, 대접하는게 당연하죠.
상담가: 어르신 괜찮아요. 그냥 이리 와서 앉으세요. 감사하지만 올 때마다 이렇게 하
        시면 제가 오히려 부담돼요.

경우 3) 내방
상담가: 어서 오세요. 날이 많이 추운데(비오는데, 더운데) 오시기 어떠셨어요?
내담자: 복지관 차 타고 와서 괜찮아요(다리가 아파서 걸어오는데 힘들었어요).
상담가: 아, 그러세요. 따뜻한(시원한) 차 한 잔 드세요.

2) 라포 형성하기

자살의 경고신호를 나타내는 노인을 위한 치료적 개입의 출발은 노인의 세계로 들어
가 노인의 시각으로 세상을 보는 것이다(Beck, 1997).

자살상담의 성공은 상담가와 내담자가 라포(rapport)를 형성했는가에 달려 있다. 'Rapport'는 영어 'relationship'을 뜻하는 프랑스어로 상담가와 내담자와의 치료적 관계를 의미한다. 대부분의 상담모델에서는 라포에 대해서 자기 나름대로의 개념을 사용하여 표현하고 있다. 정신분석상담에서는 작업동맹(working alliance), 내담자중심상담에서는 공감(Empathy)으로, 가족치료에서는 합류(joining)로, 신경언어프로그래밍에서는 보조맞추기(pacing) 등으로 표현한다.

라포는 내담자와의 만남 속에서 내담자의 세계 안에서 만나는 것을 의미한다. 우리는 각기 다른 환경과 삶의 배경 속에서 서로 다른 인생의 경험과 시각을 가지고 있다. 여기서 우리는 다른 사람과 구별되는 나름의 독특성을 갖고 살아가면서 자기의 세계관을 통해 바라보게 된다. 내담자와 라포를 형성한다는 것은 그의 세계관을 인정하고 함께 바라본다는 것을 뜻한다. 그러나 이 말은 반드시 치료사가 내담자의 세계관에 동의한다는 말은 아니다. 내담자의 세계관을 인정하고 존중한다는 말로, 이를 위한 필요한 작업이 그에게 주파수를 맞추는 작업이다. 위기에 처한 노인의 시각 속에서 보기 위해서는 내담자를 존중하고 수용하는 상담가의 자세가 필요하다. 노인 내담자는 상담가가 자신에게 관심을 가지고 있다고 느낄 때 치료관계에서 보다 협력적이며 변화가 가능하다. 따라서 라포를 통해 궁극적으로 이득을 얻는 사람은 노인 내담자 자신이다.

04

자살위기에 처한 노인과 라포 형성하기

① 자살위기에 처한 노인은 삶의 중대한 위기에 놓여 있지만 그동안의 다양한 경험을 통해 상담가가 자신을 진정으로 도우려 하는지, 아니면 행정적으로 문제를 처리하고 있는가에 대해 잘 파악한다. 따라서 상담가는 노인과의 만남에서 내담자의 문제를 해결하기 위해 무조건적인 존중, 수용, 진실한 자세를 가져야 한다. 상담가가 노인 내담자에게 진실해지기 위해서는 어느 정도의 겸손한 모습이 필요하다.

② 자살신호를 나타내는 노인에 대한 접근은 그를 설득시키려는 것이 아닌 공감적 경청을 통해서다. 가능한 조금씩 끼어들면서 노인 내담자의 이야기를 경청해야 한다. 노인은 누군가 자신의 이야기를 주의깊게 들어주는 것을 무엇보다도 절실히 원한다. 경청은 계속 대화를 할 수 있게 하며 그 사이에 신뢰감이 형성된다. 상담가가 노인의 과거, 그가 좋아하는 것(예를 들어, 애완동물) 등에 대해 관심을 보여 주고 경청하면 노인 내담자는 좋아한다.

③ 상담가는 노인을 만나기 전 또는 만나서 면담하는 동안 노인 내담자의 세계관을 바라보아야 한다. 이를 위해 노인 내담자의 위치(position)에 자신을 놓아야 한다.

④ 노인 내담자와의 대화 속에서 전문적인 용어 사용을 피해야 한다. '가해자', '학대', '인식하다', '수용하다', '소송' 등과 같은 전문적·선동적·법률적 용어의 사용을 자제해야 한다.

⑤ 첫 만남의 분위기는 친밀한 관계 형성에 크게 작용을 한다. 상담가는 첫 만남에서 친절하고, 따뜻하게 분위기를 만들며 부정적 용어보다는 긍정적 단어를 사용해야 한다.

⑥ 상담가는 노인 내담자의 행동양식을 받아들이도록 노력한다. 노인의 행동양식이 상담가에게는 논리적이거나 현실적이지 못한 것으로 보이더라도 그에게는 소중한 것이다.

⑦ 노인 내담자가 방어적일 때 직접적인 직면이나 논쟁은 피해야 한다.

⑧ 노인 내담자가 상담가의 사고방식이나 행동양식을 수용해 주기를 기대하는 대신에 상담가 스스로 내담자의 사고방식이나 행동양식에 적응하도록 한다. 그렇게 하는 것이 상담가에게 덜 부담이 되며, 보다 순조롭게 상담하는 데 도움이 된다.

⑨ 상담 초기 단계에 노인 내담자가 한 긍정적인 일은 무엇이든 자주 칭찬을 해 용기를 준다.

자살위기에 처한 노인을 위한 상담의 시작은 어떤 치료적 기법을 사용하는가보다는 상담가의 따뜻한 공감, 존중, 온정, 조력, 보살핌과 치료적 진실성을 통해 형성된 라포가 무엇보다 중요하다. 이러한 상담가와 내담자와의 라포 형성을 위해 필요한 도구로 공감적 경청이 있다.

공감적 경청

- 노인 내담자와의 상담은 모든 주의를 집중시켜 경청하는 것에서 시작된다. 공감적인 경청은 상담가가 내담자가 말하는 것에 대해 진심으로 자기 관심을 나타낼 때 일어난다. Sanford(1994)에 의하면 공감적인 경청은 그 스스로 치료하는 힘이 있다. 상담가의 적극적인 경청은 내담자의 자연치유력을 활성화시켜 치료에 도움을 준다.
- 상담현장에서 초보 상담가들이 자주 저지르는 실수는 내담자가 말을 할 때 경청하지 않고 다음에 무엇을 질문할 것인가를 생각하는 것이다. 이 경우 상담과정이 더는 진

전되지 못하고 지루하고 힘든 상담이 될 수 있다. 공감적 경청은 상담가가 무엇보다 내담자에게 호기심을 갖고 말하려는 것을 듣고 싶어 해야 한다.

상담가가 내담자에게 주의를 집중시키는 공감적 경청에는 다음과 같은 지침이 있다.

① 내담자를 정면으로 바라보라. 이를 통해 상담가는 대화를 할 의사가 있음을 전달한다.
② 내담자를 향해 개방적인 자세를 취하라. 상담가는 얼굴과 몸을 부드럽게 한 후 앉으며 마음을 열어 놓고 있다는 자세를 보인다. 그리고 지나치게 손이나 다리를 꼬고 앉지 않는다.
③ 가끔 내담자를 향해 몸을 기울여라. 상담가가 내담자의 말을 열심히 듣고 있다는 사실을 몸의 자세로 전달하며, 내담자의 이야기에 깊이 빠져들고 있다는 표현으로 몸을 사용한다.
④ 내담자와 시선을 맞추라. 상담가가 지나치게 내담자의 눈을 바라보면 오히려 어색해질 수 있으나 적절한 시선 맞추기는 내담자에게 관심을 가지고 있다는 표시로 작용한다.
⑤ 내담자를 향해 편안한 자세를 취하라. 상담가는 무엇보다 불안하거나 긴장된 모습을 보이기보다는 여유 있는 자세를 보이며 전문가로서의 자기 확신의 자세를 보여야 한다.
⑥ 노인의 능력에 맞는 의사소통을 사용한다. 간단한 문장과 한 번에 한 가지씩 또박또박 말하며, 가능한 긍정형의 문장을 사용한다.

공감적 경청을 위한 예시

• 어르신 ……때문에 ……한 느낌이 드는군요.
  [따님이 설날에 집에 오지 않아서(않았기 때문에) 화가 나셨군요.]
• ……할 때 ……한 느낌이 드는군요.
  (남편께서 술을 드실 때마다 화가 나시는군요.)
• …… 마음이 아팠겠군요.
• …… 화가 나셨군요.
• …… 힘드셨겠군요.
• …… 기분이 좋았겠네요.
• …… 이런, 슬프셨겠네요.
• 음……, 허……, 아……, 예……, 맞아요……, 그래요……, 알겠어요.

2. 자살 위험성 평가 및 분류

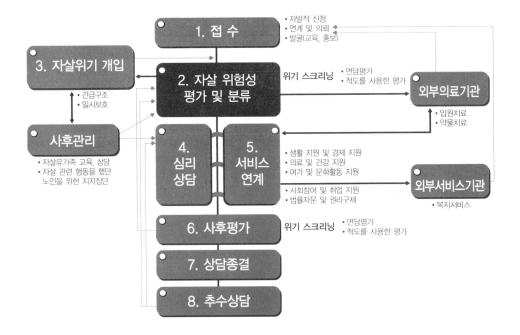

제2장에서 노인의 자살 위험성 평가 및 분류 기준에 따라 노인 내담자의 자살 위험성을 평가하고, 위험수준에 따라 적절한 위기 개입을 실시한다. 자살 위험성 평가는 면담을 중심으로 하는 직접평가와 척도를 사용하는 간접평가로 나뉜다.

3. 자살위기 개입

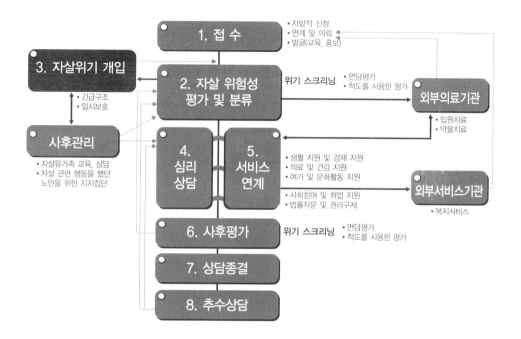

1) 긴급 자살위기 개입 및 긴급구조기관 연계

자살 위험성 평가의 수준에 따라 제3장에서 다루었던 노인자살위기 개입 시 상황별 연계조직 및 기능 분류표를 기준으로 필요한 연계서비스를 제공한다. 특히, 자살 위험성 수준이 매우 긴급한 경우에는 지체 없이 긴급구조기관(119, 112, 응급의료기관 등)에 연계해야 한다. 또한 응급 시 연락할 수 있는 긴급 연락처를 알려 주고, 위기 시 행동지침을 자세하게 설명한다.

2) 위기상황 명료화와 상황 통제

자살할 가능성이 있는 노인 내담자에게 상담가는 직접적인 행동을 취할 수 있다. 내담자는 자신의 위기를 통제할 희망이 없다고 포기한 상태일 것이다. 상담가는 내담자에게 현재의 상황을 명료화시켜 주고, 상담이 자신의 삶에 도움이 될 수 있으며, 해결 가능성이 있다고 적극적으로 설득해야 한다. 여기서 상담가는 내담자를 비난하고 책망하기보다 상담가 자신이 내담자에게 관심이 있음을 설득시켜야 한다. 정서적으로 불안하거나 분노에 찬 절망적인 내담자가 정서적으로 안정을 되찾을 수 있도록 옆에서 내담자를 지지하며 도와야 한다. 이때는 자살생각과 행동에 대한 직접적인 대화를 시도하며, 내담자를 고통스럽게 만드는 문제를 명료화하고 문제를 해결할 수 있다는 희망을 갖게 함으로써 내담자를 안정시키고 위기상황을 통제하기 위해 노력한다.

3) 상담에 대한 기대 갖게 하기

상담가는 라포 형성을 통해 상담 가능성에 대해 호기심을 유발시키며 내담자의 관심을 자극해야 한다. 내담자에게 지금 무엇을 했으며, 앞으로 어떻게 진행할 것이라는 상담과정에 대해 알려 줌으로써 내담자가 좀 더 상담과정에 호기심을 갖고 몰입할 수 있도록 유도한다. 이러한 과정에서 중요한 요인은 바로 희망과 기대다. 오늘날 상담의 다양한 연구를 통해 플라시보 효과(placebo, 치료 자체이기보다 암시효과로 작용된 경우)로 상담 결과의 15%가 영향을 받는다고 본다(Lambert, 1992). 기대와 희망은 자살하려는 노인과의 상담에서 플라시보 요인이 된다. 내담자에게 해결과 변화에 대한 희망과 긍정적 기대를 갖게 하는 것은 상담의 성공 가능성을 높일 뿐 아니라 시간을 연장시킬 수 있게 한다. 플라시보 효과는 상담가가 노인 내담자에게 상담이 효과가 있을 것이라는 믿음을 갖고 있을 때 가장 성공적으로 발휘된다. 희망은 상담가가 상담을 통해 좋은 성과를 얻게 될 것이라는 노인 내담자에 대한 기대가 높아질 때 더욱 고무된다.

상담에 대한 기대 갖게 하기의 예시

- 어르신, 지금 저에게 아주 조금의 시간을 주십시오. 저는 어르신처럼 어려움에 처한 분들을 돕는 사람입니다. 어르신을 돕는 것은 제 일입니다. 어르신이 무엇 때문에 그렇게 힘들어하시는지 알아보고 싶어요.
- 어르신이 자살하시겠다는 생각을 잠시 접으신다면, 제가 상담가가 되어 어르신을 도울 수 있습니다.
- 어르신은 최선을 다해 인생을 살아오셨습니다. 젊은 시절 가족을 위해 일하면서 열심히 가장으로서 책임을 다하셨어요. 인생을 성실하게 사신 어르신을 그냥 내버려 둘 수 없습니다.
- 어르신은 칠십 평생 사시면서 수많은 어려움을 이겨 내시며 지금까지 살아오신 분입니다.

4) 안전동의서 작성

자살 위험이 있는 노인 내담자에게 결코 자살을 하지 않겠다는 다짐을 받는 것은 큰 효과가 없다. 그러나 상담과정을 시작하기 전에 자살시도를 하지 않겠다고 약속하는 것은 상담계약을 하기 위한 전제조건이다. 노인 내담자가 이를 수행해야만 다음 회기에서 상담가와 내담자가 만날 수 있기 때문이다(Plitt, 2006). 노인 내담자가 쉽게 자살시도를 하지 않겠다고 약속하지 않더라도 상담가는 인내심을 가지고 약속을 만들어 가야 한다. 노인 내담자의 자살 결심은 이미 건너서는 안 될 강을 건너간 것이 아니라 살고자 하는 소망과 죽고자 하는 소망 사이의 갈등의 결과로 파악해야 한다. 따라서 상담가는 노인 내담자가 삶을 택하도록 해야 한다.

5) 자살도구 제거

자살 위험성 평가를 통해 내담자가 구체적으로 자살도구를 준비했다는 것을 알게 되었다면, 상담가는 안전동의서 작성과 함께 자살도구를 제거하기 위해 노력해야 한다. 내담자의 동의를 얻어 자살도구로 사용될 수 있는 노끈·약물·농약 등을 제거하는 것으로, 내담자가 거부하는 경우에는 꾸준히 설득하여 동의를 얻은 후 제거해야 한다.

6) 외부 의료기관 연계

자살 위험성을 가진 내담자가 심각한 우울증상을 보이거나 알코올 중독 등의 기타 다른 정신과적 질환을 가지고 있다면, 정신과 병원 등의 약물치료를 병행하도록 권유한다. 노인의 경우 정신과에 대해 거부감이 있는 경우가 많으므로 충분히 설명하고 이해시켜야 한다.

7) 심리상담 실시

자살 위험성 평가에서 중간 이상의 평가를 받은 모든 노인 내담자에게는 심리상담을 권유하여 시·군 노인자살예방센터의 노인자살전문상담원에게 심리상담 및 서비스 연계를 지원받도록 한다. 자살 위험성이 높음 이상인 노인 내담자는 상담이나 사례관리를 거부하는 경우에도 꾸준히 관리하여 상담에 참여시켜야 한다.

8) 가족 및 지지망 구축

가족이나 친구 또는 주변 사람 중에서 위기에 놓인 노인 내담자에게 도움을 줄 수 있는 사람이 있는지를 파악하여, 이들에게 노인 내담자의 자살 위험성에 대해 알리고 안전 확보에 대한 도움을 받는다.

가족 및 지지망 구축의 예시

내담자: 내 아내와 자식들은 저에게 아무런 관심이 없습니다. 근데 한 사람, 작은딸은 예외인데 그래도 저에게 힘이 되지요.

상담가: 작은따님에 대해서 말씀해 주시겠어요?

내담자: 그래도 가족 중에서 가장 제 속마음을 터놓고 이야기하는 사이지요.

• 상담가는 내담자와의 이야기를 통해 내담자의 사회적 지지망이 되는 사람을 발견하고 이와 관련된 질문을 통해 내담자에게 자신은 결코 외로운 사람이 아님을 인식시킨다. 또한 작은딸의 연락처를 확보하여 직접적인 지지망을 구성한다.

상담가: 자꾸 죽고 싶다고 말씀하시는데, 혹시 어르신이 돌아가셨다는 것을 가족들이나 주변 분들이 알고 가장 슬퍼하실 분이 누구세요?

내담자: 당연히, 아내죠.

상담가: 아내분에 대해서 말씀해 주시겠어요?

• 상담가는 질문을 통해 내담자와 가장 밀접한 사람이 누구인지를 파악하고 파악된 사람을 실제적인 지지망으로 확보한다.

---

4. 심리상담

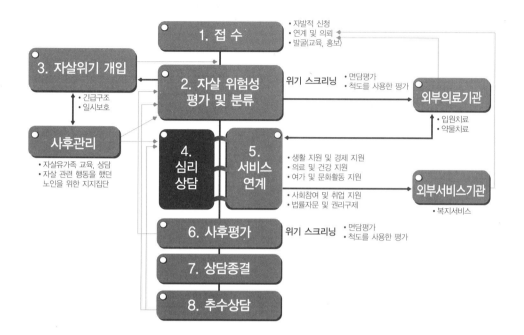

자살위기에 처한 노인 내담자를 위한 상담은 내담자가 위기 속에서 자살이 아닌 다른 방법으로 문제를 해결하도록 돕는다. 상담목표는 내담자 자신의 강점과 자원을 활용해 자신의 힘으로 위기에 대처할 수 있도록 하고 긍정적 사고를 격려하여 자신과 세계를 긍정적으로 바라볼 수 있도록 지원하는 데 있다.

자살위기가 높은 상황 속에서 내담자의 반성과 성찰을 요구하는 전통적 상담을 하는 것은 효과적이지 못하다. 상담가의 상담적 개입은 항상 내담자를 지지하고 지원하는 방식이어야 하며 구체적인 자살위기로부터 내담자를 보호하는 것에 초점을 맞추어야 한다.

상담을 통해 내담자의 자살 가능성이 없어졌다 하더라도 상담은 지속되어야 한다. 내담자가 다시 위기에 처하게 되면 이미 과거에 사용하려 했던 자살이라는 도구를 사용하려는 충동이 나타날 수 있기 때문이다.

1) 상담계약하기

상담가는 신뢰를 쌓고 의심을 극복하기 위해 적절한 일대일 상담시간의 확보가 필요하다. 상담장소는 가능한 일정한 장소에서 이루어질 수 있어야 한다. 반드시 일정한 상담실에서 상담을 진행할 필요는 없지만 복지시설에서 만나 복도를 걸으면서 하는 등 불규칙적 장소에서 하지 말자는 뜻이다. 노인 내담자와 계약을 작성할 때, 노인 내담자가 자살하고 싶을 때 연락할 수 있는 사람의 이름과 전화번호, 그리고 상담가가 노인 내담자와 연락할 수 있는 방법을 적어 놓는다.

상담계약을 맺는다는 것은 상담시간, 장소, 규칙을 정하는 것으로, 이를 통해 상담가–내담자의 관계를 가능하게 해 주는 절차다. 자살하려는 노인과의 상담에서 상담계약은 너무 세분화되거나 고정되지 않아야 한다. 대부분 상담에 대한 의지가 부족한 노인 내담자를 당황하게 하거나 어리둥절하게 하지 않으면서 상담가–내담자 관계를 가능하게 할 수 있어야 한다.

자살하려는 노인과의 상담은 노인종합상담센터, 노인복지시설, 의료기관, 정신보건센터 등 다양한 공간에서 이루어질 수 있다.

상담계약원칙

- 상담계약은 노인 내담자를 당황하게 하지 않는 범위에서 이루어져야 한다.
- 일방적으로 명령하는 것이 아닌 상담가와 노인 내담자 간에 협정되어야 한다.
- 상담계약은 노인 내담자와 그의 가족을 포함한 모든 주변 사람에게도 알려야 한다.
- 구두나 글로 계약을 맺는다.
- 상담계약은 상담 진행과정에서 필요에 따라 수정 가능하다.

---

2) 내담자 유형 파악하기

상담가는 노인상담현장에서 다양한 유형의 내담자를 만날 수 있다. 내담자들은 노년기에 삶의 위기에 처했다는 공통점을 가지고 있지만 이러한 위기 속에서 상담가에게 임하는 자세는 너무나 다르다. 따라서 상담가는 치료적 접근을 하기 전에 먼저 지금 내 앞에 있는 노인 내담자가 어떤 유형의 내담자인가를 파악하고 여기에 맞는 접근방식을 준비하는 것이 필요하다.

노인상담현장에서 만날 수 있는 내담자의 유형은 크게 준비된 내담자, 불평형 내담자, 비자발적인 내담자, 화내고 적대적인 내담자로 분류할 수 있다.

다음은 내담자 유형을 파악하기 위한 질문의 예다.

내담자 유형을 파악하기 위한 예시

- 어르신, 지금 저와 함께 상담하는 것이 어떠세요?
- 문제해결을 위해 제가 어떻게 도와드리면 좋으시겠어요?
- 어르신은 …… 문제를 어떻게 보세요?
- 얼마나 …… 문제를 없애기를 원하세요?

준비된 내담자　　준비된 내담자는 위기문제의 변화를 위해 적극적이고 자신의 책임과 문제에 대해 잘 파악하고 있으며 상담가의 치료적 개입을 수용할 준비가 되어 있다. 이 경우 상담 성공률은 매우 높아진다. 이렇게 노인상담에서 준비된 내담자를 만나게 되는 경우보다 비자발적인 내담자와 불평형의 내담자를 만나게 되는 경우가 더 많을 것이다. 상담가는 준비되지 않은 내담자를 적절한 치료적 접근을 통해 준비된 내담자로 변화시켜야 한다.

준비된 내담자의 특징

- 내 생활은 이제 막바지에 왔어요. 무엇이든 이제 변화되어야 해요.
- 이제 우리도(나도) 변화되어야 해요. 그러나 저 혼자서는 할 수가 없어요. 저를 도와 주세요.
- 이 문제를 변화시키려면 무엇을 해야 하는지 말씀해 주세요.

이러한 말을 하거나 암시하는 경우 내담자가 이제 상담에 대한 준비가 되었음을 알 수 있다.

준비된 내담자에 대한 상담가의 치료적 접근

- 상담가는 내담자와 긍정적이고 협력적인 치료관계를 형성하면서 상담목표를 세운 후 치료 개입을 진행한다.

불평형 내담자　　불평형 내담자는 비자발적인 내담자보다는 적극적으로 상담에 임하며 자신의 문제를 상담가에게 호소하지만 정작 문제가 변할 수 있다는 기대가 부족하다. 이러한 내담자는 자신의 문제에 대해서 불평만 하지 정작 변화에 대한 동기는 부족하다.

불평형 내담자의 특징

- 내담자는 주로 상담가에게 문제의 어려움을 호소하고 불평한다.
- 내담자는 상담가가 자신의 문제를 변화시키는 데 도움이 될 수 있다는 것을 믿지 않는다.
- 내담자는 위기의 문제에 대해 남의 탓을 하고 자기는 그 문제와 상관없다며 타인의 책임으로 돌리고 원망한다.
- 내담자는 지나치게 자신의 책임을 받아들여 모든 것이 자신 때문에 생긴 것이고 자신만 죽으면 다 해결될 수 있다고 말한다. 그러면서 상담가의 도움이 별로 의미가 없을 것이라고 믿는다.

불평형 내담자에 대한 상담가의 치료적 접근

- 내담자가 문제의 변화에 대해 남을 비난하고 누군가가 변화되어야 해결될 수 있다고 본다면, 상담가는 우선적으로 내담자의 입장에서 공감하고 문제를 해결하기 위하여 지금까지와는 다르게 내담자가 할 수 있는 것이 무엇인지를 찾는다.
- 직접적인 토론은 피하면서 내담자가 해결책을 찾도록 도와준다.
- 내담자가 자신도 문제가 있을 수 있음을 깨닫기 전에 해결책을 제시하는 것을 삼간다.
- 상담가는 지나치게 자신의 책임으로 돌리는 내담자에 대해서 책임을 지려는 태도를 긍정적 의미전환의 기법과 칭찬하기를 통해 지지해 준다.

비자발적인 내담자　　자살하려는 노인과 상담하는 경우 방문형 내담자들이 많이 있다. 자살위기 속에 있는 노인의 경우 자발적으로 상담을 받기보다는 주변 사람에 의해 강제적으로 상담을 받게 되는 경우가 많기 때문이다. 따라서 상담가는 상담의 동기가 부족한 노인을 어떻게 적극적인 자세로 상담에 임하는 내담자로 변화시킬 것인가는 중요한 과제다.

비자발적인 내담자의 특징

- 자신의 의사와는 상관없이 강제적으로 상담을 받으러 온 내담자다. 본인의 의지가 아닌 가족이나 주변 사람의 강제적 행위로 상담을 받게 된 경우다.
- 내담자는 문제를 해결하려는 의지가 빈약하며 상담에서 적극적인 자세를 취하지 않고 마지못해 수동적으로 상담에 임한다.
- 내담자의 주요 목적은 빨리 상담가와의 관계를 끝내는 것이다.
- 내담자의 수동적 자세로 상담목표를 발견하기가 어렵다.

비자발적인 내담자에 대한 상담가의 치료적 접근

- 상담가는 내담자와 라포를 형성하며 칭찬하기를 한다.
- 내담자가 원하는 것을 발견한다.
- 상담의 목표를 설정할 때 내담자의 결심을 존중하고 내담자가 자신이 가진 좋은 점이 무엇인지를 아는 지적 능력을 갖고 있음을 믿어 준다.
- 내담자의 목적에 동의하며 그의 문제에 공감한다.
- 상담 의뢰자의 요구에 대한 내담자의 관점을 물어본다.

04

적대적인 내담자　　노인상담현장에서 준비된 내담자, 불평형 내담자, 비자발적인 내담자 외에도 상담가에게 화내고 적대적인 자세를 보이는 내담자를 만날 수 있다. 자살을 시도한 노인들이 반드시 우울감이나 절망감에 빠져 있지는 않으며 오히려 분노와 적개심을 갖고 있는 경우가 있다. 비자발적인 상황에서 상담가에게 자신의 불편함을 표현하거나 또는 자살을 시도한 노인을 살려 주거나 자살을 미리 알고 방지하면 '왜 살려 냈느냐?', '왜 방해하느냐!'며 화를 내거나 적의를 드러내는 경우가 있다. 이러한 내담자의 적대감은 내담자의 좌절된 현재 상황에서 기인한다.

3) 목표 세우기

상담에서 명확한 목표는 상담이 성공하는 데 중요한 영향을 주는 작업 단계다. 상담가가 상담과정에서 곤경에 빠지고 상담의 방향을 잡지 못하고 힘들어하는 대표적인 경우가 불분명한 목표를 설정했을 때다. 일반상담과 달리 노인상담에서 목표 세우기를 할 경우 노인의 발달단계와 특수적인 상황을 고려해야 한다. 노인 내담자를 위한 상담목표는 노인들의 발달 상태, 신체적 질환, 삶의 문제, 일정한 심리사회적 갈등상황, 정신적 외상 등에 대한 이해를 전제로 한다. 따라서 노인상담은 노년기에 동반되어 나타나는 위기의 요인을 근거로 노인상담의 목표를 다음과 같이 열거할 수 있다(서혜경, 정순돌, 최광현, 2006).

- 퇴직과 사별 같은 노년기에 직면하는 위기 대응에 필요한 문제해결의 태도와 기술을 익히며 발전시킨다.
- 노년기의 변화된 생활환경에 대해 실천할 수 있는 적극적인 대처방식을 개발한다.
- 가까운 사람의 죽음과 상실을 건강하게 수용하며 변화된 가족관계를 재조정하도록 노력한다.

기본적으로 노인상담에서는 앞의 사항을 전제로 다음과 같은 목표 세우기의 특성이 있다. 상담에서 상담가와 내담자와의 관계는 분명한 목적으로 이루어진 것이다. 이 두 사람은 일정한 목표를 수행하기 위해서 이루어진 관계다. 상담의 성공과 실패는 상담가가 어떤 목표를 세우는가에 달려 있다. 따라서 목표를 위해서 무엇을 어떻게 해야 하는가가 중요하다.

다음은 목표 세우기를 위한 지침이다.

목표 세우기를 위한 지침

- 목표는 작고 간단하며 현실적으로 달성할 수 있어야 한다. 목표가 구체적일수록 내담자에게 보다 강력한 치료적 영향력을 발휘하게 된다. "이제 다시는 아들의 집안 일에 간섭하지 않겠습니다." "더는 우울해하지 않겠습니다." 등과 같은 말을 목표로 세우는 것은 적절하지 않다. 이러한 목표는 너무나 크고 원론적인 것이기 때문이다.
- 목표는 긍정적인 행동으로 바뀔 수 있어야 한다. 목표는 부정적이고 바람직하지 않은 행동을 하지 않게 하는 것보다 긍정적인 행동을 증가시키는 것이어야 한다. '다시는 그런 일을 하지 않기'와 같은 목표 설정은 적절하지 않다. 화가 나고 좌절상태에서 내담자는 이러한 목표를 기억할 수 없으며, 또한 전혀 하지 않는다는 것 자체가 비현실적이기 때문이다.
- 목표는 내담자의 입장에서 세워야 한다. 목표 세우기는 상담가의 일방적이고 전문적인 영역이 아닌 내담자와의 상호협력이 필요한 과정이다. 상담가는 아무리 내담자에게 필요한 것이라 하더라도 내담자의 생각과 행동에 반하는 것을 목표로 세워서는 안 된다. 결국 세워진 목표를 실천할 사람은 내담자 본인이기 때문이다.
- 목표는 다양한 차원에서 세워야 한다. 상담가는 처음부터 치료적 개입을 위해 적절하면서 동시에 명확한 목표를 세우는 것은 어렵다. 먼저 내담자의 위기문제를 변화시킬 수 있는 다양한 목표를 설정하고, 이러한 목표를 다음 회기 때 검증하여 정한

목표가 타당한지 살펴보며 가장 명확한 상담목표로 접근할 수 있다.

- 목표는 내담자가 실천 가능한 범위 속에서 세워져야 한다. 내담자의 문제가 부부문 제, 고부문제, 대인갈등, 경제·건강문제 등과 같이 가족과 주변 사람 또는 환경과 상호 연결된 문제일 경우 문제 변화를 위해 상대편이 변할 것을 호소한다. 그 목표가 무엇이, 또는 누군가가 변화되는 것을 조건으로 하게 되면, 이것은 상담목표로 적절하지 못한 선택이 된다. 목표는 내담자가 스스로 통제할 수 있으며 행동을 통해 변화 가능한 범위 속에 세워야 한다.

목표 세우기의 예시

- 어르신, 어떻게 도와드리면 좋겠습니까?
  (내담자가 받고 싶은 도움이 무엇인지를 파악한다.)
- 어르신, 문제가 얼마나 지속되었는지요?
  (많은 내담자의 문제가 최근에 발생한 것이기보다는 과거부터 지속된 문제일 수 있다. 상담가는 과거의 경험을 파악하여 문제를 명확하게 한다.)
- 어르신에게 이것이 어떻게 문제가 되고 있습니까?
  (상담가는 문제에 대한 내담자의 설명을 이끌어 내야 한다. 위기문제가 두 개 이상인 경우 가장 우선적으로 다루어야 할 문제가 무엇인지를 파악한다.)
- 어르신, 그동안 이 위기문제를 변화시키기 위해 어떤 시도를 해 보셨나요?
  (상담가는 그러한 시도가 효과가 있었는가를 파악한다.)

사 례

김 할머니(70세)는 남편과 사별하고 아들, 며느리, 손자와 함께 살고 있으며 경제적으로 넉넉한 환경 속에서 최근 심각한 우울증을 호소해 왔다. 김 할머니는 무엇보다 딸들과의 갈등을 호소했으며 인생을 성실하게 살았지만 세 딸에게 인정받지 못하고 아들만 자신의 편을 들어주어 서운한 상태에 있다. 딸들의 방문이 뜸하며, 자신은 늘 외롭다고 호소하며 빨리 죽고 싶다는 말을 입버릇처럼 하곤 했다.

- 노년에 자신이 느끼는 외로움은 자녀들과 관련된 것이 아님을 인식시켜 주기
- 딸들의 방문이 결코 적은 횟수가 아님을 인식시켜 주기
- 자신을 슬프게 하는 감정을 상담가에게 솔직하게 모두 털어놓기
- 딸들의 방문이 뜸한 것은 어머니와의 갈등이기보다는 생활이 바쁘기 때문이라는 것을 알려주기
- 경로당 활동이나 노인복지관 등의 프로그램에 참여하여 여가활동 촉진하기
- 우울감을 느낄 때, 보다 긍정적인 선택을 하도록 격려하기

4) 효과적 상담을 위한 기법

자살의 장단점 확인하기　　노인자살을 다루는 상담현장에서 자살위험을 지니고 있는 노인 내담자를 만나는 대부분의 상담가는 조급함과 초조, 불안을 갖는다. '지금 대화를 나누는 노인 내담자가 과연 다음 회기에 올 수 있는가?' '그사이 자살시도를 하는 것은 아닌가?'라는 걱정을 하게 되며, 이러한 상담가의 심리적 자세는 위기 속에서 자살을 결심하거나 고려 중인 노인 내담자에게 도움이 되지 않는다. 우선 상담가는 자살의 위험시기가 지나갈 때까지 시간을 버는 것이 중요하다. 이를 위해 사용할 수 있는 기법으로 '자살의 장단점 목록 만들기'가 있다.

- 상담가는 자살 가능성이 있는 노인 내담자에게 자살의 장단점을 칠판이나 종이를 두 칸으로 나누어 목록으로 작성하도록 한다.

자살의 장점	자살의 단점
①	①
②	②
③	③
④	④
⑤	⑤

- 어르신, 어르신께서는 너무나 외로워서 빨리 죽는 방법 외에는 없다고 하셨는데, 죽는 것에 대한 좋은 부분과 나쁜 부분을 써 보도록 하겠습니다.
- 내가 죽어야 할 모든 이유와 내가 살아야 할 모든 이유를 적어 보도록 하겠습니다.

살아야 할 이유	죽어야 할 이유
①	①
②	②
③	③
④	④
⑤	⑤

- 노인 내담자에게 목록을 만들게 하면 다양한 이유와 동기를 적는다. 서술한 자살의 동기와 이유에 대해 이야기를 나눈 후 상담가는 다음과 같이 제안할 수 있다.
  "인생에서 가장 중요한 결정을 하시기 전에 자살(또는 죽음)에 대한 장점과 단점을 동시에 심사숙고하시는 것이 중요합니다. 보다 신중한 결정을 하기 위해서는 더는 포기하지 마시고 좀 더 시간을 가지시기를 바랍니다."
- 상담가는 장단점 목록 만들기를 통해 '살아야 할 이유'와 '죽어야 할 이유'를 끌어 낸다. 처음에는 살아야 할 이유를 찾아내는 데 어려움이 있지만 점차 이전의 행복했던 시절을 떠올리며 살아야 할 이유를 회상할 수 있게 된다. 상담가는 과거에 살아야 했던 타당한 이유 중에 현재에도 타당한 이유를 간추린다. 자살위기에 처한 노인들은 자기 삶의 긍정적 요인을 무시하거나 잊고 살아왔을 가능성이 높다. 상담가는 자살의 장단점 목록 만들기 기법을 통해 노인 내담자로 하여금 죽어야 할 이유를 미루고 시간을 확보하게 해 줄 수 있다.

자살의 장단점에 대한 분석은 먼저 노인 내담자에게 자살에 대해 다시 생각할 수 있도록 자극하며, 다음으로 자살동기를 정확하게 알도록 돕는다. 아울러 자살의 장단점 목록은 앞으로의 상담과정 속에서 유용하게 사용할 수 있는 노인 내담자의 개인적 가치체계에 관한 정보를 제공한다. 또한 상담가는 노인 내담자에게 어떤 이유가 삶을 살 가치가 있게 해 주는가에 대해 물어봄으로써 내담자가 가진 자원을 탐색할 수 있게 한다.

이완기법   자살위기에 놓인 노인은 삶의 긴장과 불안, 그리고 무기력을 통해 모든 희망을 잃어버린 사람이다. 이러한 상황 속에서 죽음이 노인에게는 가장 쉬운 선택으로 여겨질 수 있다.

서화정(2005)은 한국 노인들이 자살하는 가장 큰 동기는 건강문제였다고 보고하였다. 따라서 신체적 건강문제와 심리적 무기력과 불안은 상호 연결되어 있다. 노인 내담자의 자살위기를 극복하고 상담계약을 이끌기 위해 약간의 신체적 움직임을 통한 이 기법은 내담자로 하여금 마음을 가볍게 만들고 신체의 근육을 편안하게 만들어 심리적 안정을 가져오게 한다. 노인 내담자는 이 기법의 도움으로 근육의 긴장 완화를 통해 근심을 덜 수 있으며 문제 자체를 해결해 줄 수는 없지만, 상당한 마음의 자유와 여유를 갖게 한다. 이러한 효과는 상담과정을 더욱 촉진시키게 한다.

이완기법을 위한 지침(서혜경, 정순돌, 최광현, 2006)

- 눈을 가볍게 감거나 실눈을 뜨시고 가장 편안한 자세를 취하세요. 어르신의 속도로 편하게 숨을 쉬십시오. 만일 마음속에 다른 생각이 든다면 염려하지 마시고, 부드럽게 그것들이 지나가도록 하고 조용히 다시 돌아와서 훈련에 집중하십시오.
- 이제 신체를 느껴 보십시오. 어떻게 느껴지는지 주목하십시오.
- 오른팔과 손을 느끼십시오. 그것들이 어떻게 느껴지는지 주목하십시오. 신체의 다른 근육의 긴장을 푸시고, 팔목을 앞쪽으로 잡아당기며 오른손을 앞으로 힘껏 뻗으십시오. 그것을 유지하십시오. 긴장이 생기는 것을 느끼십시오. 이제 손의 긴장을 풀고, 긴장이 밖으로 나가고 긴장완화가 들어오는 것을 상상하고 느끼는 동안 팔을 천천히 내리십시오. 팔과 손을 축 늘어뜨리고 긴장완화를 하십시오. 긴장이 풀어지는 것을 느끼십시오.
- 이제 관심을 왼팔과 손으로 옮기십시오. 그것들이 어떻게 느껴지는지 주목하십시오.
- 신체의 다른 근육에는 긴장이 풀리도록 하십시오. 그것들이 어떻게 느껴지는지 주목하십시오. 신체에 다른 근육의 긴장이 완화되도록 하고, 손목은 앞쪽으로 잡아당기며 왼팔을 앞쪽에서 힘껏 뻗으십시오. 그것을 유지하십시오. 긴장이 생기는 것을 느끼십시오. 이제 손의 긴장을 풀고, 긴장이 밖으로 나가고 긴장이 풀어지는 것을 상상하고 느끼며 당신의 팔을 천천히 내리십시오. 팔과 손을 축 늘어뜨리시고 긴장을 푸십시오.
- 이번에는 오른쪽 다리와 발로 옮기십시오. 그것들이 어떻게 느껴지는지 주목하십시오. 신체의 다른 근육에 긴장이 풀어지도록 하고, 오른발을 당신 앞에 뻗고 오른발과 발가락을 앞쪽으로 당기십시오. 그것을 유지하십시오. 긴장이 생기는지 느끼십시오.

- 이제 오른발과 발가락에 긴장을 푸시고 긴장이 나간다는 것을 생각하고 느끼며 발을 내리십시오. 오른쪽 다리와 발을 축 늘어뜨리고 긴장을 푸십시오. 긴장이 풀어지는 것이 느껴지십니까?
- 이제 왼쪽 다리와 발을 느끼십시오. 그것들이 어떻게 느껴지는지 주목하십시오. 신체에 다른 근육이 풀어지도록 하고, 왼쪽 발을 앞쪽으로 뻗고 왼쪽 발과 발가락을 앞쪽으로 당기십시오. 그것을 유지하십시오. 긴장이 생기는지 느끼십시오. 이제 왼쪽 발과 발가락의 긴장을 푸시고 긴장이 풀어진다는 것을 생각하시며 발을 내리십시오. 왼쪽 다리와 발을 축 늘어뜨리고 긴장을 완화하십시오. 긴장이 풀어진 것을 느끼십시오(Stone, 1994).
- 이제 주의를 두 발과 두 다리로 옮기십시오. 그것들이 어떻게 느껴지는지 주목하십시오. 신체에 다른 근육이 풀어지도록 하고 발과 발가락을 앞쪽으로 누를 동안 두 다리를 앞쪽으로 뻗으십시오. 그것을 유지하십시오. 긴장이 생기는지 느끼십시오. 이제 발과 발가락을…….

직면하기　　　노인 내담자가 자살하지 않겠다는 약속을 하지 않고 계속적으로 상담에 비협조적인 자세를 유지하는 경우 상담가는 내담자의 자살에 대한 비합리적 생각과 모순에 맞닥뜨린다. 자살시도의 노인과의 상담에서 공감과 지지는 필수적인 요소이나 때로는 그 반대의 대처기법이 효과를 발휘할 수 있다. 직면하기는 자살을 생각하고 있는 노인 내담자의 왜곡된 사고, 비합리적인 생각, 자기 패배적인 사고, 협소한 시각을 교정시키는 데 기여할 수 있다. 직면하기는 노인 내담자에게 흥분이나 또는 격분과 같은 감정적 에너지를 불러일으키는데, 이것이 변화를 위한 가능성을 제공할 수 있다. 만일 직면하기가 노인 내담자에게 약하게 작동되었다면 감정적 에너지 역시 약하게 일어난다. 이러한 직면하기에는 기본 전제가 있다.

직면하기는 무엇보다 노인 내담자에 대한 충분한 공감과 지지를 통한 라포 형성이 이루어졌을 때 가능하다(Thomas, 1987). Egan(1973)은 "공감과 지지가 없는 직면은 재난을 불러오고, 직면이 없는 공감과 지지는 빈혈증적이다."라고 표현했다.

상담가가 노인 내담자에게 사용하는 직면하기에서 무엇보다 중요한 것은 얼마나 내담자의 자살에 대한 인지변화를 이끌어 낼 것인가 하는 것이다. 이러한 변화를 위한 접근은 위기현실을 분명하게 이해하도록 도와줌으로써 인지 변화를 유도한다.

사 례

김 할아버지(76세)는 10년 동안 아내의 병간호를 해 왔으며, 최근 아내의 병이 악화되어 전보다 더 아내의 병간호에 매달려야 했다. 김 할아버지는 지치고 매사에 의욕을 상실한 상태였으며, 우울증을 진단받고 약을 처방받은 상태에서 상담가에게 죽고 싶다고 호소했다.

대부분의 사람은 삶의 위기와 문제에 처하게 되면 필요 이상으로 비관적이 된다. 김 할아버지의 자살충동의 호소는 문제의 현실을 지나치게 부정적으로 보고 있는 것이다. 김 할아버지는 장기간의 병간호로 지쳐 있으며, 아내를 돌보느냐고 경로당에 놀러 가는 등 개인적 활동을 방해받아 왔다. 또한 병간호도 힘들지만 50년을 함께 산 아내를 잃을 수도 있다는 두려움과 불안감이 우울증을 더욱 심화시켰다.

상담가는 내담자의 위기에 대한 인지의 오류를 변화시키기 위해 노인 내담자를 억지로 설득하려 하거나 언성을 높여 상담가의 주장을 드러내지 않는다. 상담가는 내담자의 두려움과 슬픔을 이해해 주는 한편, 현재의 상태를 현실적으로 받아들이도록 도와준다. 김 할아버지는 분명히 힘든 삶의 위기 한가운데 놓여 있지만 절대적으로 절망적인 상황은 아니다. 경미한 정도의 우울증을 가진 노인은 자신의 부정적 사고를 어느 정도 객관적으로 바라볼 수 있다. 그러나 우울증이 더 심해진 노인은 부정적 해석 간의 논리적 관련성이 결여되어 있음에도 불구하고 그의 사고는 점차로 부정적 생각에 지배를 받게 된다. 자신의 부정적 해석이 잘못되었다는 생각을 받아들이기 힘들어한다. 상담가는 김 할아버지가 느끼는 불안과 슬픔을 말함으로써 자신이 정작 힘든 것은 아내를 위해 많은 일을 해야 한다는 현실적 문제가 아닌 아내를 잃을지도 모른다는 불안이라는 것을 알게 되었다. 상담가는 사랑하는 아내에게 필요한 사람이 남편이며 아내의 상태는 과거보다 안 좋아진 것이지(과거에는 부부가 산책도 했지만, 현재는 휠체어 없이는 거동이 불가능한 상태) 심각한 것이 아님을 인식시켜 주었다.

감정 다루기　　자살을 시도한 노인과의 상담경험이 적은 상담가는 노인 내담자와 상담하면서 자살위기 속에서 노인 내담자가 보이는 절망적인 모습을 보면서 '나의 내담자는 지금 깊은 절망에 빠져 있다.'고 종종 생각한다. 이러한 상담가의 인식은 상담을 방해할 수 있으며, 또한 내담자가 가진 해결 가능성과 치료 성과를 회의적으로 여기면서 무기력한 상담을 진행할 수 있다. 여기서 상담가는 도발적 치료의 선구자인 Frank Farrelly가 "나의 내담자는 마음 문을 열거야!"라고 한 자기표현 방식을 배울 필요가 있다(Farrelly & Brandsma, 1986). 상담가는 가능한 긍정의 확신을 갖고 내담자와 더불어 내담자의 고통의 원인이 있는 곳을 발견하기 위해 가장 깊은 절망 속으로 들어가야 한다. 노인 내담자가 가진 절망에 다가가기 위해서는 내담자의 감정을 다루어야 한다.

노인 내담자가 자살 가능성을 말할 때 상담가는 "그렇게 생각하시면 안 돼요!" "모든 것은 보기보다 나쁘지 않아요!" 등으로 단정적으로 말해서는 안 된다. 이런 말은 노인 내담자에게 거부감을 갖게 할 수 있으며, 실제로도 도움을 주지 못한다. 상담가는 노인 내담자가 느끼는 감정에 집중하고 그가 자신의 감정을 분명히 하도록 돕는다. 노인 내담자가 자신의 감정을 표현하는 데 어려움이 있다면 그것에 대해서 이야기할 수 있도록 도와주어야 한다.

상담가가 노인 내담자의 감정을 효과적으로 다룰 수 있는 기법으로 감정반영이 있다.

감정반영

감정반영은 상담가가 노인 내담자의 감정을 알아차리고 그 감정을 거울처럼 비춰 주는 것을 의미한다. 감정반영을 통해 내담자의 생각과 감정에 합의함으로써 상담가와 내담자 간에 관계를 발달시킬 수 있다.

내담자: 전 아들에게 너무나 화가 나서 그냥 집을 나와 버렸어요.
상담가: 어르신, 아드님에게 정말 화가 나셨군요.
내담자: 네, 정말 화가 났어요. 지금까지도 아들 생각만 하면 화가 나요.

• 여기서 상담가는 내담자의 화난 감정을 간략하게 재언급함으로써 내담자를 따라가고 있다. 내담자가 말한 것에 아무것도 더해진 것이 없다. 이러한 기법을 통해 상담가는 내담자의 감정을 구체화할 수 있다.

- 어르신의 감정은 ……한 것 같군요.
- 그래서 어르신이 느낀 감정은 일종의 ……이군요.
- 어르신에게는 아직도 ……한 감정이 남아 있군요.

상담가는 문제해결을 위해 노인 내담자를 상담가의 도움으로 치료받을 수밖에 없는 존재로 인식하기보다는 오히려 책임 있는 동료로 바라보아야 한다. 상담가는 내담자의 감정을 변화시킴으로써 강점을 활성화하고 내담자의 자기책임성을 일깨워 준다. 내담자가 보다 긍정적인 자세에서 위기에 대처하기 위해서는 무엇보다 부정적 감정의 배출이 필요하다.

04

감정 배출

- 부정적인 감정은 문제해결과 변화의 장애물이다. 이러한 장애물을 없애지 못하면 상담 진행이 원활하지 못하다. 내담자가 마음속에 짜증이나 분노에 휩싸여 있고 우울과 원망의 감정이 쌓여 있을수록 올바른 선택이 어렵고 홧김에 일을 저지를 수 있다. 그러나 부정적인 감정이 배출되어 축소되면 내담자는 위기상황이 존재하더라도 예측 가능한 선택을 할 수 있게 된다.
- Rogers(1942)는 공감, 진실성, 무조건적인 존중이 내담자의 부정적 감정을 배출하는 데 도움이 된다고 했다. 상담가는 이러한 세 가지 자세를 유지하면서 다음과 같은 과정을 진행한다.
  ① 내담자의 현재 감정을 인정한다. 내담자는 중압감에 시달릴 때 방어적이 될 수 있다. 상담가는 공감적 이해를 통해 내담자의 부정적 감정을 수용한다.
  ② 내담자의 감정을 명명한다. 감정반영기법을 통해 상담가는 내담자의 부정적 감정을 무엇이라고 명명한다. 비록 내담자는 부정적 감정이 당장 해소되지 못한다 하더라도 자신이 느끼는 감정이 무엇인지를 말하고 자신이 느끼는 감정을 알게 되면 한결 마음이 가벼워진다.
  ③ 내담자가 호소하는 부정적인 감정이 암시하는 의도를 파악한다. "나는 무척 화가 나서 며느리와 한바탕 싸웠어요. 그러고는 싸운 것이 너무 속상해서 방에 들어가서 한참을 울었지요." 여기서 내담자는 며느리에 대해 화가 나 있지만 이러한 분노의 밑바탕에는 죄책감을 갖고 있음을 보여 준다.

가족에 대한 개입　　Dorrmann(2009)은 자살을 시도한 노인의 50%는 가족과 대인관계의 문제로 인해 자살을 시도한다고 보았다. 자살의 직접적인 원인이 비록 가족과 대인관계의 문제가 아니더라도 분명히 가족과 대인관계의 문제는 중요한 요소다. 노인자살자 또는 시도자들의 대부분이 가족, 친구, 친척과 같은 사회적 지지체계의 도움이 부족하며 위기상황 속에서 어려운 문제를 같이 나눌 지지체계가 없는 경우가 많은 반면, 자살을 생각지 않는 노인들은 가족과 주변에서 이런 도움을 받고 있다. 따라서 서화정(2005)은 노인들이 자살을 시도하는 주요 동기가 가족 관련 갈등이라고 보았다. 노인에게 가족은 매우 중요한 정서적·심리적·사회적 지지집단이다. 노인에게 가족은 젊은 성인의 경우보다 더 크게 작용한다. 젊은 성인의 경우 가족 외의 집단 속에서 새로이 정서적·사회적 관계를 형성할 기회가 충분히 있지만 노인의 경우 새로운 관계집단을 형성할 가능성은 매우 제한되어 있기 때문이다. 따라서 Federn(1929)는 "누군가 죽기를 바라지 않는 사람이 있는 사람은 스스로 자살하려고 하지 않는다."라고 했다. 가족의 갈등과 문제는 노인을 고립시키며, 사회적 지지를 감소시키고, 자아존중감을 저하시킨다. 이러한 사회적 관계에서 고립은 노인이 스트레스와 위기에 처했을 경우 이에 대처하는 능력이 부족하게 되며 자신이 이 어려움을 해결할 수 있을 것이라는 희망을 상실케 함으로써 자살을 시도할 수 있다. 따라서 노인 내담자의 가족체계에 대한 개입은 중요한 과제다. 특히 상담가의 치료적 개입이 실패했을 경우 더욱 중요한 요소가 된다.

가족체계와 자살위기

　　가족체계와 같은 지지체계는 노인으로 하여금 노년기의 위기 속에서 발달과업을 잘 성취할 수 있도록 돕는다. 따라서 가족의 정서적·사회적 지지는 노인의 현재 상태를 평가할 수 있는 중요한 요인이다. 노인으로서 존경과 존엄성을 가지고 가족과 주변 사람에게 이러한 대우를 받는 노인은 거의 문제가 되지 않는다. 노인문제의 대부분은 그렇지 않은 노인으로 적절한 지지체계를 갖지 못한 경우다(Petzold, 2005). 행복하지 않은 결혼생활을 하는 노인이나 사회적 지지망이 좁은 과부나 홀아비는 그렇지 않은 노인보다 자살 위험에 노출되기 마련이다. 특히 별거와 이혼 등으로 지지체계를 상실한 노인은 스트레스로 인해 위험에 그만큼 노출되어 있다.

● 세대전수 관찰하기

　원가족(family of origin)은 한 개인이 출생하여 양육된 가족을 의미한다. 즉, 개인이 신체적·심리적·정서적 소속감을 가지는 가족으로 어린 시절의 대부분을 보낸 가족이며 결혼을 통해 새로운 가족을 이루기 전까지 사회적·심리적·정서적 소속감을 지닌 가족이다(Hovestadt, Anderson, Piercy, Cochran, & Fine, 1985). 한 개인은 원가족 체계 안에서 관계유형과 의사소통방식을 이루며, 대인관계와 새로운 가족관계 속에서 깊은 영향을 끼친다. 전 생애를 통해 청사진으로의 원가족 경험은 노인 내담자에게 의사소통의 방법과 관계 유형, 자녀의 성장과 발달을 위한 부모의 역할, 부부 서로의 역할에 대한 기대감, 부부의 친밀감의 표현방식, 가족의 내부적·외부적 스트레스에 대한 대처방식, 갈등의 대응방법 등 다양한 영역에서 영향을 끼친다. 다세대 가족치료의 Bowen(1976)은 자아분화의 개념을 통해 원가족의 영향을 설명했는데, 자살과 같은 극단적 위기대처기제는 원가족으로부터 세대전수된다고 보았다. 이 세대전수를 파악하기 위해 적어도 가족의 3세대 이상을 도식적으로 표시하는 가계도가 활용된다. 가계도를 통해 다세대에 걸쳐 내려오는 가족체계의 문제, 가족 내 역동, 가족역할 등에 관한 주요 정보를 얻을 수 있다.

04

세대전수 관찰하기의 예시

• 어르신 가족 중에 자살을 시도한 분이 있었나요?
• 가족 안에서 비극적인 삶을 살았던 분이 있나요?

사 례

　송 할머니(73세)는 현재 큰아들 내외와 손자들과 함께 살고 있으며 젊은 시절 장사로 큰돈을 벌었으며 경제적으로 여유 있는 상태다. 현재 우울증 치료약을 복용하고 있으며 자살충동을 심하게 느끼고 있다. 송 할머니는 아들 내외를 착한 아들과 며느리로 표현하여 현 가족 안에서 별다른 갈등요소를 발견하기 어려웠으며, 외로움을 주로 호소했다. 상담을 통해 송 할머니의 친정어머니와 오빠 두 분이 자살했다는 사실을 알게 되었다. 특히 이들의 자살 시기는 주로 노년기에 이루어졌다.
　Bowen(1976)에 따르면 자살과 같은 위기에 대한 대처방식이 가족 안에서 세대를 통해 전수되는데 이러한 세대전수의 메커니즘은 낮은 자아분화로 인해 원가족에서의 경험과 갈등을 재연하려는 무의식적인 시도. 상담가는 친정어머니와 오빠의 비극적인 선택과 불행에 대한 내담자의 죄책감과 수치감을 다루면서 그들의 불행한 선택을 무의식적으로 재연하려는 충동이 있음을 상담을 통해 알 수 있었다. 즉, 원가족과 자신을 분리시키는 경험을 통해 "친정어머니와 오빠가 비극적인 죽음을 선택했지만 이것은 나의 인생이 아니야!"라는 것을 인식하게 했다.

● 가족관계의 경계선 관찰하기

Minuchin(1987)에 따르면 가족은 가족 구성원이 상호작용하는 방식을 조직화하는 가족구조를 가진다. 가족체계는 하위체계(subsystem)로 분화되고, 분화된 하위체계를 통해 가족체계의 기능을 수행한다. 가족 구성원은 가족 내의 하위체계에 속하게 되고 상호 교류를 유지한다. 가족에는 부부, 부모-자녀, 형제의 하위체계가 존재하고, 하위체계 간 경계가 불분명하여 서로 깊이 밀착되거나, 반대로 너무 경직될 경우에는 가족 안에서 의사소통이 어렵고, 가족의 보호기능이 손상되면서 역기능이 발생한다. 가족이 적절하게 기능하기 위해서는 하위체계의 경계선이 분명해야 한다. 경계선은 가족에게는 울타리가 된다. 하위체계 간 분명한 경계선을 가진 가족은 서로 적절한 친밀감과 자율성을 지니고 있으며 가족의 문제와 변화에 융통성 있게 대응할 수 있다.

- 경직된 경계선(rigid boundary): 지나치게 엄격하고 외부 접촉을 거의 허용하지 않기 때문에 격리된 관계를 만들어 낸다. 가족 구성원은 서로 분리되어 있으며 정서적으로 거의 관여하지 않으며, 가족은 서로에 대해 무관심하다.
- 밀착된 경계선(diffused boundary): 가족 간에 밀착된 관계를 만들어 서로 간의 간섭과 문제에 지나치게 개입되어 있다. 매우 높은 수준의 상호 지지를 보이지만 개개인의 독립과 자율성이 손상을 입는다.
- 명확한 경계선(clear boundary): 안정되고 융통성 있는 것을 의미하며, 가족 간의 분명한 경계선은 가족들로 하여금 자신의 역할이 무엇인지, 또는 가족 내에서 자신의 위치가 얼마만큼인지 알려 주는 역할을 하여 서로 지지적이며, 상호 간의 자율성을 존중한다.

따라서 하위체계 내에서 명확한 경계선을 가진 가족은 가족관계 안에서 친밀감과 자율성을 경험할 수 있으며, 행복한 노년기 가족생활을 유지할 수 있다. 대부분의 자살충동을 경험하는 노인은 경계선에서 장애를 가진 노인이 대부분이다. 가족 경계선이 지나치게 경직되어 있어서 가족 간의 유대와 친밀감이 부족한 가족이거나 반면 지나치게 밀착되어 가족 구성원이 서로 애증관계를 이루며 고부갈등이나 옹서(翁婿)갈등을 유발할 수 있다. 이러한 갈등에는 위계질서의 갈등과 혼란이 내포되어 있다. 가족체계 안에서 위계질서의 혼란은 가족갈등이 원인이다. 가족의 갈등을 일으키는 위계질서의 혼란은 종종 경계선의 침해로 발생한다.

가족관계의 경계선 관찰하기의 예시

- 가족 중에서 가장 가까운 분이 누구인가요?
- 가족 중에서 가장 불편한 분이 누구세요?
- 어르신 ……하고는 어떻게 지내세요?
- 가족 중에 주요 결정을 누가 하나요?

사 례

이 할머니(75세)는 지나치게 참견하고 간섭이 심했던 시어머니 밑에서 어려움을 겪다가 과부가 되어 두 남매를 키웠으며, 현재 아들집에서 살고 있다. 할머니는 현재 다리가 불편해 힘들어하면서 아들집의 거의 모든 살림을 담당하고 있다. 아들 부부는 현재 결혼생활 13년째로 두 남매를 두고 있다. 아들은 어머니에 대한 책임감으로 언제나 어머니 편을 들며 어머니의 모든 뜻을 따르고 있다. 반면 며느리는 지나치게 살림에 간섭하고 자녀양육에까지 참견하는 시어머니에 대해 처음에는 갈등을 표현하며 자신의 뜻대로 살림과 자녀양육을 하려고 시도했다. 그러나 남편이 일방적으로 어머니 편만을 드는 것을 보고 실망하여 어머니에게 모든 살림과 자녀양육의 책임마저 넘겨 주고 교회일에 몰두했다. 살림과 자녀교육을 넘겨받은 이 할머니는 손자들에게 할머니가 아닌 양육자로서 역할을 했는데, 이것이 두 손자에게 반발을 일으키게 했다. 어머니가 아닌 할머니의 잔소리와 참견, 공부에 대한 충고는 이들에게 스트레스가 되었으며 할머니와 두 손자와의 갈등은 심각해져 두 손자는 할머니를 보려 하지 않고, 할머니 역시 자신의 수고와 노력을 몰라 주는 손자들에게 서운함을 느꼈다. 마침 다리의 통증이 심해지면서 신체적 증상의 호소와 더불어 우울증과 자살충동을 호소했다.

상담가는 가족면담을 통해 드러난 이 할머니의 신체적 증상과 가족의 문제에 대해 면밀히 관찰했다. 상담가는 노인상담의 특징인 기본적인 공감과 지지를 유지하면서 노인 내담자에 대한 기본 개입전략 개념을 바탕으로 치료적 개입을 시도했다. 아울러 가족체계의 위계질서와 경계선의 변화를 통한 새로운 상호작용의 패턴을 갖게 하여 가족체계 안에서의 새로운 역할의 수용을 시도했다. 할머니와 손자들 간의 악순환의 역기능을 변화시키기 위해서는 체계의 변화가 필요했다. 할머니와 손자들 간의 갈등은 단순히 개인적 차원의 문제가 아닌 체계의 역기능에서 기인하는 것이다. 할머니는 아들과 지나치게 밀착되어 있으며, 반대로 며느리와 손자들과는 너무나 멀어져 있다.

이러한 관계체계를 변화시키고 위계질서를 회복하여 문제를 해결하게 할 수 있는 것은 경계선의 재구조화에 있다. 이 할머니와 아들 사이에 밀접한 경계선이 있으며 아들은 지나치게 어머니에 밀착되어 있다. 아마도 이 점에서 개입전략은 가족 항상성의 상호 과정을 서로 이해하도록 해 주는 데 있다. 이러한 인식을 통해 최소한의 행동변화를 가능하게 해 줄 구체적 행동패턴을 실천하도록 하여 위계질서를 회복시키는 데 있다. 이를 위해 상담가는 할머니와 아들 사이의 경계선 변화에 초점을 두었다. 할머니와 아들은 너무나 강하게 밀착되어 있는 반면, 며느리와 손자들은 할머니와 지나치게 경직된 경계선을 가지며 할머니로부터 정서적으로 분리되어 있었다. 이 할머니의 가족은 극단적으로 밀착된 경계선과 경직된 경계선이 양극단으로 연속선상에 놓여 있다. 그러나 여기에서의 접근방식은 내담자가 노인이라는 심리적·정서적 이해가 고려되어야 한다.

상담가는 위계질서를 회복시키기 위해 밀착, 경직된 경계선을 명확한 경계선으로 재구조화하는 작업을 시도했다. 할머니의 과도한 부담을 덜기 위해 외부 활동에만 전념한 며느리에게 자녀양육에 대한 책임을 갖게 했다. 할머니의 권위의 상실에 대한 불안을 완화하기 위해 가정살림에 대한 책임을 계속해서 인정하면서 경계선의 재구조화를 통한 위계질서의 회복에 초점을 두었다. 아들에게는 가족 안에서 일어난 갈등이 남편의 부재와 아버지 기능의 부재에서 기인한 것을 인식시켜 주면서 자녀양육의 문제에 개입하게 유도했다. 손자들은 할머니의 간섭이 줄면서 어머니와 아버지가 본래의 역할을 수행하는 것을 보고 점차 가족에 대한 반발과 저항이 줄어들기 시작했다. 이러한 체계 변화의 과정 속에서 점차 아들은 이 할머니와 가졌던 밀착된 경계선이 완화되었으며, 이와 동시에 아내와 자녀 사이에 존재하던 경직된 경계선이 명확한 경계선까지는 아니지만 상당히 변화되었다.

이로써 가족체계 내에 불안과 긴장이 줄어들게 되었고 그동안 갈등관계였던 이 할머니와 손자들 사이에 과거보다 더 만족스러운 감정을 갖게 되었다. 이러한 가족체계의 변화에 이 할머니는 자녀양육이라는 책임감에서 벗어나 교회에서 운영하는 노인대학에 참여하는 등 활동 영역이 넓어졌다.

● 가족의 의사소통 유형 파악과 변화시키기

가족 간의 의사소통은 가족관계와 상호작용을 드러내는 것으로 상담가는 가족 간에 얼마나 개방적인 대화를 하는가, 명확한 의사소통을 하는가 등을 면밀히 평가해야 한다. 의사소통의 평가는 언어적 의사소통만이 아닌 목소리의 억양, 얼굴 표정, 시선, 신체언어, 어휘 선택에서 나타나는 비언어적 부분을 포함한다. 상담가는 각 가족 구성원이 이러한 의사소통을 촉진 혹은 방해하는 행동을 얼마나 보이는지를 평가한다.

이를 위해 상담가는 다음과 같은 점을 살펴야 한다.

- 가족을 하나의 상호작용 체계로 보아야 한다.
- 가족 간의 의사소통의 유형은 무엇인가를 보아야 한다.
- 의사소통의 유형이 가족관계에 어떤 영향을 끼치는가를 보아야 한다.
- 가족관계 안에서 기능적인 의사소통과 역기능적인 의사소통의 특징을 이해해야 한다.

04

가족의 의사소통 유형을 파악하기 위한 예시

- 가족 간에 마음이 불편할 때 이것을 어떻게 표현하세요?
- 회유하여 다른 사람이 화를 내지 못하게 하나요?
- 먼저 비난하여 다른 사람에게 자신이 강하다고 느끼게 하나요?
- 논리적으로 계산하여 자기의 가치를 지적으로 표현하나요?
- 주변 사람을 혼란스럽게 하고 정신없게 하나요?

사 례

강 할머니(69세)는 남편과 같이 살고 있으며 아들 하나와 두 딸을 두고 있으며, 모든 자녀는 결혼을 했다. 강 할머니는 1년 전에 며느리와의 불편한 관계로 인해서 아들 부부를 분가시켰다. 주요 호소 내용은 며느리와 좋은 관계를 유지하고 싶으나 방법을 잘 모르겠으며, 두 딸과도 관계가 소원한 것이 힘들다는 것이다.

상담가는 상담을 통해 강 할머니는 며느리와 딸과 같이 지내고 싶고 딸들과도 친밀한 관계를 유지하고 싶은 바람을 갖고 있음을 알 수 있었다. 그러나 이러한 바람을 실천했던 방식은 역기능적 의사소통방식이었다.

Satir(1979)에 의하면, 사람에게는 다섯 가지의 의사소통의 유형이 있다.

- 회유형 의사소통: 상대방 의견에 무조건 동의하고 상대방이 원하는 대로 행동하며, 자기 탓을 많이 하여 상대방에게 죄의식을 갖게 함으로써 상대방으로부터 거부를 방어하는 의사소통 유형이다. 회유형 의사소통을 많이 사용하는 사람들은 자신의 바람을 분명히 표현하지 못하며 희생적으로 행동한다.
- 비난형 의사소통: 지시적이고 독선적이며 자신의 잘못을 남의 탓으로 돌린다. 상대방의 결점을 들추어내며, 목소리는 딱딱하고 긴장되어 있으며 큰 소리를 지르고, 상대방의 의견을 경청하거나 적절하게 행동할 수 있는 능력이 부족하다.
- 초이성형 의사소통: 매사에 분석적이며 평가하는 반응을 많이 하는 의사소통 유형이다. 지나치게 이성적이고 논리적이며 부정적인 측면을 잘 지적하지만 자신의 감정을 잘 표현하지 않으며 실수하지 않으려고 노력한다.
- 혼란형 의사소통: 정신이 없고 늘 안절부절못하며 타인의 말이나 행동과는 상관없는 의사소통을 함으로써 적절하게 반응하지 못하고, 의사 표현에 초점과 요점이 없다.
- 일치형 의사소통: 언어적 · 비언어적 메시지 의사소통이 일치하는 유형으로, 따뜻하고 원만하며 책임감 있고 현실적인 문제해결능력이 있는 사람이 많이 사용한다. 의사소통이 분명하고 직접적이며, 사람을 비난하지 않으면서 방향 제시를 할 수 있다.

강 할머니는 상담가와의 대화를 통해 그동안 자신이 비난형 의사소통을 했음을 발견하게 되었다. 가족과 잘 지내고 싶은 표현이 비난과 원망, 한탄으로 표현되었음을 알 수 있었다. 자신이 친밀하게 지내자고 표현한 비난과 원망의 말에 오히려 가족이 상처를 받고 더 멀어지게 하는 결과를 가져왔음을 알게 되었다. 상담가는 할머니에게 일치형 의사소통과 나−전달법(I−message)을 알려줌으로써 가족갈등의 문제를 해결했다.

구체적으로 가족에 대한 치료적 개입과 독거노인에 대한 개입을 위한 기본적인 접근을 기술하면 다음과 같다.

가족에 대한 치료적 개입

- 중립적인 자세에서 호기심을 갖고 각 가족 구성원의 입장을 듣는다.
- 가계도는 원가족에 개입하기 위한 공식적이고도 구조화된 수단으로, 이를 통해 가족의 관계지도와 상호작용을 파악한다.
- 갈등은 순환과정의 패턴임을 인식하고 관계 패턴의 시작 부분인 과거의 가족관계를 가족이 적극적으로 말할 수 있게 한다. 과거는 이미 지나간 과거가 아닌 현재에도 여전히 영향을 끼치고 있는 것임을 전제한다.
- 가족이 갈등을 회피하기 위해 가족 희생양을 끌어들여 삼각관계를 형성하지 않고도 기능하도록 가족체계를 객관적으로 인식하도록 돕는다.
- 세대전수되는 역기능적 관계 패턴으로 이루어진 관계의 역동에 대해 긍정적 피드백을 시도하여 가족 구성원이 긍정의 시각 속에서 문제를 보게 이끌어 준다.
- 남편이나 자녀의 상실로 인한 충격과 정신적 외상에 적응하고, 사망한 가족의 부재와 슬픔에 효과적으로 대처하는 것을 배운다.
- 부모나 가족의 자살 또는 비극적 죽음이 있었다면 슬픔의 여러 단계를 인식하고 각 단계에 수반되는 감정을 처리할 수 있도록 이끌어 준다.
- 가족 구성원이 주요 호소문제를 드러내도록 이끌어 준다.
- 가족간의 상호작용의 의사소통 패턴을 파악하고 일치형의 의사소통이 될 수 있도록 이끈다.
- 건강한 일치형의 의사소통을 위해 상담가 자신이 가족에게 모델링할 수 있는 기회를 제공한다.
- 가족의 경계선을 어떻게 정의할 수 있는지 파악한다. 이를 통해 가족 간의 결탁과 소외현상을 이해할 수 있으며, 가족 내 세대 간의 결탁이 존재하는가를 파악한다.

가족이 없는 독거노인의 경우

- 혼자 사는 독거노인은 가족이 과거에 있었지만 상실했거나 자녀가 있지만 연락이 닿지 않는 경우로 이들 노인에 대한 치료적 접근은 어떠해야 하는가?
  - 상담가는 이들 독거노인이 현재 가족이 없다는 전제에서 내담자 한 명에게만 초점을 맞추기보다는 비록 실제 가족은 아니지만 정서적 · 사회적 · 종교적 대리가족이 있다고 보아야 한다. 독거노인에게 마치 가족과 같은 친밀감과 정서적 유대를 나누는 사람을 통해 가족상담적 접근이 가능하다. 상담가는 이들 대리가족과 내담자와의 상호 관계와 의사소통의 작용을 파악하고 변화시킴으로써 도움을 줄 수 있다.

문제해결 자원 찾기   상담가는 내담자에게 숫자를 사용하여 내담자가 어느 정도 심각하거나 호전되었는지, 문제해결을 위한 자원에는 무엇이 있는지, 변화에 대한 확신, 변화에 대한 의지는 어느 정도인지 등을 표현하게 한다. 이를 통해 상담가는 내담자의 상태를 더욱 정확하게 알 수 있으며 내담자의 변화를 격려하고 강화해 주는 사람과 상황에 대한 구체적인 정보도 얻을 수 있다.

문제해결 자원 찾기의 예시

• 1부터 10까지의 척도에서 1은 문제가 가장 심각할 때이고, 10은 문제가 모두 해결되었을 때라면 지금은 몇 점인가요? (예를 들어, 6이라고 대답했을 경우 6점에서 7점으로 올라가려면 무엇이 필요할까요?)

사 례

김 할아버지(69세)는 공무원으로 퇴직한 후 오랫동안 우울증을 앓고 있었으며 최근 우울감이 얼마 전에 비해 많이 좋아졌다고 진술했다. 상담가는 김 할아버지에게 척도 질문을 통해 상태가 얼마나 호전되었으며, 또한 호전되게 한 변화의 요인이 무엇이었는가를 탐색할 수 있다.

문제해결 자원을 찾기 위한 질문을 통해 상담가는 내담자의 회복 자원이 가족과 주변 사람의 방문이며, 이들의 방문으로 내담자의 상태가 호전되었음을 분명히 파악할 수 있었다. 이러한 질문은 내담자의 자원을 파악하기 위해 더 활용 가능하다.

상담가: 어르신, 지금은 얼마 전의 힘든 상태에 비해 5 정도로 좋아졌다고 말씀하셨는데, 5에서 6으로 조금만 더 좋아지려고 한다면 어떻게 하면 될까요?

내담자: 글쎄요? 내가 더 이상 우울해하지 않고 옛날처럼 밖에 나가기도 하고 밝게 살아가는 거겠죠?

상담가: 네, 어르신 그 정도의 변화는 아마도 10 정도가 아닐까요? 그렇게 많이 변화되지 않고 5에서 6 정도의 아주 작은 변화가 일어나려면 어떤 것이 필요할까요?

내담자: ……음(내담자가 미처 대답하지 못하는 경우가 있다. 이런 경우 상담가가 도와줄 수 있다).

상담가: 조금 전 5가 된 것은 가족과 주변 사람의 방문이라고 말씀하셨는데, 혹시 6이 되는 데도 마찬가지인가요?

내담자: 네, 그런 것 같아요. 아들이 방문하지 않더라도 자주 전화만 해 주어도 한결 마음이 좋을 것 같아요.

상담가는 문제해결 자원을 찾기 위한 질문을 통해 내담자의 위기해결의 자원을 구체화시킬 수 있는 가능성을 얻게 된다. 사례처럼 문제해결 자원을 찾기 위한 질문은 내담자의 상태와 문제해결의 자원 등을 파악할 수 있게 한다.

　　과거 성공 찾기　　상담가는 상담과정을 통해 내담자의 과거에서 위기로부터 성공한 경험을 찾는다. 노인 내담자가 지금은 삶의 위기로 인해 자살충동을 느끼는 패배적인 상황에 처해 있지만, 과거에도 언제나 실패하고 절망하기만 한 것은 아니었다. 노인 내담자는 과거에 자신이 위기를 잘 대처했다는 것을 쉽게 잊어버리고 절망과 무기력에 빠져 있는 것이다. 이러한 성공의 경험을 기억나게 해 주고 한때 잊었거나 사용하지 않았던 문제해결의 방법을 발견한다면 내담자는 자신을 재평가할 수 있게 된다.

　　노인 내담자들은 이러한 상담가의 질문에 처음에는 당황해한다. 위기에 처한 노인 내담자에게는 예기치 않은 질문이다. 대부분의 노인 내담자는 이러한 질문에 기분이 밝아진다. 비록 지금은 문제 속에 있지만 과거 성공했던 기억을 떠올리며 잠시 좋은 감정을 갖는다. 노인의 대부분은 사실 과거에 좋았던 시절을 이야기하는 것을 좋아하기에 과거 성공의 기억을 일깨우고 자기 스스로 그러한 성공을 이루었다는 것을 재인식하면서 자신에 대해 희망을 갖게 된다.

과거 성공 찾기의 예시

- 그때 어떻게 ……을 해결하셨나요?
- 과거에는 어떻게 ……을 대처하셨어요?
- 어떻게 ……을 해내셨어요?
- 어떻게 그런 힘이 있으셨어요?
- 어르신이 이렇게 우울해하신 적이 과거에도 있었다고 하셨는데, 그때 어떻게 우울증을 해결하셨나요?
- 남편께서 지금까지 어르신에게 함부로 말하고 손찌검까지 하시는데 과거에는 어떻게 대처하셨어요?
- 혼자의 몸으로 두 아이를 기른다는 것은 쉬운 일이 아닌데 어떻게 어르신은 그것을 해내셨어요?
- 젊은 시절 힘들게 독학으로 대학까지 졸업하셨는데 어떻게 그런 힘이 있으셨어요?

사 례

송 할머니(72세)는 두 번째 남편과 사별하고 자신의 집에서 아들 부부와 함께 거주하고 있다. 송 할머니는 두 번째 남편과도 이별하게 되자 제초제를 사용해 자살시도를 했다. 아들과 두 딸은 어머니가 다시 자살시도를 할까 봐 염려하고 있으며, 상담은 송 할머니 스스로 우울증을 호소하여 시작하게 되었다. 할머니의 주요 호소는 남편에 대한 그리움과 외로움이었다.

내담자: 만사가 재미없고 그저 우울한 생각만 들고 슬퍼집니다.
상담가: 어르신, 어르신 자신을 이렇게 힘들게 하는 것이 있다면 무엇일까요?
내담자: 남편이 그립습니다. 그때는 그렇게 남편을 미워하고 죽고 싶었는데, 막상 남편
　　　　이 없으니까 너무나 힘들어요.
상담가: 할아버지가 생각나 외로우시군요.
내담자: 네, 맞아요. 남편을 생각하니 마음 나눌 친구가 없다는 것이 슬퍼집니다.
상담가: 어르신은 첫 남편과도 사별하셨는데, 그때 어떻게 우울증을 해결하셨나요?
내담자: 그때는 외로움을 이기려고 무언가 열심히 했던 것 같아요. 자식도 있고 하니
　　　　열심히 일하면서 잊었지요.
상담가: 어르신은 외롭고 힘들 때 무언가를 열심히 하면서 문제를 풀어가셨네요.
내담자: 네, 그런 것 같아요.

송 할머니는 현재 남편에 대한 그리움과 외로움으로 인해 힘들어하지만 이러한 상태는 이미 과거에 첫 남편의 사별을 통해 경험했던 것이다. 상담가는 그때 행했던 경험 속에서 성공 찾기를 시도하여 해결 자원을 확보했다.

부정적 사고 파악 및 변환하기　　노인들은 퇴직 및 소득원의 감소로 인해 경제적인 어려움을 겪거나 노화와 건강악화에 따른 만성적 질환과 신체적·정신적 능력 장애에 시달린다. 또한 사회적 역할의 상실로 인한 외로움, 배우자나 친지들의 사별로 인한 상실감 등 복합적인 삶의 위기의 요소를 갖는다. 노인들은 이러한 노년기의 한계성 속에서 외로움과 상실감을 완화할 수 있는 부부, 가족의 정서체계와 사회적 체계가 결여되었을 경우 위기에 적절하게 대처하지 못하고 절망감과 무력감에 빠져 자살을 시도할 수 있다. 자살위기에 놓인 노인들이 보이는 절망감과 무기력은 자신에 대한 낮은 자존

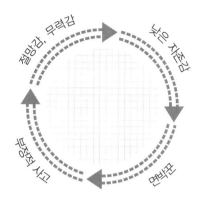

감과 부정적 사고와 밀접한 상호 관계가 있다.

Satir(1975)에 따르면, 낮은 자존감을 가진 사람의 특징은 부정적 사고를 보인다. 낮은 자존감을 가진 사람은 자기 안에 면박꾼을 두고 있는 것과 같다. 언제나 자기 안에서 자신의 잘못을 확대해서 이야기하고 무언가를 하려고 하면 자기 안에서 "너는 할 수 없어." "네가 해 보았자 성공하겠어."라며 언제나 자신의 부정적인 것만을 강조해서 이야기한다.

노년기의 위기 속에서 절망감과 무력감을 보이는 노인들의 특징은 부정적 사고다. "나는 쓸모없는 사람이야." "내 병은 더는 좋아지지 않을 거야." "내 인생은 무의미했어."라는 식으로 자기 자신이나 질병, 문제에 대해 지나치게 부정적인 사고를 갖게 되면 사기가 저하되고 우울감과 무기력을 유발시킨다. 이러한 부정적 사고는 어떤 일을 하려는 동기를 감소시키고 일을 해야겠다는 동기를 잃게 하며, 결국 자신은 쓸모없는 존재라는 느낌을 강화시켜 악순환에 빠지게 된다. 이러한 부정적인 사고는 왜곡되어 있기 때문에 현실을 제대로 볼 수 없게 만든다. 현실을 왜곡시키는 부정적 사고는 노인들에게 상당히 설득력 있게 작용한다. 예를 들어, 가벼운 두통으로 통증을 느끼게 되어도 암이 재발했다고 믿거나 질병 증상이 전혀 없는 상태에서 만성질환으로 죽게 될 것이라고 믿는다. 부정적인 사고를 변화시키기 위해서는 사고가 어떻게 왜곡되어 있는지 살펴보아야 한다. 사고의 오류가 있다는 것이 확인되면 내담자가 어떻게 부정적이고 비현실적인 사고에 도전할 것인가, 어떻게 부정적 사고를 긍정적 사고로 변화시킬 것인가 등을 살펴보아야 한다.

내담자가 가진 부정적 사고를 찾아내고, 내담자의 인지 오류를 변화시키기 위한 개입기법으로 Ellis가 제시한 부정적 사고 변환기법이 있다.

부정적 사고 변환기법에서 우울증을 비롯한 부정적 감정을 만드는 부정적 생각이 과연 올바른 것인지를 반문하면서 인지의 오류를 탐색한다(Moorey & Greer, 1989).

부정적 사고 파악하기의 예시

- 어르신 문제가 어디에서 시작되었다고 생각하세요?
- 늘 그런 방식으로 생각하셨나요?
- ……라고 생각하시는 것을 어느 부분에서 아셨나요?
- 다른 가족이나 주변 분들도 어르신이 그렇게 생각하는 것에 동의하시나요?

부정적 사고 변환기법

내담자의 감정상태는 사고 내용과 밀접하게 연관되어 있으며 부정적이고 비관적인 생각은 내담자를 절망시키고 무기력하게 만든다. 따라서 부정적 사고를 극복하는 주요한 한 가지 방법은 우울한 기분을 유발하는 부정적인 생각을 자각하고 변화시키는 것이다. 여기서 A는 선행사건(Antecedent events)이고, B는 선행사건에 대한 사고 내용(Beliefs)을 뜻하며, C는 감정(Emotion)을 의미한다(Cynthia & Hersen, 2000).

A. 선행사건	B. 개입된 생각/비합리적 신념	C. 감정
만성질환	질병으로 이렇게 고통받으니 너무나 힘들고 가족에게 미안하다. 내 인생은 이제 더 이상 가망이 없다.	우울증 두려움 슬픔 무기력
아들의 실직	아들이 변변한 직업 없이 놀고 있는 것은 내가 아들을 잘못 키웠기 때문이다. 내가 부모노릇을 잘 못해서 아들을 망쳤다. 내 인생에 더 이상 걸 기대가 없다.	우울증 좌절감 분노
남편의 상실	남편이 먼저 저세상으로 갔으니 이제 나도 가야겠군. 너무나 외롭고 이제 더는 사는 것이 의미가 없고 죽고 싶은 생각뿐이다.	우울증 외로움 그리움

● 인지의 오류 탐색

• 흑백논리적 사고(All or Nothing Thinking): 사건을 완전히 정반대적인 양극단으로 해석한다. 모든 것을 마치 흑과 백으로 보는 것처럼 중간지대를 보지 못한다. 예를 들어, "만일 내가 병이 낫지 않는다면 차라리 지금 죽는 것이 낫다."라는 식으로 극단적으로 보는 사고다.

• 개인화(Personalization): 일정한 상황과 사건과 자기 자신 사이의 연결성을 구분하지 못하고 무조건적으로 관련성을 과장하거나 연결짓는 사고다.

• 선택적 주의(Selection Attention): 일정한 상황과 사건이 발생했을 경우 전체 틀을 보지 못하고 사소한 부분에 과도하게 초점을 맞추어 의미를 왜곡하는 사고다. 대부분의 경우 여러 가지 가능성 중에 오로지 부정적인 측면만을 보려는 사고다.

• 파국적 사고(Catastrophizing Thinking): 아직 불확실한 데도 앞으로 일어날 수 있는 최악의 경우만을 예측하려는 사고다. 예를 들어, 병의 진단결과가 아직 나오지 않았음에도 최악의 상황을 가정한다.

• 당위적 사고(Shoulds and Oughts): "나는 무엇을 꼭 해야만 한다."는 일련의 생각을 확고하게 유지하는 사고다. 사고의 융통성이 부족하며 자신이 규정한 생각에 자신을 끼워 맞추려고 한다.

04

상담가는 내담자의 인지의 오류를 찾아내고 위기문제에 대해 객관적으로 볼 수 있도록 돕고, 여기서 부정적 사고의 정당성을 살펴본다.

● 유용성 탐색

상담가는 내담자에게 부정적 사고에 대해 "이런 생각이 나에게 과연 어떤 도움이 되나?" "이런 생각이 나의 목표를 추구하는 데, 나를 기분 좋고 활기차게 만드는 데에 어떤 도움이 되나?" 등의 반문을 통해, 긍정적인 영향을 줄 수 있는 유용한 생각을 유도한다.

● 대안적 사고 발견하기

노인 내담자에게는 위기상황에서 긍정적인 면은 축소되고, 부정적인 면만 확대되어 보이게 된다. 따라서 부정적 사고를 해결하기 위한 중요한 과제는 부정적으로 편향된 위기에 대한 인식을 전환하는 것이다. 대안적 사고는 주어진 상황의 긍정적 측면과 부정적 측면 모두를 균형 있게 고려하여 내담자 자신이 수긍할 수 있어야 한다.

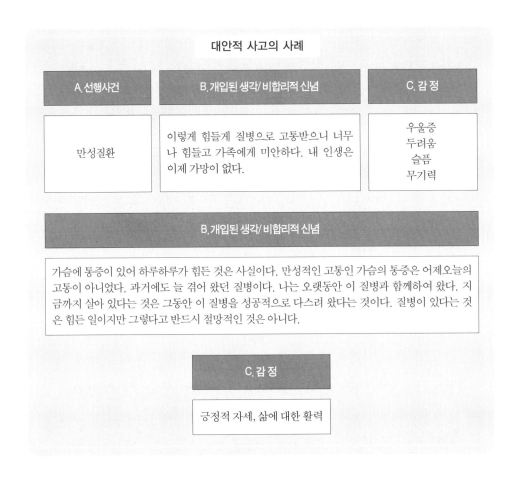

대안적 사고의 사례

A. 선행사건	B. 개입된 생각/ 비합리적 신념	C. 감정
만성질환	이렇게 힘들게 질병으로 고통받으니 너무나 힘들고 가족에게 미안하다. 내 인생은 이제 가망이 없다.	우울증 두려움 슬픔 무기력

B. 개입된 생각/ 비합리적 신념

가슴에 통증이 있어 하루하루가 힘든 것은 사실이다. 만성적인 고통인 가슴의 통증은 어제오늘의 고통이 아니었다. 과거에도 늘 겪어 왔던 질병이다. 나는 오랫동안 이 질병과 함께하여 왔다. 지금까지 살아 있다는 것은 그동안 이 질병을 성공적으로 다스려 왔다는 것이다. 질병이 있다는 것은 힘든 일이지만 그렇다고 반드시 절망적인 것은 아니다.

C. 감정

긍정적 자세, 삶에 대한 활력

상담가와 더불어 내담자가 자신이 받아들일 수 있는 긍정적인 대안적 사고를 발견했다면, 부정적 사고를 대안적 사고로 대체해야 한다. 우울증을 비롯한 부정적 감정을 느끼게 했던 부정적 사고를 대안적 사고로 바꾸면 침체되었던 의욕이 다시 살아나고 삶에 대한 새로운 희망이 생기게 될 것이다.

대처방식 찾기　노인 내담자가 자신이 처한 현실과 미래가 너무 절망적이어서 아무 희망이 없다고 생각하는 경우 사용할 수 있는 개입기법이다. 대처방식 찾기는 질문을 통해 노인 내담자 자신이 불행하고 힘들다고 여기는 상황에서 벗어나기 위해 자신이 그동안 위기에 대처해 온 방법을 상담가와 함께 찾아가는 것이다. 그다음 자신의 강점과 자원을 발견하여 인식하도록 도우며, 인정과 칭찬을 통해 위기관리능력을 회복하도록 돕는다.

대처방식 찾기의 예시

- 그와 같이 대처하면 도움이 될 거라는 사실을 어떻게 아셨나요?
- 어르신을 지금까지 살 수 있도록 한 것이 무엇인가요?
- 어떻게 모든 것을 포기하지 않고 오늘까지 버텨 오셨어요?
- 계속 술을 마시고 자녀에게 전화한 것이 얼마나 도움이 되셨나요?
- 어떻게 해야 상황이 더 나빠지지 않을 수 있을까요?

사 례

김 할아버지(74세)는 젊은 시절 대학까지 나왔지만 계획성 없이 인생을 살아오면서 가족에게 외면당하고 있는 상태다. 공직생활에서 쫓겨났으며, 외도와 경제적 무능으로 아내와 자식들로부터 원성을 사고 있다. 술을 마실 때마다 자녀에게 전화하여 평소에 하지 못하던 원망을 드러냄으로써 자녀와의 갈등은 더욱 증폭되었으며, 최근 가족이 자신을 왕따시킨다고 자살을 호소했다.

내담자: 이제 아무 소용없어요. 내 인생은 후회뿐입니다. 이제 빨리 죽고 싶어요.

① 내담자에게 무슨 일이 일어났는지 살피며 다른 긍정적인 부분을 바라보도록 돕는다.
② 내담자가 여전히 부정적 감정 속에서 말을 할 경우 주제를 바꾸어 다른 이야기를 해 본다.
③ 내담자의 대처방식을 질문하면서 기존의 대처방식에 대한 오류를 발견하고 새로운 대처방식을 찾을 수 있도록 돕는다.

긍정적 의미전환하기   Frankl(2007)은 노인들이 삶의 목적과 존재의 의미를 찾고자 하는 노력이 무산되면 감정적 영역에서만 공허에 시달리는 것이 아닌 삶의 전체적 토대가 흔들리게 된다고 보았다. 은퇴 후 이전 직업만 한 심리적 가치를 주는 대체활동을 찾지 못한 노인들은 대체적으로 병에 걸려 시들어 가거나 조기사망과 자살에 이르게 된다고 본 것이다.

생명연장과 삶의 의미

독일의 대문호 괴테는 고령의 나이에 『파우스트』 2부를 완성하기 위해 창작욕을 불태웠고 7년간 작업에 몰두했다. 그는 원고를 탈고한 후 두 달 뒤 사망했다. Frankl은 자신이 해야 할 사명과 삶의 의미를 갖고 있었을 때 생물학적 조건을 뛰어넘어 죽음을 미룰 수 있다고 보았다. 또한 서커스에 출연하기 위해 훈련받은—특정한 사명까지는 아니더라도 적어도 특정한 임무를 수행해야 하는—동물들은 동물원에서 사육되는, 즉 할 일이 없는 동물들보다 평균적으로 오래 산다(Frankl, 2007).

노인들이 고령에도 불구하고 무언가 일을 한다는 것은 자신이 의미 있는 존재라는 느낌을 주며, 이것은 자신이 쓸모 있고 살 만한 가치가 있다는 인식으로 이어질 수 있다. Frankl(2007)은 노인들이 우울한 상태에 있는 경우 자원봉사에 참여하게 되면 우울이 사라진다고 보았다. 아무리 나이가 먹었더라도 인간이 그 활동을 통해 자신이 무언가 또는 누군가를 위해 존재한다는 느낌을 받을 수 있는 것이다. 젊은 성인과는 달리 무언가 일을 통해 자신의 의미를 발견하기 어려운 노인들은 어떻게 자신을 긍정하고 자신을 살 만한 가치 있는 존재로 여길 수 있을까?

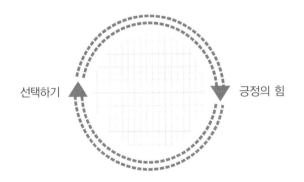

현실치료의 선구자 Glasser(1976)는 긍정적 의미를 가능하게 하는 것을 '선택하기'에 달려 있다고 보았다. 즉, 실제 상황보다 더 중요한 것은 그 상황을 어떻게 평가하는가에 달려 있다. 절박한 문제와 갈등을 지니고 있으며, 이로 인해 우울증과 같은 증상이 있는 노인 내담자의 대부분은 부정적 사고 안에서 자신이 처한 상황의 부정적인 면만을 바라본다(Glasser, 1976). 이러한 부정적 사고는 내담자를 낙심하게 만들어 문제해결을 포기하게 한다. 문제와 갈등을 해결할 가능성은 바로 긍정의 힘에서 올 수 있다(Glasser, 1976). 감정은 자연적으로 발생하는 것이 아니라 선택되는 것이다. 상대방이 나의 자존심을 건드리는 말을 했을 때 무조건적으로 분노를 느끼는 것은 아니다. 다른 다양한 감정을 느낄 수 있다. 즉, 모든 사람이 일정한 사건에서 똑같이 무조건적인 감정을 경험하는 것이 아니다. 어린 시절부터 익숙한 패턴 속에서 자신도 모르게 일정한 감정을 선택한다. 부정적 사고는 바로 이러한 과정을 통해 형성된다. 매사에 부정적인 사람은 부정적 사고를 선택하는 데 익숙해진 것이다. 따라서 다른 긍정적 사고를 선택할 줄 모르게 된다(Hartmann, 1972). 내담자가 다르게 선택하고, 생각을 바꾼다는 것은 어려운 일이다. 내담자는 일련의 사고방식과 그에 따른 기운 빠지게 하는 생각에 오랫동안 익숙해져 있다. 따라서 지금까지 몸에 배어 있던 습관적인 생각을 떨쳐 내는 데에는 엄청난 노력이 필요하다. 노인의 경우 익숙한 생각의 틀을 바꾼다는 것은 힘들지만 위기를 해결하기 위해서는 다른 생각의 틀을 배워야 한다.

04

행복과 불행은 선택이다

베스트셀러 『행복한 이기주의자』를 쓴 W. W. Dyer(2006)는 행복과 불행 역시 선택되는 것이라고 보았다. 따라서 생각을 바꾸고 긍정적으로 선택하는 사고의 전환은 행복을 가져온다. 불행하다고 느끼게 되는 대표적인 상황이 우울증에 빠져 있을 때다. 이 우울증에서 벗어나는 길은 감정을 긍정적으로 변화시키는 것이다. 부정적 사고는 별로 노력하지 않아도 자연적으로 이루어진다. 그러나 긍정적 사고는 우리가 노력해야만 얻을 수 있는 사고다.

내담자가 자신이 처한 위기 속에서 부정적으로 상황을 인식한다면 문제를 해결할 가능성은 그만큼 줄어든다. 내담자에게 긍정적 사고를 갖게 하는 기법으로 긍정적 의미전환하기가 있다. 이 기법은 내담자가 자신의 곤경과 어려움을 새로운 긍정적 시각으로 볼 수 있게 하는 기법이다. 상담가는 이 기법을 통해 일정한 행동이나 사건이 지니는 부정적 의미와 사고를 변화시킴으로써 사실이 변화하지 않는 상태지만 내담자의 문제의 의미와 가치판단을 변하게 할 수 있다. 즉, "잔에 물이 반밖에 안 남았네." 보다는 "반이나 남았네."를 부각시킨다. 긍정적 의미전환하기는 긍정적으로 틀을 바꾸어 보는 것이다. 다시 말해, 문제에 대한 관점을 바꾸면 새로운 가능성을 얻게 되기 때문이다.

긍정적 의미전환하기 예시

• 부정적인 사고
"늙어서도 아내의 잔소리가 너무나 심해."

• 긍정적 의미전환하기
"부인께서 어르신을 변화시키려고 지금까지 노력하고 계시네요. 비록 힘드시겠지만 여기에는 좀 더 금실 좋은 부부가 되기를 원하는 부인의 마음이 있네요."

사 례

이러한 기법은 단순히 내담자에게 "기운 차리세요." "곧 회복되실 겁니다." "모든 것이 다 잘될 것입니다."라는 막연한 긍정적 피드백을 하는 것이 아닌 내담자의 현실 속에서 긍정의 자원을 발견하고 자기 환경에 대해 새로운 의미를 갖게 하는 것이다. 내담자에게 긍정적 의미전환하기는 내담자의 문제 속에 있는 긍정의 자원을 일깨워 주는 역할을 한다.

박 할아버지(68세)는 젊은 시절 잠시 사업을 하다가 접고 거의 평생을 변변한 직업 없이 생활력 없게 살아왔으며, 모든 가정경제는 아내와 큰아들이 책임져 왔다. 현재 아내는 여전히 경제활동을 하며 생활을 책임지고 있으며, 할아버지는 노인복지관에서 대부분의 시간을 보내고 있다. 아내가 큰아들 내외와 함께 외국여행을 떠나면서 본인에게는 여행의 의사도 물어보지 않고 간 것에 대해 깊은 상처를 받았다. 생활력은 있지만 자신을 무시하는 아내와 똑같이 자신을 무시하는 아들과 딸에 대해 원망을 드러냈다.

아들이 게으르다	아들이 부드러우시고, 서두르지 않으시네요.
아내의 잔소리가 심하다	남편에 대한 관심을 보이며 최선을 다하고 있다.
남편이 풀 죽어 있다	남편이 늘 조용하시네요.
남편이 공격적이다	남편이 자신의 힘을 잘 모르시네요.

상담가: 아드님은 한 달에 한 번씩 늘 어르신에게 용돈을 드리고 있네요. 따님에게 공부도 못 시켜 주고 해 준 것이 없다고 하셨는데 따님은 어르신에게 반찬을 여섯 가지나 만들어 주고 있네요? 따님은 분명히 아버지에게 서운한 것이 있지만 아버지에게 잘하려고 애를 쓰고 있네요. 아드님 역시 매달 아버지를 위해 애쓰고 계시는데요.

내담자: …… 정말 그러네요.

상담가는 긍정적 의미전환하기를 통해 긍정적인 측면에서 행동의 의미를 발견함으로써 내담자가 새로운 긍정적 차원에서 자신과 상대방의 행위를 볼 수 있도록 할 수 있다. 또한 증상에 대하여 긍정적인 재구성을 하게 된 내담자는 긍정적인 변화에 대한 기대감정을 갖게 된다.

04

긍정적 사고 향상기법

• 노트를 꺼내 자신이 즐겁게 할 일들을 4~5가지 적는다.
• 즐거운 사건 밑에는 각각 2~3가지 자신의 관심을 끌 만한 것이나 자신을 사로잡을 만한 생각을 적는다.
• 이 노트를 항상 소지하고, 하루에 최소 5회 이상 꺼내서 읽으며 즐거웠던 사건을 생각해 본다.

대안 찾기　　노인의 위기상담 속에서 내담자의 대처를 파악하는 것은 중요한 주제다. 대처는 위기 속에서 내담자가 생각하거나 느끼는 방법, 행동을 취함으로써 스트레스를 피하려 하거나 감소시키려 하는 시도를 말한다. 내담자가 지금 위기라고 느끼는 것은 내담자의 대처기제가 제대로 작동되지 못한다는 것을 의미한다. 내담자가 기존의 대처방식으로는 더 이상 대응할 수 없다고 느낀다면 '무력감(Helplessness)'을 느끼게 되며, 이것이 내담자의 심리적 고통을 더욱 증가시킨다(Everson, 1996). 노인 내담자가 자살을 시도하거나 자살계획을 세우고 있다는 것은 자신이 아무런 도피처도 없고 궁지에 몰려 더 이상 아무것도 대처할 수 없다고 생각하는 것을 뜻한다. 상담가는 노인 내담자에게 위기에 대한 새로운, 또는 과거에 이미 사용하고 있었지만 잊고 있던 대처방식을 찾도록 도와야 하며, 이를 위한 기법으로 대안 찾기가 있다.

대안 찾기를 위한 요령

먼저, 상담가는 효과와는 상관없이 가능한 많은 대안을 찾아낸다. 상담가와 내담자 모두 어떤 생각이든 부정적으로 보지 말고 모든 가능성을 열어 두어야 한다.

이렇게 찾아낸 다양한 문제해결의 대안 중에서 먼저 실현 가능성이 없는 대안을 제외하고 마지막으로 남은 대안을 통해 변화를 시도한다. 이 기법의 유용성은 상담가가 얼마나 내담자의 창조력을 자극하여 많은 방법과 의견을 끄집어내는가에 달려 있다. 상담가는 가능한 적극적인 참여를 통해 내담자가 대안을 말하도록 지지해 주며 무의미한 대안이라도 수용적으로 지지해 준다.

대안 찾기의 예시

- 어르신, 위기를 해결할 대안목록을 저와 함께 만들어 볼까요?
- 선택된 대안 중에서 무엇이 가장 실행 가능한가요?
- 이 중에서 제일 먼저 시도할 수 있는 대안은 무엇인가요?
- 이 대안을 시도했을 때 기대되는 결과는 무엇인가요?

사 례

이 할머니(76세)는 남편과 5년 전에 사별하고 혼자 임대아파트에서 살고 있으며 자녀는 2남 2녀를 두고 있다. 이 할머니는 젊은 시절 남편의 사업 성공으로 부유하게 살았으며, 많은 재산이 있었지만 두 아들이 함께 사업을 하면서 재산을 거의 탕진하여 모두 외국으로 도피성 이민을 떠난 상태다. 두 아들은 어머니를 찾지 않고 있으며, 두 딸이 근처에서 살면서 돌봐 주고 있다. 이 할머니는 자살도구로 줄을 준비해 놓았는데, 이것을 딸이 발견하여 상담을 의뢰해 왔다. 주요 호소는 "너무 외로워서 못살겠다."라는 내용이다. 두 아들에 대한 그리움을 갖고 있으며, 두 아들에 비해 해 준 것이 무엇이 있냐며 원망하는 딸들에게 서운하다. 이 할머니는 두 아들을 외국으로 보내고 힘든 상태지만 두 딸이 생활비를 제공하고 있으며, 주변에 친구들이 비교적 많이 있고 복지관의 각종 프로그램에 참여하고 있다. 그리고 최근에는 노래교실에서 노래를 배우고 있다.

이 할머니는 상담을 통해 라포 형성을 했으며, 문제 변화를 위한 대안 찾기를 하게 되었다. 내담자는 상담가와 함께 대안 찾기를 통해 다음과 같은 대안을 작성했다.

- 복지관 프로그램에 적극적으로 참여하며 자원봉사자로도 활동한다.
- 최근까지 교회를 다녔지만 교회 분위기가 맞지 않아 교회를 다니지 않고 있었는데 집 근처 다른 교회에 참여한다.
- 아들들이 보고 싶을 땐 전화를 기다리지 말고 내가 전화를 한다.
- 남편이 살아 있던 시절의 부유했던 생활이 떠오르면, 예전처럼 향수에 젖기보다는 그때 남편이 늘 외도문제로 힘들게 했던 것을 떠올린다.
- "엄마, 우리에게 해 준 것이 뭐있어."라고 원망한 두 딸에게 서운한 마음이 들면 그래도 유일하게 생활비를 주는 사람은 두 딸임을 생각한다.
- 공공근로나 노인 일자리 찾기를 통해 생활비에 대한 부담감에서 벗어난다.

상담가는 내담자와 더불어 파악한 여러 대안 중에서 내담자가 일상생활 속에서 실제로 적용할 수 있는, 주로 실현 가능한 구체적 대안을 찾아낸다. 상담가는 찾아낸 대안 중에서 실제로 어떻게 적용할 것인가를 논의한다. 상담가는 찾아낸 대안을 모두 적용할 필요는 없으며 그중에서 적용 가능성이 가장 높은 대안을 선택하여 일상 속에서 적용하도록 돕는다. 상담가가 대안 찾기를 할 경우 흔히 범하기 쉬운 실수는 빨리 내담자의 문제를 해결하겠다는 생각에 너무 성급하게 대안을 결정하고 급하게 충고하고 지지한다는 것이다. 특히, 노인 내담자들은 오랜 삶의 습관으로 인해 젊은 성인의 경우보다 더 대안을 실천하기가 어렵다. 상담가는 대안의 적용과 실천에서 현실적인 제약과 어려움을 면밀하게 살펴본 후 이를 고려하여 대안의 실천을 촉진해야 한다. 종종 상담가는 내담자가 결정된 대안을 따르지 않으면 문제를 변화시킬 수 없다는 생각에서 대안을 실천하는 데 소극적인 내담자를 부정적으로 보고 좌절하게 된다. 이 기법에서 중요한 사실은 결정된 대안이 과연 내담자의 심리사회적 상황에 합당하고 실현 가능한 것인가를 숙고하고 재결정된 대안을 통해 변화를 시도한다(서혜경, 정순돌, 최광현, 2006). 상담가와의 협력작업을 통해 찾은 대안을 내담자가 쉽게 따를 수 있도록 하기 위해서는 무엇보다도 상담가의 인내가 필요하다.

대안 실천하기

　선택된 대안을 일상생활 속에서 적용하여 문제 변화를 이끄는 사람은 내담자 자신이다. 여기서 상담가는 내담자가 보다 효과적으로 실천하도록 촉진하는 역할을 한다. 내담자가 선택된 대안 중 일부라도 실천했다면 상담가는 내담자를 적극적으로 칭찬해야 한다. 상담가는 수동적인 입장에서 내담자의 변화를 기다리기보다는 적극적인 칭찬과 격려로 내담자가 새로운 행동을 하도록 이끌어야 한다.

> 대안 실천을 위한 적극적 칭찬
> • 내담자에 대한 칭찬거리는 상담가가 적극적으로 발견해야 하는 보물이다.
> • 내담자의 수준으로 눈높이를 낮추어 칭찬거리를 찾는다.
> • 내담자가 수행한 결과를 기다리지 말고 과정을 칭찬한다.
> • 작은 일부터 칭찬한다.

　만일 선택한 대안을 내담자가 실천해도 별로 문제 변화에 도움이 되지 않았다면, 상담가는 흔히 이러한 상황 속에서 실망하게 되고 자기 자신의 상담 능력과 내담자의 문제 변화 의지에 대해 회의를 갖게 된다. 그러나 상담가는 인내심을 갖고 재차 대안이 노인 내담자의 심리사회적 발달 단계를 고려한 것이었는지를 탐색한 후 내담자와 함께 대안 찾기 단계에서 발견하지 못한 부분을 찾아내고 다시 실천 가능한 대안을 이끌어 낸다.

5. 서비스 연계

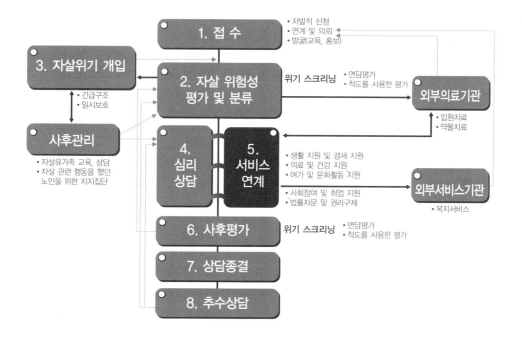

서비스 연계는 복합적인 문제를 지니고 있고, 종합적인 대책을 필요로 하는 노인상담의 특성을 반영하여, 심리상담 단계에서 동시에 병행되도록 한다. 노인들은 구체적이고 현실적인 도움을 요청하는 경우가 많으므로 노인들의 복합적인 욕구에 맞추어 다양한 노인복지서비스 등을 최대한 활용하여 지원해야 한다.

제3장의 노인자살 상담 시 문제유형별 연계조직 및 기능 분류표를 참조하여 서비스 연계계획을 세우고, 내담자와 상의하여 내담자에게 적합한 서비스를 연계한다.

6. 사후평가

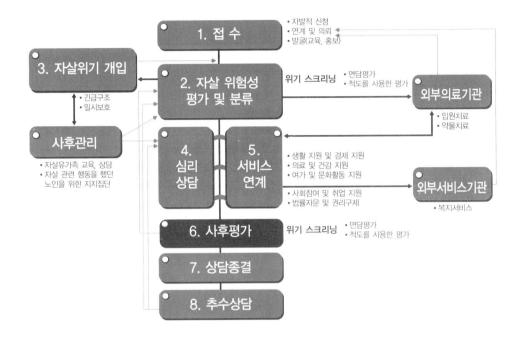

심리상담이 진행 중이거나 상담이 종결되어 추수상담이 진행 중이라도 내담자에게 자살 위험성 평가를 정기적으로 실시해야 한다. 상담 초기에 자신의 자살생각을 숨겼던 내담자가 라포가 형성되고 상담이 종결될 때 자신의 자살생각을 밝히는 경우가 종종 있다. 따라서 내담자가 안정적으로 보인다고 자살 위험성 평가를 게을리해서는 안된다. 의외의 곳에 숨어 있을 자살위험에 처한 노인을 찾기 위해서 자살 위험성 평가는 정기적으로 실시해야 한다. 사후평가 실시방법은 제2장의 자살 위험성 평가방법과 동일하다.

7. 상담종결

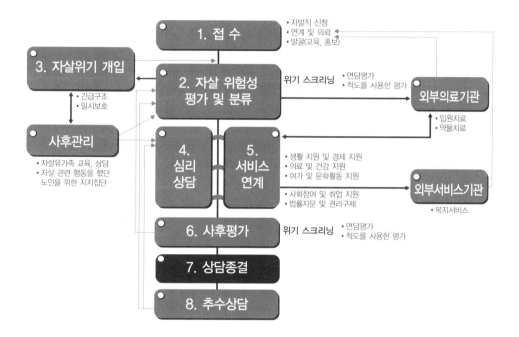

종결은 상담을 마칠 때 이루어지는 과정이다. 상담종결이 의미하는 것은 상담가와 내담자가 수립한 상담목표가 성취되어 가고 있음을 의미한다. 상담종결은 상담가의 순간적 판단이나 환경 변화에 의해서 이루어지는 것이 아니라 상담가의 계획에 의해 이루어져야 한다. 노인위기상담은 대부분 단기상담의 형식으로 진행되기 때문에 장기상담과는 달리 상담 원인이 된 위기의 문제를 해결하기 위한 목표가 어느 정도 해소되면 종결로 이어진다. 사실 상담종결이 이루어진다고 내담자의 모든 문제가 해결되는 것은 아니다. 내담자가 위기상담과정을 통해서 얻는 것은 상담의 목표인 위기해결의 가능성과 생활 속에서 끊임없이 다가오는 다양한 문제에 대한 대처능력의 향상일 것이다.

상담종결은 상담과정을 마무리하며 내담자와 이별을 나누는 단계다.

※ 상담성과를 확인하고 해결 의지를 격려하며 문제해결 행동에 대해 지지해 준다.
※ 추수상담에 대해 안내해 준다.

- 어르신이 저하고 처음 만났을 때 문제가 심각해서 자살하고 싶다는 생각이 드셨었는데, 지금은 어떠세요?
- 어르신께서 그동안 열심히 애쓰셔서 좋아지게 되어 기쁩니다.
- 어르신이 적극적으로 상담에 임하셔서 더 잘 해결된 것 같아요.
- 이제 어르신을 다시 보지 못하니 섭섭하네요.
- 어르신 언제든지 저에게 연락 주시면 저와 함께 이야기를 나눌 수 있습니다.

상담가: 어르신, 저와 오랜 기간 많은 얘기를 나눴어요. 처음 저와 만났을 때 많이 힘드셨는데 그때랑 비교하면 지금은 어떠신가요?

내담자: 참, 할 소리 못할 소리 많이 한 거 같아. 내가 젊은 사람 붙들고 별의별 소리를 다 했어. 내가 아무한테도 못했던 얘기, 평생 속에만 담아 놓고 살았던 얘기를 선생님한테 다 해서 후련하고 좋았어.

상담가: 후련해지시고 좋아졌다고 하시니 저도 기분이 좋아요. 우리 어르신 상황이 구체적으로 어떻게 나아지신 것 같아요?

내담자: 처음 만났을 때랑 비교하면 지금 훨씬 마음이 편해졌어. 처음엔 참 어렵고 답답하고 죽고 싶은 마음밖에 안 들었는데 지금은 그런 생각 안 해. 지금부터라도 잘 살아보자 하는 마음이 들고. 너무 고마워.

상담가: 고맙기는요. 어르신이 그만큼 자녀들과 잘 지내기 위해서 하기 어려운 일들을 해 주셨기 때문에 지금 어르신 마음이 편안해지신 것 같아요.

내담자: 쉽지는 않겠지만 '그래, 앞으로도 잘 살아 보자.' 하면서 마음을 다지지. 그래도 이제는 힘내서 할 수 있을 것 같아.

상담가: 네. 지금껏 아주 잘 하셨잖아요. 오늘까지가 어르신이랑 제가 만나기로 정한 날이긴 하지만 앞으로도 힘든 점 있으시면 언제라도 연락 주세요.

내담자: 그래, 우리 선생이 그렇게 얘기해 주니까 내가 마음이 더 든든하네.

노인위기상담에서 종결 기준

• 비록 내담자의 문제가 아주 작더라도 긍정적인 변화가 일어났는가?

• 일어난 변화가 내담자에게 계속 생길 것인가?

• 내담자가 상담가 없이 앞으로도 문제를 해결할 능력이 있는가?

상담종결에 대한 내담자의 예외적 행동

종종 노인 내담자 가운데 종결 시에 과일을 사 온다든가 하며 고마움을 표하기도 한다. 이때 상담가는 거절하지 않고, 상담을 도와준 다른 동료와 함께 나누어 먹는 모습을 보이는 것은 내담자의 마음을 편하게 해 줄 수 있다. 노인상담 현장 속에서 가끔씩 상담을 잘 마쳤다는 상담가의 증명서 또는 사인을 요구하는 노인들이 있다. 이들에게 간단하게 증명서를 써 주면 노인 내담자는 매우 흡족해한다.

04

8. 추수상담

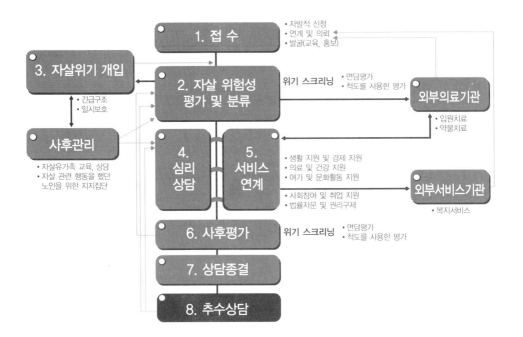

자살위기에 처한 노인 내담자를 상담하여 자살에 대한 선택 가능성을 최소화하려는 상담가의 노력이 크게 효과를 보지 못하고, 여전히 노인 내담자는 자살위기에 노출되어 있는 경우가 있다. 상담가는 이미 노인 내담자와 여러 차례의 만남과 상담을 거쳤지만 상담의 효과는 미미하며 내담자는 여전히 절망적인 생각과 우울한 감정 속에서 자살 가능성을 지니고 있을 수 있다. 노인위기 상담을 통해 내담자가 크게 변화의 조짐을 보이지 않는다 하더라도 그동안 진행한 상담 자체가 자살위기를 방지한 효과가 있다. 내담자는 지금까지 오랫동안 아무한테도 말하지 않고 가슴속에 묻어 두었던 막연한 감정, 즉 자살 결심까지 하도록 이끈 감정을 터놓을 수 있는 기회를 가졌다. 내담자에게 말로써 표현할 수 있다는 것은 매우 중요한 가능성을 제공한다. 물론 노인 내담자가 삶의 절망 속에서 자신과 환경을 바라보는 관점을 변화시켜 자살문제를 단 한 번에 해결할 수는 없지만, 출구라고는 전혀 보이지 않던 문제를 조금이라도 해결할 가능성이 있다고 보게 된 것이다(Petzold, 2005).

위기상담이 성공적으로 이루어져 노인 내담자의 자살위기가 낮아졌다면 추수상담을 통해 마무리되어야 한다. 추수상담은 노인의 안전 유지 및 자살 재발 가능성 방지를 목적으로 종결된 사례를 일정 기간 정기적으로 관리하여 자살위기문제의 재발 여부를 확인한다. 정기적(3개월 동안 매월 1회)으로 직접 방문 또는 전화 등을 통하여 재발 여부를 확인하며, 노인 또는 가족이 도움을 필요로 할 때는 언제든지 상담가를 통해 노인과 가족이 필요로 하는 도움과 서비스를 제공받을 수 있음을 상기시킨다.

위기상담 개입을 시도했지만 여전히 자살 위험성이 높은 내담자의 경우라면, 위기를 다루기 위해 상담가는 지속적인 만남을 이어갈 수 있게 이끌어야 한다. 노인자살위기상담에서는 실패 속에서 이루어지는 상담종결은 없다. 이제 상담가와 내담자의 관계가 아닌, 마치 이웃관계처럼 자주 만나고 안부를 물어보면서 적절한 친교를 나눌 수 있는 관계로 인식되어도 좋다. 적어도 지속적인 만남을 통해 상담가는 노인 내담자의 위기상황을 지속적으로 관찰할 수 있으며, 더 심각한 상황에 다다르게 되면 응급연계체계를 통해 적극적인 위기 개입을 시도할 수 있다. 상담가가 노인 내담자를 위한 지지체계가 될 수 있음과 동시에 위기상황을 파악하고 개입할 수 있는 자원이 될 수 있다.

9. 노인자살 심리상담의 사례

1) 사례 개요

내담자 인적 사항

● 이름: 김복순(가명)

● 나이: 73세(여)

● 종교: 기독교

● 건강상태: 우울증약 복용 중, 경미한 심혈관 질환, 허리 디스크 외 건강한 편

● 가족사항

- 남편과 사별(2004년)

- 아들(53세, 자영업)과 며느리, 손자와 아파트에서 동거

- 큰딸(52세)과 둘째딸(47세)은 내담자와 갈등관계

- 막내딸(43세)과는 가장 지지적이며 친밀한 관계

첫인상 및 행동 특성

- 내담자의 첫인상은 어두운 얼굴이지만 따뜻한 표정과 여성스럽게 수줍어함

- 처음 보는 사람에 대한 경계가 없는 친근한 태도를 지님

- 내담자는 허리가 아파서 허리를 구부린 상태

- 이야기 중간중간 쑥스러워하는 미소를 자주 지음

- 단정하고 예의바른 모습

내담자의 사회적 관계

- 주변에 절친한 친구는 없음

- 교회에 나가 활동도 하고, 노인정에도 종종 방문하며 적극적으로 붙임성 있게 좋은 친구를 사귀려고 노력하고 있음

- 동네 노인정에 나가서 동네 어르신들과 화투를 하고, 함께 어울리며 친하지는

않지만 인간관계를 지속적으로 유지하고 있음

생활력

- 젊은 시절 장사로 모은 재산이 있어서 경제적으로 넉넉한 상태

2) 상담경위

● 자발적 상담 신청

- 노인복지관에서 자살예방사업 홍보 중 사회복지사에게 신청

● 상담신청 사유

- 우울증이 심해 약 복용 중 잦은 자살생각
- 정신과 의사와 상담하고 싶어도 할 수가 없어 상담받고 싶었음

3) 주요 호소문제

- 만사가 재미없고 그저 우울한 생각만 들고 죽고 싶은 마음이 든다.
- 우울증을 극복하고 싶은데, 잘 안 된다.
- 젊어서 남편 때문에 고생을 많이 해서 밉기도 했지만 지금은 너무 그립다.
- 너무나 외롭고 힘들다.
- 딸들과의 관계가 힘들다. 젊은 시절 자녀양육에서 아들에게만 집중하고 딸들에게는 상대적으로 신경을 쓰지 못해서 딸들이 많이 서운해한다.

4) 상담 진행

라포 형성

상담가: 어르신, 죽고 싶은 마음이 드는 것은 그만큼 힘드시기 때문인 것 같네요.

내담자: 맞아요. 너무 마음이 힘들어요. 자꾸 마음이 우울해져서 병원에 가도 약만 주고 내 말을 들으려 하지 않아요. 이번 달에만 병원을 네번이나 갔는데도 안 들어요. 그래서 안 가려고 해요. 약을 먹어도 안 드는데 가면 뭘 해. 낫지를 않는데.

상담가: 그래요? 병원에 가고, 약도 먹는데 별 차도가 없으니 속상하신 거군요.

내담자: 그래요. 그래서 상담을 받아야겠다고 생각했어요.

노인자살 관련 행동 파악하기

상담가: ○○○ 선생님(상담을 의뢰한 사회복지사)에게 어르신에 대해서 말씀을 들었어요. 어르신, 요즘도 마음이 많이 힘들고 우울하세요?

내담자: 그래요. 사는 것이 재미가 없어. 뭔가 신나는 일이 있었으면 좋겠는데……. 몸이 아프고 재미없다고 생각하니까 다 재미가 없어. 지금은 몸이 아프니까 다 귀찮고 별로인 것 같아요. 지금도 죽고 싶다는 생각뿐이에요.

상담가: 마음이 여전히 힘드신 거군요, 어르신. 혹시 구체적으로 죽고 싶다는 것을 생각해 본 적이 있으세요?

내담자: 남편이 하늘나라에 가고나서 제초제로 자살을 시도한 적은 있지만 지금은 그 정도는 아니에요.

상담가: 어르신은 언제 마음이 우울해지고 죽고 싶다는 생각이 드세요?

내담자: 남편이 자꾸 생각이 나면 외로워지고 내 신세가…….

상담가: 어르신은 외롭다고 느껴지실 때 더 마음이 힘드신 거군요?

내담자: 네, 그런 것 같아요.

상담가: 어르신 가족이나 가까운 사람 중에 자살한 사람이 있으세요?

내담자: 친정어머니와 오빠 한 명이 스스로 목숨을 끊어서 세상을 떠났어요.

상담가: 어르신 무척 힘드셨겠어요.

내담자: 다 지난 일이지요. 그때는 많이 힘들고 원망도 했지만……. 나도 친정어머니나 오빠처럼 죽지 않을까라는 생각이 들어요.

자살 위험성 평가 및 분류

• 자살 위험성 평가 결과: 매우 높은 수준

• 평가 사유: 자살충동, 자살 가족력, 자살시도 경험, 사별, 가족갈등 등

상담계약

상담가: 어르신, 상담으로부터 가장 원하는 것은 무엇인가요?

내담자: 지금 현재의 우울하고 슬픈 생각이 좀 없어졌으면 좋겠어요.

상담가: 이제 어르신이 말씀하신 우울하고 슬픈 생각을 없애기 위해 상담을 시작하겠어요. 앞으로 상담하려면 일종의 계약이 필요합니다. 상담시간, 장소를 정하고 가족에게도 상담 사실을 알려야 합니다. 상담계약은 구두나 서면으로 할 수 있습니다.

내담자 유형 파악하기

상담가: 어르신, 지금 저와 함께 상담을 하는 것이 어떠세요?

내담자: 그래도 젊은 사람하고 같이 대화를 나누니까 많이 도움이 되네요. 아들과 딸들도 이렇게 생각하겠구나 하니 많이 도움이 되네요.

상담가: 얼마나 우울하고 슬픈 생각을 없애기를 원하세요?

내담자: 젊은 시절 무능한 남편과 함께 악착같이 자식들 다 키우고 이만큼 살 수 있게 살아왔는데, 사는 것이 나에게는 너무 힘들어요. 무엇이든 이제 변화되었으면 해요.

상담목표 세우기

상담가: 어르신, 우울과 슬픔이 얼마나 지속되었나요?

내담자: 남편이 하늘나라에 가고서 지금까지 계속된 것 같아요. 남편도 없고 딸자식들은 나를 원망하고 하니 살고 싶지 않더라고요.

상담가: 남편을 떠나 보내시고 힘든데, 따님들과도 관계가 불편하니 많이 힘드셨겠네요.

내담자: 그런 것 같아요. 내가 우울해지기 시작한 것은 남편이 하늘나라에 가고 얼마 후 딸들이 내게 원망의 소리를 하면서인 것 같아요. 나는 열심히 자식들을 위해 살아왔다고 생각했는데 딸들의 원망이 나를 더 힘들게 했어요.

상담가: 어르신 그동안 이 문제를 변화시키려고 어떤 시도를 해 보았나요?

내담자: 그냥 더 우울해하거나 딸들에게 화를 냈었던 것 같아요.

세워진 목표

- 남편과의 사별은 힘든 일이지만 내담자가 아직 살아갈 날이 많이 남아 있음을 인식시키기
- 노년에 자신이 느끼는 외로움은 자녀들이 해결해 주는 것이 아닌 본인의 과제임을 인식시키기
- 딸들의 방문이 결코 적은 횟수가 아님을 인식시키기
- 과거에 아들과의 차별에 대해 딸들이 원망하는 말에 화를 내기보다는 들어주기
- 자신을 슬프게 하는 감정을 상담가에게 솔직하게 다 털어놓기
- 경로당 활동이나 노인복지관 등의 프로그램에 참여하여 여가활동을 촉진하기
- 우울함을 느낄 때, 보다 긍정적인 선택을 하도록 촉진하기

기법을 적용한 상담진행

● 시간 확보하기

상담가: 어르신은 그동안 살아오시면서 수많은 결정을 하셨어요. 제가 결정을 잘하도록 도와드리고 싶어요. 어르신 그동안 사시면서 가장 좋았던 시절에 대해 말씀해 주시겠어요?

내담자: 남편하고 고생하고 살 때지요. 그때는 남편이 무능하고 보기 싫어서 너무 미워했는데, 지금은 그 시절이 너무나 그립네요.

상담가: 어르신, 남편분은 어떤 분이셨어요?

내담자: 잘생겼고, 젊은 시절 여자들이 많이 따라다녔어요. 인기가 최고였어요. 남편이 나를 좋아한다고 했을 때 다른 여자들이 얼마나 나를 시기했는지…….

상담가: 어르신, 남편분이 여기에 계시다면 이렇게 힘들어하고 외로워하는 아내에게 무엇이라고 말할까요?

내담자: 힘들어하는 척 그만 하고 아들, 딸, 손자들 보며 잘 살라고 하겠지요. 친정어머니가 자살한 것 그거 하나로 족하다고 말할 거예요.

● 가족에 대한 개입

상담가: 어르신, 가족 중에서 가장 가까운 분이 누구인가요?

내담자: 아들이지요. 나와 함께 살고 있어요. 아들은 어릴 때부터 딸들에 비해 약해 서 내가 많이 신경을 썼지요. 그 당시 힘들 때에도 개구리를 잡아서 건강을 회복시키려고 많이 고생했어요.

상담가: 어르신이 아드님을 정성을 다해 키우셨네요.

내담자: 그렇지요. 하나뿐인 아들을 위해 애를 많이 썼어요. 다른 딸들에게 과외는 엄두도 안 냈는데 아들만은 시켰지요. 그래서 지금도 딸들은 나를 많이 원망 해요.

상담가: 어르신, 그러면 따님들 하고는 어떻게 지내세요?

내담자: 셋째 딸은 그래도 나를 위해 줘요. 명절 때 꼬박꼬박 용돈도 주고 늘 전화를 하지요. 그런데 첫째와 둘째는 일이 있을 때만 겨우 전화하고, 주로 돈 필요 할 때 연락을 하지, 엄마 마음을 모르고 있어요.

상담가: 어르신 따님들 때문에 마음이 불편하시군요?

내담자: 맞아요. 좀 어릴 때 서운한 것이 있더라도 지가 좀 엄마 마음을 알아주어야 하는데 그렇지 못해요.

상담가: 어르신 따님들로 인해서 마음이 불편할 때 어떻게 표현하세요?

내담자: 명절 때 찾아오면 내가 좀 화를 많이 내요. 왜 전화 안 하냐! 연락 좀 하고 살 라고 훈계하는데 말을 안 들어요. 자기들도 이제 손자 볼 나이라고 하면서 오히려 화를 내더라고요.

● 문제해결 자원 찾기

상담가: 어르신, 얼마 전에 비해 우울감이 좋아졌다고 하셨는데, 가장 낮아진 상태를 1이라 하고 가장 좋아진 상태를 10이라고 했을 때 예전에 비해 얼마나 좋아 졌나요?

내담자: 약 5 정도 되는 것 같아요.

상담가: 얼마 전에 비해 5가 된다고 말씀하셨는데, 5가 되도록 한 요인이 있다면 무 엇일까요?

내담자: 오랜만에 노인정에 나가 노인들과 화투놀이를 하고 목사님과 함께 교회성도 들이 저를 오랜만에 찾아왔어요.

상담가: 얼마 전에 비해 5가 되도록 좋아진 이유는 어르신이 노인정에 가서 친구분들과 어울리시고, 교회성도들이 찾아와 주었기 때문인가요?

내담자: 네, 그런가 봐요.

상담가: 어르신, 지금 사시는 집을 아드님에게 사 주셨다면서요?

내담자: 아들이 사업을 하다가 집을 팔아먹어서 힘들게 사는 것을 보고 사 주었어요.

상담가: 어르신은 젊은 시절 참 열심히 사셨나 보죠?

내담자: 그럼요. 내가 우리 집안을 다 일으킨 거예요. 호랑이 같은 시어머니를 모시면서 남편을 하늘처럼 모셔야 하는 줄 알고 남편에게는 잘했어요. 살림살이와 아이들 교육, 모든 것을 장사하면서 내가 다 책임졌어요.

상담가: 어르신은 며느리, 엄마, 아내, 가장의 역할 모두를 두 어깨에 짊어지고 열심히 살아오셨네요.

내담자: (웃으면서) 그래, 맞아요. 저는 무능한 남편을 대신해서 악착같이 우리 집을 이만큼 세웠어요.

● 과거 성공 찾기

상담가: 어르신은 그때 어떻게 그 많은 일을 해내셨나요?

내담자: 내가 우리 가정을 포기하면 안 된다고 생각하고 참고 살았어요…….

● 부정적 사고 파악 및 변환하기

상담가: 어르신께서는 젊은 시절부터 가정을 위해 많은 고생을 하셨는데, 특히 따님들에게 인정받고 싶은데 딸들의 반응이 흡족하지 못해서 억울하고, 그래서 우울하고 슬퍼지신다고 하셨어요. 따님들이 엄마를 인정하지 않는다는 것을 어떻게 아셨나요?

내담자: 딸들이 나에게 "엄마가 우리에게 해 준 것이 뭐야!"라고 말할 때였어요. 내가 인생을 헛산 것 같았어요.

상담가: 다른 가족도 어르신이 인생을 헛살았다는 데 동의하나요?

내담자: 그렇지는 않을 거예요. 자기들도 내가 얼마나 고생했는지 아니까요.

상담가: 그러면 어르신, 엄마가 인생을 헛살았다는 데 두 따님은 어떻게 생각할까요?

내담자: ……. 나를 원망은 하지만 엄마가 인생을 헛살았다고 여기지는 않아요. 얼마 전에 둘째딸이 엄마 아니었으면 우리가 길거리에 나앉았을 거라고 말하더라고요.

상담가: 따님들이 어머니에게 원망한 것은 오빠와의 차별대우에 대해서지 어머니가 인생을 헛살았다거나 잘못했다는 말이 아니네요. 그러면 따님들이 어머니에게 원망한 것은 잘못 살았다는 말이 아닌, 단지 불평일 수 있겠네요.

내담자: 그래요. 나는 딸들에게 인정받고 싶은데 딸들이 나에게 단지 불평한 것을 내가 인생을 헛살았고, 젊은 시절의 고생을 아무도 몰라 주는구나라고 생각했어요.

상담가: 어르신께서는 그런 생각이 들 때마다 우울하고 슬퍼지셨네요.

내담자: 그래서 내가 우울하고 더 외로웠군요. 내가 젊은 시절 가장 노릇을 하면서 열심히 살았고, 이제 살 만하니까 남편이 먼저 떠나고, 딸들의 불평에만 너무 빠져 있었어요. 자식들도 나를 인정하고 있는데, 내가 너무 함부로 막말을 하고 나에게 잘하려는 것을 보지 않았어요. 내가 다 잘한 것은 아니니까 딸들의 말도 틀린 것이 아닌데…….

종결

상담가: 어르신이 저하고 처음 만났을 때 우울증이 심해서 자살하고 싶다는 마음이 드셨었는데 지금은 어떠세요?

내담자: 이제 자살 같은 것은 생각하지 않아요. 상담받으면서 우울한 마음을 다 없앨 수는 없지만 그래도 많이 가벼워졌어요.

상담가: 어르신께서 그동안 열심히 애쓰셔서 좋아지게 되어 기쁩니다. 어르신이 적극적으로 상담에 임하셔서 더 잘 해결된 것 같아요.

내담자: 그동안 고마웠어요. 혹시나 하는 마음으로 상담을 신청했는데 많이 좋아졌어요.

상담가: 어르신, 언제든지 저에게 연락 주시면 저와 함께 이야기 나눌 수 있습니다.

노인자살상담
위기 개입 적용 사례

노인자살상담 위기 개입의 적용 | 문제유형별 자살상담 및 연계 사례

이 장에서는 2장, 3장, 4장에 걸쳐 세부적으로 제시한 전체적인 노인자살위기 개입 및 상담모델에 대한 이해를 돕기 위해 노인자살위기 개입 및 상담모델에 따라 초기 접수에서 추수상담까지의 단계를 구체적인 사례를 들어 요약·설명할 예정이다.

또한 노인자살상담에서 주로 호소하면서 노인자살에 영향을 주는 주요한 노인문제를 유형별로 나눈 3장의 문제유형 및 수준별 연계시스템에 맞추어 실제 노인자살상담 사례를 제시하고, 그 구체적인 개입방법을 제시하여 상담가의 이해를 돕고자 한다.

1. 노인자살상담 위기 개입의 적용

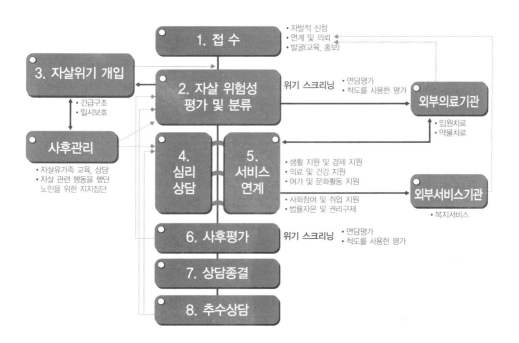

1) 접 수

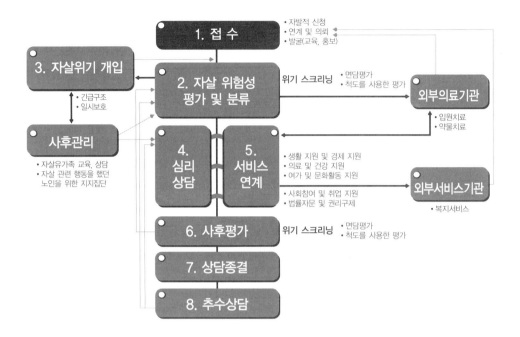

내담자 기본 정보

- 이름: 김대기(가명)
- 나이: 만 64세(남)/실제 나이 67세
- 학력: 중졸
- 종교: 기독교
- 건강상태: 고혈압, 당뇨, 관절염, 우측 상하지 약간 마비
- 가족사항
  - 아내: 정신장애 2급, 1년 전 장애수당이 중단되자 생활고를 걱정하여 자살함
  - 남동생: 19세 연하로 키우다시피 하고 결혼시키고 취업도 시켜 줌. 현재 형제 중 가장 관계가 좋음
  - 딸: 매주 방문하여 내담자의 위로가 됨

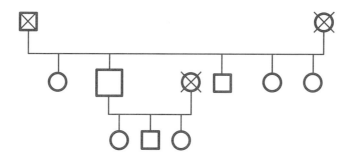

접수 경로

● 연계기관을 통한 접수

 • 의뢰기관: ○○ 노인복지관

 • 의뢰인: ○○ 노인복지관 노인생명돌보미

 • 의뢰일: 2009년 7월 30일

 • 의뢰 사유: 독거노인 노인돌보미가 지속적으로 방문하고 있던 중 최근 힘들고
  죽고 싶다는 표현을 자주하여, 전문상담원에게 의뢰됨

2) 자살 위험성 평가 및 분류

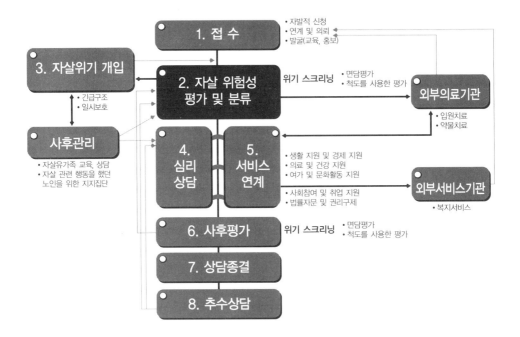

자살 위험성 평가기준

- 사례연계의뢰서 및 의뢰자 사전 인터뷰
- 내담자 자살 위험성 직접평가(면담평가): 초기상담신청서, 전문상담원 면담평가기록지
- 내담자 자살 위험성 간접평가(척도 및 검사): GDS—KR, MMSE—K, NAST, SSI, BSI, BHS, 사회적 지지척도, INQ—R

● 내담자 호소 문제

- 부인이 목매어 자살한 현장과 화장터 광경이 떠올라 괴롭다.
- 매사에 의욕이 없고 공포와 불안, 우울감을 경험한다.
- 도저히 잠을 잘 수가 없다.
- 병원비와 약값에 대한 경제적 부담이 크다.
- 신체질환으로 인한 육체적 고통이 괴롭다.

• 딸에게 부담을 주는 것 같아 미안하다.

● 내담자 관찰 및 행동 특성

• 호리호리한 체격에 눈이 휑하고 피곤해 보인다.

• 혈색이 창백하지만 호소 내용보다는 건강해 보인다.

• 의상과 두발이 단정하고 깔끔하다.

• 이야기 도중에 자주 눈물을 보인다.

• 아내가 자살한 방에 들어가지 못한다.

● 자살 위험성 직접평가(면담평가)

• 자살생각: 빈번하고 강렬하며, 지속적인 자살생각을 가지고 있다.

• 자살계획 및 치명성: 자살방법으로 제초제를 생각하고 있으며, 부인과 사별한 후 얼마 지나지 않아 친구에게 부탁하여 제초제를 구입해 두었다.

• 자살시도의 과거력: 이전에 자살시도를 한 적은 없는 것으로 보고했다.

• 정신장애의 과거력: 6개월 전부터 우울감으로 인해 정신과 외래치료를 받고 있다. 친인척 중에는 작은아버지가 알코올 문제가 있었고, 우울증이나 다른 정신 장애의 가족력은 부인했다.

• 사회적 관계: 오랜 지인인 박○○ 씨가 가까이 살고 있고 내담자의 상태에 관심을 가지고 있다. 아내와 사별한 상태다. 딸이 아침 저녁 하루 2회씩 전화를 하고 있으나 아들과는 연락이 닿지 않고 있다. 교회에 열심히 다녔으나 최근에는 교회에도 나가지 않는다.

• 경제적 여건: 임대아파트에 거주하고 있었으나, 임대기간 만료로 주택 보유자가 되었다. 주택 보유로 인해 국민기초생활수급권자에서 탈락해 살길이 막막하다. 딸이 가끔 용돈을 보내 주고 있으나 딸도 경제적으로 어려운 상황이다.

• 신체적 건강상태: 당뇨병과 고혈압, 관절염을 앓고 있는데, 약을 제때 복용하지 않고 식사도 제대로 하지 않아 전반적으로 쇠약해진 상태다. 당뇨병이 심해지면서 오른팔과 다리에 마비증세가 오고 있다. 또한 불면증이 심해 밤에 잠을 잘 수 없어 의욕이 없다.

05

- 음주 및 흡연: 교회에 다니기 때문에 술은 거의 마시지 않으며, 담배는 하루 반 갑 정도로 이전보다 피우는 양이 늘었다.
- 그 외 위험요인: 아내를 잃은 지 몇 개월, 아내의 죽음에 대해 더 신경 써 주지 못한 것에 대한 죄책감과 자신을 버리고 가 버린 것에 대한 원망이 뒤섞여 있다. 딸에게 부담을 주는 것 같아 미안한 마음이 있다. 혼자 생활하는 것에 외로움을 많이 느끼고 있다.

● 자살 위험성 간접평가(척도 및 검사)
- 위기 스크리닝 척도
  - 노인우울검사(GDS-KR): 24점(30점 만점)
    (＊18점 이상 우울 위험군)
  - 자살생각척도(SSI): 23점(38점 만점)
    (＊15점 이상 자살 위험군)

● 자살보호요인 평가
- 인지능력이 뛰어나고 규칙적인 생활을 한다.
- 문제해결을 위해 적극적으로 도움을 요청하고, 정보를 찾아 활용한다.
- 자신의 감정을 충분히 표현하며, 고통을 극복하고 변화하려는 의지가 강하다.
- 신앙심이 깊고 종교생활을 열심히 한다.
- 지지해 주는 주변인이 많다(딸과 사위, 친동생).

자살 위험성 평가 결과
● 자살 위험성 평가 결과: 매우 높은 자살 위험성(S1)
● 자살 위험성 평가 사유
- 1년 전 부인의 자살, 최근 조카의 자살로 인한 상실감
- 공포와 불안, 우울, 불면증
- 최근 국민기초생활수급권자에서 탈락
- 신체질환으로 인한 육체적 고통

- 딸에게 짐만 된다는 부담감
- 구체적 자살도구 준비(제초제)

3) 자살위기 개입

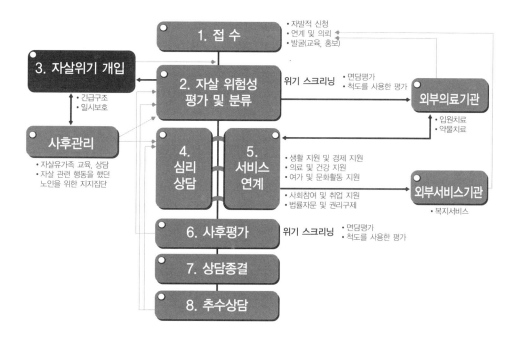

자살위기 긴급 개입

- 전문상담원의 심리상담: 상담을 통해 자살도구(제초제) 회수 및 안전동의서 작성, 가족 연락망 구축, 응급 시 필요한 긴급 연락처 및 위기 시 행동지침 설명
- 정신의료기관 연계로 우울약물 처방(경기도 무한돌봄에서 노인우울증 치료비 지원)

4) 심리상담

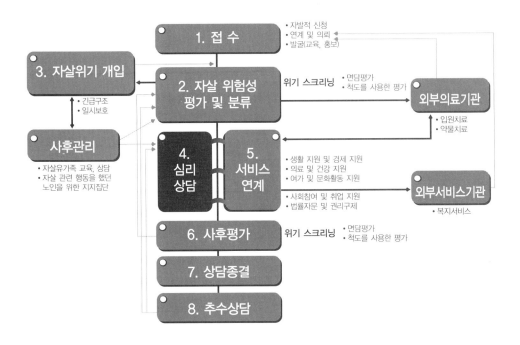

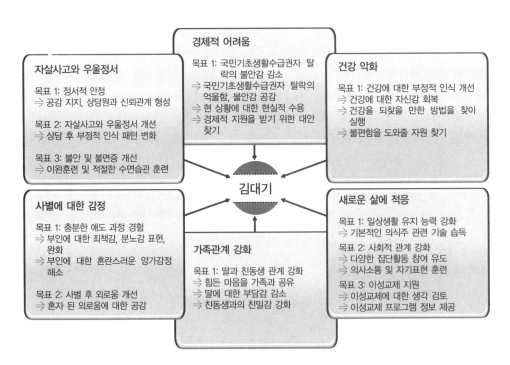

5) 서비스 연계

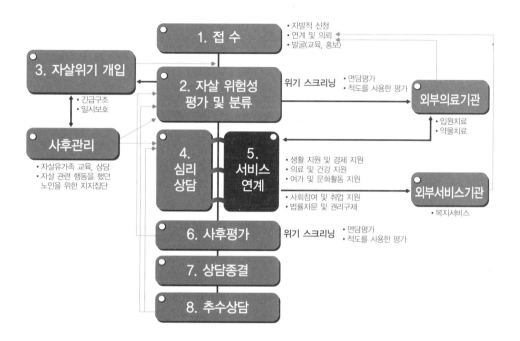

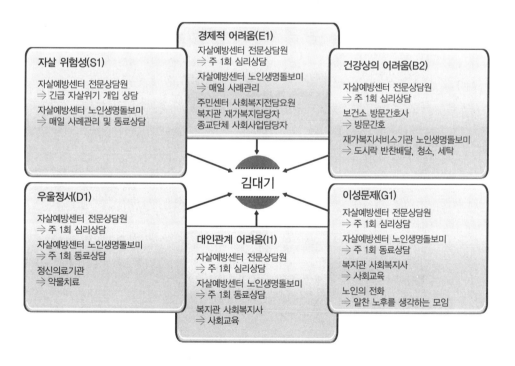

코드	구분	연계조직	연계 내용	세부 내용
S1	자살 위험성	자살예방센터 전문상담원	긴급 자살위기 상담	안전동의서 받기, 자살도구 회수, 위기 시 긴급 연락처 제공및 위기 시 행동지침 설명, 가족 연락망 구축, 정신의료기관내원 권유 및 동행(경기도 우울증약물지원사업)
		자살예방센터 노인생명돌보미	매일 사례관리	매일 안부 확인(전화상담 또는 방문상담) 이웃이나 주변 사람을 통해 안부 확인
D1	우울 정서	자살예방센터 전문상담원	주 1회 심리상담	우울정서 개선을 위한 심리상담 실시 정신의료기관 내원 권유 및 동행(경기도 우울증약물지원사업)
		자살예방센터 노인생명돌보미	매일 사례관리	매일 안부 확인(전화상담 또는 방문상담)
		정신의료기관	약물치료	경기도 우울증 약물지원사업
I1	대인 관계 어려움	자살예방센터 전문상담원	주 1회 심리상담	우울정서 개선을 위한 심리상담 실시 정신의료기관 내원 권유 및 동행(경기도 우울증약물지원사업)
		자살예방센터 노인생명돌보미	주 1회 동료상담	매주 방문하여, 동료상담 실시
		복지관 사회복지사	사회교육	노래교실, 스포츠댄스 등 취미 동아리 활동
A3	알코올 의존	자살예방센터 노인생명돌보미	주 1회 동료상담	동료상담을 통해 정서적 안정성 유지
AL3	치매	자살예방센터 노인생명돌보미	주 1회 동료상담	동료상담을 통해 인지기능의 변화 확인
P3	기타 정신장애	자살예방센터 노인생명돌보미	주 1회 동료상담	동료상담을 통해 우울정서의 변화 확인
B2	건강 상의 어려움	자살예방센터 전문상담원	주 1회 심리상담	건강악화에 대한 불안감 감소, 건강에 대한 자신감 회복
		보건소 방문간호사	월 1회 방문간호	대상자로 등록하고, 정기적으로 간호사가 방문하여 건강상태 확인 및 건강정보 제공
		재가복지서비스기관 노인돌보미	주 1회 방문	안부 확인 및 서비스 연계, 재가서비스(도시락, 반찬배달, 청소, 세탁 등) 연계
E1	경제적 어려움	자살예방센터 전문상담원	주 1회 심리상담	국민기초생활수급권자 탈락의 상실감 극복, 현실 수용, 다른 대안을 찾도록 도움, 무한돌봄사업 지원 신청, 긴급지원이나 재가지원사업 정보 제공 및 연계
		자살예방센터 노인생명돌보미	매일 사례관리	매일 안부 확인(전화상담 또는 방문상담)
		주민센터 사회복지사	경제적 지원 방법 검토	수급권자 재신청 지원, 무한돌봄사업 해당 여부 확인, 긴급지원서비스 지원, 기타 재정적 지원 서비스 검토
		복지관 재가복지 담당자	경제적 지원 및 후원 연계	복지관 내 재가서비스 중 경제적으로 도움이 될 만한 서비스 연계, 후원 연계 등
		종교단체 사회사업담당자	경제적 지원 및 후원연계	종교단체에서 개별적으로 운영하는 무료급식사업이나 후원물품 및 후원자 연계 등

코드	구분	연계조직	연계내용	세부내용
G1	이성 문제	자살예방센터 전문상담원	주 1회 심리상담	사별 후의 외로움과 다시 이성친구를 만나고 싶은 절실한 마음을 공감해 주고, 성에 대한 고정관념에서 벗어나 적극적으로 새로운 삶에 적응할 수 있도록 지원
		자살예방센터 노인생명돌보미	주 1회 동료상담	같은 동년배로서 노인의 외로움을 이해하고, 이성교제를 원하는 노인에게 다양한 정보를 제공하며 지지
		복지관 사회복지사	사회교육	이성이 함께 참여하는 다양한 사회교육 프로그램을 소개하여 이성친구를 만나도록 권유
		노인의전화	알찬노후를 생각하는 모임	건전한 이성교제를 원하는 노인들이 모여 정기적인 모임을 갖는 단체에 참여 유도
—	부부 갈등			
F3	가족 갈등	자살예방센터 노인생명돌보미	주 1회 동료상담	동료상담을 통해 신뢰관계를 형성하고, 가족관계 향상 및 유지 지원

05

6) 사후평가

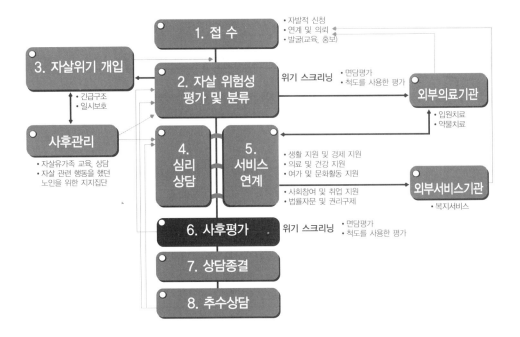

자살 위험성 평가 결과

● 자살 위험성 간접평가: 우울척도 11점, 자살생각척도 13점

● 자살 위험성 직접평가(면담평가): 낮은 자살 위험성(S4)

● 자살 위험성 평가 사유

 • 자살생각: 죽고 싶은 생각은 없어졌고, 잘 살아보겠다는 생각이 든다.

 • 자살계획 및 치명성: 제초제를 반납했고, 자살계획은 없다.

 • 자살시도의 과거력: 이전에 자살시도를 한 적은 없는 것으로 보고했다.

 • 정신장애의 과거력: 6개월간 복용하던 우울증약을 지속적으로 복용하고 있다.

 • 사회적 관계: 딸이 하루에 2번씩 전화하고 매주 주말에 방문한다. 오랜 친구 박
  ○○ 씨와 친밀한 만남을 가지고, 교회 관계자들의 방문과 후원이 있다. 복지관
  프로그램 이용하여 여가생활을 하고 '알찬 노후를 생각하는 모임'에 참여하고
  있다.

 • 경제적 여건: 국민기초생활수급권자 탈락 후 의료보호 2종이 유지되어 병원비
  를 지원받고 있다. 6개월간 긴급생계지원을 하고, 무한돌봄사업을 신청하였다.

무료급식 및 후원물품 지원을 받고 있다.

- 신체적 건강상태: 밤에 잠을 잘 자게 되었고, 한방치료를 받아 허리통증은 좋아졌다.

- 음주 및 흡연: 최근 교회에 열심히 다니며 단주 및 금연 중이다.

- 기타 위험요인: 자식같이 키운 남동생과의 갈등이 생겼다.

- 자살보호요인: 딸과 사위, 전문상담원, 폭넓은 사회적 관계, 오랜 친구 박○○씨가 있다.

7) 상담종결

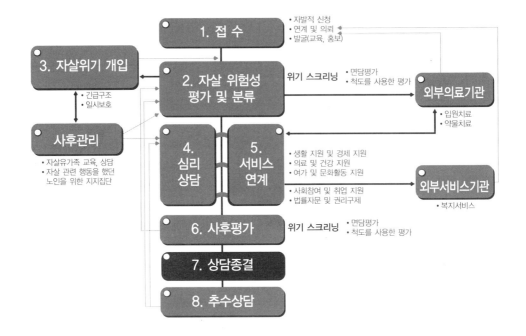

종결과정

- 사례종결서 작성, 사후평가 및 종결 시 자살 위험성 재평가

  (*자살 위험성이 높아지면, 다시 자살 위험성 평가 및 위기 개입단계로 돌아감)

- 정서적으로 안정되고, 자살생각이 없어졌으며, 밤에 잠을 잘 자게 된 점 등의 상담 성과를 확인

- 새롭게 적응하며 살아가려는 문제해결 의지를 독려, 복지관 프로그램에 참여하고, 여자 친구를 소개받는 등의 문제해결 행동에 대해 지지

- 추수상담에 대한 안내: 전문상담원의 월 1회 전화상담, 노인생명돌보미의 주 1회 동료상담 지원

8) 추수상담

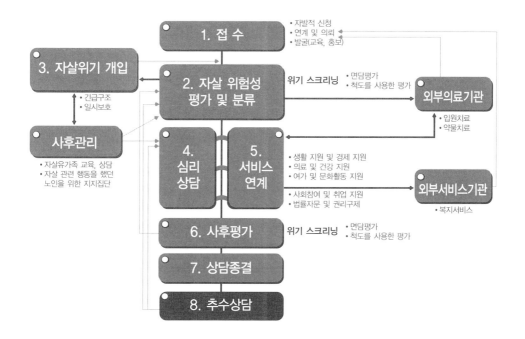

제안

- 추수상담 진행 중에도 어떤 변화가 생겨 상담이 필요하다고 생각되면, 언제든지 다시 심리상담이 시작될 수 있음을 안내
- 노인생명돌보미의 주 1회 동료상담을 병행하며, 지속적으로 사례관리
- 주택 소유 변경으로 국민기초생활수급권자 재지정 신청해 볼 것을 권유
- 딸과 사위 등 가족과의 관계 강화를 위한 지지
- 혼자 사는 외로움에 대해 공감하고 사회적 관계 강화 지원
- 향후 이성교제 후 재혼도 고려할 수 있도록 함

2. 문제유형별 자살상담 및 연계 사례

1) 우울정서 사례

5년 전 부인과 사별했고, 혼자 살다가 2년 6개월 전에 큰아들 집으로 들어갔다. 자녀는 아들 둘과 딸이 있다. 현재 큰아들, 며느리, 손녀 둘, 손자와 함께 살고 있다(손자와 같은 방 사용). 30년 전부터 올해 초까지 복덕방을 운영해 오다가 지금은 며느리(공인중개사자격증 취득)가 운영하고 있으며 내담자는 아침 청소 정도만을 돕고 있다. 평소 주변 사람과 대화하는 것을 좋아하지 않아 필요한 말 이외의 것을 세밀하게 물으면 싫다고 하고, 같은 방을 쓰는 손자와는 말을 좀 하는 편이다. 3개월 전부터 정신과에서 우울, 불안 증상으로 약물을 처방받아 복용 중이다.

상담가: 지난주에는 어떻게 지내셨어요?

내담자: 뭐 그냥 지냈어요. 2~3일 전인가 조급증이 나서 돌아다니다가 아는 사람한테 말도 걸어 보고, 그러다 죽으나 사나 집에 들어가 보자 하고 들어갔지요.

상담가: 왜 조급증이 나셨을까요? 어떤 조급증이 나셨어요?

내담자: 죽는 거에 대해서 조급증이 나요. 이 상태로 끝이 나나 보다 생각이 들지요. 세상 더 살아야 낙도 없어 고통 속에 사는데, 투신자살하는 거 나는 이해가 가지, 우울병이라는 게 무지무지 무서운 병인지를 내가 알지. 한 번만 결단하면 끝나니 사람들이 세상 하직하는 거 내가 이해가 가요.

상담가: 그 말씀은 자살에 대해서 계속 생각이 드신다는 말씀이시죠?

내담자: 순간적으로, 보통 사람들은 마음이 조금 풀리면 해소가 된다는데 우리같이 우울증이 있는 사람들은 지속되고 풀리지 않으니까, 내 입장에서는 이 고통을 말로 다 할 수 없네요. 멀쩡한 사람들은 잘 모르겠지만 내가 현재 우울증 환자니까 그 마음 내가 알지요.

상담가: 그런 생각들이 계속 들면 진짜 삶이 고통스럽고 죽음에 대한 생각들 때문에 괴로우실 것 같아요. 그런 생각이 계속 들 때 죽음에 대한 계획도 세워 보셨나요?

● 문제해결

• 내담자를 힘들게 하는 원인에 대해 보다 구체화해서 적극적인 해결책을 함께 모색해 본다.

• 우울이 반드시 자살로 이어지는 것은 아니며 우울증이 치유될 수 있는 질환임을 인식시킨다.

● 연계 서비스

〈위기상담 개입 시 문제유형별 연계 개입을 위한 분류기준〉

구분	자살 위험성	우울 정서	대인관계	알코올 의존	치매	기타 정신질환	신체적 건강	경제적 문제	이성 관계	부부 갈등	가족 갈등
코드	S1	D1	I1	A3	AI3	P3	B3	E3	G3	C3	F1

• 정신보건센터
• 정신과 의료기관

2) 대인관계 사례

어머니와 성격 마찰로 12세에 가출, 19세에 남편을 만나 22세에 결혼했으나 아이가 없어 28세에 별거, 32세에 남편의 외도로 이혼했으며, 이혼 후 연탄가스로 자살시도 1회, 지인에게 돈을 떼여 2회 자살시도를 했다. 40대 초에는 미혼인 연하와 동거했다 헤어지고, 댄스교습으로 생활했으며 댄스교습에 대해 스스로 부끄럽게 여기고 있고, 결혼 실패와 동거에 대한 자책감이 크다. 주변 사람이 이혼이나 동거, 댄스교습과 관련된 이력에 대해 손가락질하고 수군대는 것 같아 사람 만나기가 어렵다.

내담자: 나, 생전 누구하고 대화를 안 해. 우리 상담 선생님하고나 하지. 근데 뭐 별 얘기 안 해. 그냥 물으면 지나치는 말로 해 버리지. 속에 있는 말은 하지 않아.

상담가: 저한테는 이렇게 말씀을 잘하시는데 다른 분들과 얘기하시는 건 어떠세요?

내담자: 그게 그렇더라고. 내가 살아온 환경이, 아휴 내가 걸어가면 내 뒤에다 대고 저, 저거 서방하고 이혼했어. 이 소리가 참 안 좋더라고 나는. 그러니까 그게

내 귀에 안 들어오면 되는데. 허허허허 나는 이제 마음 아플 시간이 다 지나 갔어.

상담가: 정말 마음이 많이 아프셨겠어요. 그런데 이제 마음 아플 시간이 지나갔다는 그 말에 제가 더 마음이 아파요. 그만큼 그런 시간을 오래 가지셨다는 얘기 잖아요.

내담자: 글쎄. 그래서 그랬는지 내게 우울증이 왔어. 멀쩡한 것 같더니 사람이 그때 가서는 어떻게 뭐 쓰러져야 되겠다, 이런 마음밖에 안 들더라고. 사실은 내가 약을 두 번 먹었어. 내가 이 얘기를 언젠가 해 줬을 거야. 내가 근래에 와서 진통제하고 우울증약을 달고 살아. 자꾸 우니까 막 골이 빠개지게 아프고.

상담가: 두 번씩이나 자살시도를 하실 만큼 오랫동안 어려움을 겪고 있으셨네요. 누 구한테 말도 못하고······.

내담자: 그래, 어디 가서 그런 말을 해. 혼자 속으로만 삭히고 살았지.

상담가: 그러니 그 속이 얼마나 답답하셨겠어요. 우울증도 생기고, 2번씩이나 죽으 려고 하시고. 지금은 그런 생각이 안 드세요?

내담자: 그런데 지금은 이렇게 선생님 만나고 마음속 얘기를 하고 나니까 가슴이 뻥 뚫리는 것 같고 속이 후련해. 세상에 내 처지를 이해해 주는 사람도 있구나 싶은 생각이 들어서 의지도 되고······. 선생님은 내 처지를 다 알아도 내 뒷 말 할 것 같지 않고, 다 나 잘되라고 하는 말 같아서 내가 안심이 돼. 그래서 이제는 내가 새 마음으로 새 삶을 선택해야 되겠구나 싶은 마음이 생겨. 선 생님 말대로 복지관도 다니고, 아주 부지런하고 재밌게 살 거야.

상담가: 맞아요. 복지관 다니시면서 프로그램에 참여도 해 보시고 그곳의 어르신들 이랑 재밌게 얘기도 나눠 보시고 하세요. 그런 다음에 다음번에는 저랑 어떠 셨는지 또 얘기 나눠요.

● 문제해결
• 상담가와의 깊이 있는 관계를 통해 타인에 대한 신뢰감을 형성할 수 있게 해 준다.
• 자신의 과거 경험이나 선택이 부정적이지 않으며 최선의 선택이었음을 재평가하 게 도와 자아존중감을 향상시킬 수 있도록 한다.
• 새로운 대인관계의 형성 및 유지와 관련된 경험을 하게 한다.

● 연계 서비스

<위기상담 개입 시 문제유형별 연계 개입을 위한 분류기준>

구분	자살 위험성	우울 정서	대인관계 어려움	알코올 의존	치매	기타 정신장애	건강상 어려움	경제적 어려움	이성 문제	부부 갈등	가족 갈등
코드	S1	D1	I1	A3	AL3	P3	B3	E2	G3	C3	F3

• 말벗서비스
• 새로운 관계 형성을 위한 노인복지관 프로그램 안내 및 참여 유도

3) 알코올 의존 사례

67세의 남자 어르신이 7, 8년 동안 같이 생활하던 동거녀의 갑작스러운 가출로 인해 충격과 분노감을 술로 달래고 있다. 하루에 소주 3, 4병을 마시고 있으며 술을 먹은 상태에서 경찰이나 119, 복지관에 자주 전화를 해 "죽어 버리겠다, 칼을 갈아 놓았다, 제초제도 옆에 있다, 나랑 살던 여자 찾아내라. 칼로 찔러 죽이고 나도 죽을 거다." 등의 협박을 한다. 그러다 술이 깨면 협박한 내용에 대해 "미안합니다. 내가 왜 그랬는지 몰라요. 이제 술도 안 먹고 병원에 다닐게요. 찾아와 주셔서 고맙습니다."라며 깍듯이 사과한다.

05

내담자: 혼자 사는 게 너무 힘들어요. 아, 글쎄 내가 다섯 병 정도는 마셔도 끄떡없었어요. 그런데 어제 소주를 열한 병 마셨더니 속이 쓰려 밥을 먹을 수가 없어요.

상담가: 어유, 술을 그렇게 많이 드셨어요? 무슨 일 때문에 그렇게 많이 드셨어요, 다른 데 몸은 괜찮으세요?

내담자: 다른 데는 끄떡없어요. 내가 어제 선생님께 전화를 해서 또 험한 말을 했지요. 미안합니다. 내가 왜 그랬는지 몰라요. 그저 적적하고 혼자 있는 게 힘이 드니까 자꾸 술을 찾게 돼요. 그래도 이렇게 선생님이 찾아와 주시니까 미안하기도 하고 고맙기도 하고 맘이 그러네요.

상담가: 어르신 혼자 사시는 게 진짜 많이 힘이 드시나 봐요. 안 그러겠다고 여러 번

말씀하셨어도 또 술을 과하게 드시는 걸 보면……. 혼자 계시면 뭐가 제일 힘드세요?

내담자: 누가 말을 붙이는 사람도 없고, 밥해 먹기도 힘들고, 할 줄 아는 게 없어요. 그 사람 있을 때는 옆에서 다 해 줬는데 내가 아무것도 못하는 거 뻔히 알면서 그 여자가 나를 버리고 갔어요. 나한테 어떻게 이럴 수가 있어요. 그 생각만 하면 술을 먹게 돼요. 평소에는 괜찮다가 그 여자 생각만 하면 화가 나서 내가 안 먹어야지 하면서도 술병이 하나둘씩 늘고……. 또 술을 마시고 나면 죽고 싶은 마음이 더 들어요.

상담가: 오늘 새벽에 어르신이 저한테 전화하셔서 죽겠다고 말씀하셔서 저도 많이 놀랐어요.

내담자: 미안해요. 술을 마시지 않을 때는 혼자서라도 잘 살아봐야겠다는 생각이 들다가도 술만 마시면 당장이라도 죽을 수 있을 것 같고, 그만 끝내도 아쉬울 것 없을 것 같은 생각이 들어요.

상담가: 그렇군요. 술만 안 드시면 잘 사실 수 있을 것 같은데 술을 드시니 죽고 싶은 생각이 드시는 거네요.

● 문제해결
• 어떤 상황에서 단주할 수 있는지에 대해 의견을 나눠 본다.
• 술 이외에 만족감을 주는 것이나 즐겁게 집중할 만한 것이 있는지 함께 찾아본다.
• 단주를 도와줄 만한 대상을 찾아보거나 전문기관에 대한 정보를 제공한다.
• 동거녀에 대한 해결되지 않은 분노감을 표출하게 하여 감정의 순화를 돕는다.

● 연계 서비스

〈위기상담 개입 시 문제유형별 연계 개입을 위한 분류기준〉

구분	자살 위험성	우울 정서	대인관계 어려움	알코올 의존	치매	기타 정신장애	건강상 어려움	경제적 어려움	이성 문제	부부 갈등	가족 갈등
코드	S1	D2	I2	A1	AL3	P3	B2	E3	G1	C3	F3

• 알코올상담센터

- 정신보건센터
- 단주모임(AA)
- 알코올 전문병원

4) 치매 사례

> 최근 기억력이 많이 떨어지고, 가끔 어제 일도 잘 생각이 나지 않는다. 얼마 전에는 슈퍼마켓에서 평소에 즐겨 사 먹던 음료수를 3,500원인데 1,500원만 주고 주인과 실랑이를 했다가 집으로 돌아와 생각하니 기가 막혀 2층 베란다에서 뛰어내려 죽고 싶은 마음이 들었다.

내담자: 선생님 제가 요즘 정신이 오락가락해요. 제 정신이 들면 다른 동네에서 집을 찾고 있고 지난번에는 파출소에 앉아 있더라고요. 길을 잃어 데려다 놓았대요. 죽어야지, 이래서 어디 사람 구실하겠어요?

상담가: 연세 드시면 조금씩 그런 증상은 생기잖아요. 건망증도 심해지고 오락가락하기도 하고. 가족분들은 어르신이 그런 문제로 얼마나 힘들어하시는지 알고 계세요?

내담자: 남우세스러워서 자식들에게 말도 못하겠어요. 이게 남의 일인 줄만 알았지 나한테 이런 일이 생길 줄 어떻게 알았겠어요. 내가 무슨 짓을 할지도 모르겠고 애들이 어떻게 생각할지도 모르겠고.

상담가: 병은 남한테 알려야 한다고 하잖아요. 특히 가족이 우리 어르신이 사람 구실 못해서 죽어야지 하는 맘이 들 정도로 힘드신데 모르시면 어떻게 해요. 가족분들이 아셔야 여러 가지 정보도 나누고 대책도 세울 수 있죠. 요즈음은 약도 있어서 초기에 복용하시면 건망증이 더디 진행되기도 해요.

내담자: 약도 있어요? 이게 약으로 고쳐져요?

상담가: 고쳐진다고 할 수는 없어도 더 심해지지 않게 도와주는 약물이 있다고 들었어요. 그러니 가족분들과 얘기해서 의견을 나누면 무슨 방법을 찾을 수 있을 거예요. 제가 가족분들과 얘기 나눌 수 있도록 도와드릴 수도 있고요.

05

내담자: 자꾸 이런 일이 생기니까 먼저 간 남편 생각도 나고 남편은 곱게 갔는데 내가 이러다간 자식들한테 괜히 짐이나 되고 못 볼 꼴 보일까 걱정이 돼서 밤에 잠이 안 와요. 곱게 가야 되는데 싶어서. 그 약이라는 것도 다 돈이잖아요. 내가 언제까지 이럴 줄 알고 자식 고생만 시키고……. 오히려 더 심해지기 전에 빨리 죽어야 되는 거 아닌가 싶기도 해요.

상담가: 그래서 진짜 죽어야겠다는 생각도 해 보셨어요?

내담자: 해 보기야 해 봤지요. 왜 안 해 봤겠어요. 한번은 내 처지가 하도 기가 막혀서 2층 베란다에서 뛰어내려 볼까 하고 올라가 보기도 했어요. 그런데 이게 정신이 오락가락한다고 죽지는 않잖아요. 그런데 내가 죽어 봐. 동네사람들이 자식이 어떻게 했으면 부모가 자살을 하냐고 입방아를 찧을 것 같아요. 자식들이 그런 소리 들으면서 살게 될까 봐 그것도 맘대로 못해요. 그렇지 않겠어요?

상담가: 그래요, 어르신. 자녀분들에 대한 걱정이 이래저래 많으시네요. 어르신의 이런 마음을 아시면 자녀분들이 더 속상해 하실 것 같아요. 그러니 자녀분들과 같이 얘기 나눠서 해결방법을 찾아보는 게 나을 것 같아요. 병원에 가서서 구체적으로 어르신의 기억력이 어느 정도로 떨어졌는지 검사도 해 보시고요. 또 어르신이 원하시기만 한다면 여러 가지 도움을 줄 수 있는 기관도 많아요. 제가 알아봐 드릴게요.

● 문제해결
• 치매에 대한 정확한 정보 제공을 통해 질환에 대한 불안감을 경감시킨다.
• 내담자의 상황을 가족과 나눠야 하는 당위성을 설명하고 함께 대응하도록 한다.
• 조기진단 및 치료가 가능하게끔 내담자를 설득하고 전문기관으로의 연계를 돕는다.

● 연계 서비스

<위기상담 개입 시 문제유형별 연계 개입을 위한 분류기준>

구분	자살 위험성	우울 정서	대인관계 어려움	알코올 의존	치매	기타 정신장애	건강상 어려움	경제적 어려움	이성 문제	부부 갈등	가족 갈등
코드	S1	D1	I3	A3	AL1	P3	B3	E3	G3	C3	F3

- 지역보건소(치매상담센터)
- 치매 전문병원
- 치매가족협회

5) 기타 정신장애 사례

70세 된 여자 어르신이 본인은 비를 내리게 하는 신통력이 있고, 이 신통력을 탐내는 어떤 조직이 이제 신통력을 내놓고 죽으라고 한다며 불안감을 호소하고 있다. 상담전 문가에게 "오늘도 상담 선생님이 오는데 비가 오려고 해서 못 오게 막아 뒀어요."라는 얘기를 자주 한다. 20대 초반에 남편과 사별한 어르신은 2남 1녀를 혼자서 키웠으며 스 스로 신통력을 비롯한 여러 가지 초월적인 능력으로 인해 자녀들과 자신의 안녕을 지 금껏 지켜 올 수 있었다고 믿고 있다.

내담자: 오늘 비가 오려고 해서 내가 못 오게 했어. 오늘 선생님 오는데 불편할까 봐.
그런데 이것도 못할지도 몰라. 자꾸 그놈들이 이제 그만 이 힘을 내놓고 죽
으라고 얘기해.

상담가: 그래요? 언제부터 그런 능력을 가지시게 되셨어요?

내담자: 누구나 쉽게 가질 수 있는 능력은 아니야. 그러게 나도 어떻게 갖게 됐을까?
아마 그때쯤일 거야. 우리 작은애까지 낳고 영감 가 버리고…… 그게 꿈인가
뭐 어슴푸레하게 구름에서 빛이 내려오면서 나한테 그러더라고 이제 유명해
질 거라고. 힘도 세질 거라고. 그러더니 그날부터 하늘을 보니 날씨도 알겠
고. 혼자 애들 키우는 것도 하나도 힘이 안 들고. 그런데 자꾸 그놈들이 그만
내놓고 죽으라고 해서 큰일이야. 계속 그런 소리를 해대니 내가 불안해져.

온종일 따라다니면서 "이제 힘을 내놓고 죽어라, 죽어라, 그래야 네 자식들이 편하다, 편하다." 그래. 내 자식들이 편하다니 내가 진짜 이제 힘을 내놓고 죽어야 하나 싶기도 하고……

상담가: 어르신. 그런 소리가 하루 종일 들리면 겁이 나시겠어요. 그런데 그런 소리는 언제부터 나기 시작하셨어요?

내담자: 그러게. 생각해 보면 하루에 한번씩 그 얘기를 했었던 것 같아. 그래도 우리 애들이 못 산다는 얘기를 하기 전까지 내 맘이 이러지는 않았는데 이제 그놈들이 무섭거든. 내 새끼들 얘기하는 거 보면 진짜 해코지를 할 것 같기도 해. 내가 죽는 게 낫나 싶기도 하고.

상담가: 어르신. 혼자 어렵게 키우신 자녀분들 얘기까지 하면서 위협을 가하니까 많이 불안하셨겠어요. 그럼 그 얘기를 다른 분들하고도 같이 나눠서 도움을 받아 보는 게 어떨까요. 예를 들면, 병원에 가서 어르신 신통력이 어디서 나오는 건지 검사도 해 보고 그걸 빼앗아 가는 사람들이 누군지도 한번 얘기해 보고요.

● 문제해결
• 망상 및 환청에 대한 얘기에 공감해 줌으로써 내담자가 가지고 있는 망상이나 환청과 관련해 이야기를 더 할 수 있는 분위기를 조성한다.
• 병원 방문이 현재 내담자가 경험하고 있는 문제해결에 도움을 받을 수 있다는 인식을 갖게 한다.

● 연계 서비스

〈위기상담 개입 시 문제유형별 연계 개입을 위한 분류기준〉

구분	자살 위험성	우울 정서	대인관계 어려움	알코올 의존	치매	기타 정신장애	건강상 어려움	경제적 어려움	이성 문제	부부 갈등	가족 갈등
코드	S1	D1	I3	A3	Al3	P1	B3	E3	G2	C3	F3

• 정신과 의료기관

• 정신보건센터

6) 건강상 어려움 사례

창문과 커튼을 빈틈없이 닫아 놓고 있고, 밖에 나가려면 누군가의 도움이 필요하므로 항상 집에만 있게 되고, 외부인 출입을 거부하고, 여자로서 가사를 알지도, 하지도 못함으로써 우울이 심하다. 최근 뇌경색으로 편마비가 와 수술을 받고 난 후 기력과 기억력이 매우 떨어진 상태로 병원에 자주 다니고 있다.

내담자의 남편은 든든한 보호자 역할을 하고 있으나 혼자만의 시간을 갖고 싶어 하며, 내담자에게 얽매여 있기 때문에 많이 지치고 의욕이 없어 보인다.

아들은 사업 실패로 신용불량자가 되어 집에는 거의 오지 못하고 뚜렷한 직업 없이 일용직으로 일을 한다.

내담자: 나이 들어서 아프면 아무것도 소용이 없어요. 무슨 낙이 있겠어요. 그냥 텔레비전도 보다가 누워도 있다가……. 이렇게 살아 뭐하나 빨리 죽든지 해야지. 나이 먹고 이렇게 아픈데 죽어야지 뭐하겠어요.

상담가: 정말 많이 힘드신가 봐요. 정말 그렇게 많이 아프면 죽고 싶은 마음이 들 것 같아요.

내담자: 누가 나 때문에 힘든 것도 싫고, 아파 봐요. 다 귀찮아요. 선생님은 아직 젊어서 잘 모를 거예요. 나이 먹어서 아프면 얼마나 추하고 힘든 건지…….

상담가: 누가 제일 힘들어 하실 것 같으세요?

내담자: 내가 빨리 죽어야 남편이 편해지겠다 싶다가도 그 사람 없으면 저도 못 살아요. 혼자서 아무것도 못하는데 어떻게 살겠어요. 몸이 안 아파야 내가 그 사람을 도울 텐데……. 50년을 함께 살아오면서 남편 말고 누가 있겠어. 지금은 미안할 뿐이지요.

상담가: 남편분께 의지도 많이 하시지만 미안한 마음도 그만큼 있는 것 같네요. 남편분은 어떨까요?

● 문제해결
• 내담자가 살아야 할 구체적인 이유를 찾도록 도와줘야 한다.
• 몸이 아프면 죽어야 한다는 비합리적인 신념을 개선시키고 다른 사람의 도움을 받아 살 수도 있다는 사실을 수용하게 해 준다.

● 연계 서비스

〈위기상담 개입 시 문제유형별 연계 개입을 위한 분류기준〉

구분	자살 위험성	우울 정서	대인관계 어려움	알코올 의존	치매	기타 정신장애	건강상 어려움	경제적 어려움	이성 문제	부부 갈등	가족 갈등
코드	S1	D1	I1	A3	AL3	P3	B1	E1	G3	C2	F2

• 노인장기요양보험안내
• 재가서비스 안내
• 노인돌보미바우처
• 자원봉사자 연계(자원봉사센터)

7) 경제적 어려움 사례

IMF로 인하여 모든 재산을 잃고 부유층에서 갑자기 빈곤층으로 추락한 처지에 대한 심리적 스트레스가 높으며, 삶을 무가치하게 느낄 만큼 우울감이 자주 들고 죽고 싶은 충동이 있다. 늘 커튼을 치고 생활하고 있다. 현재 복지관 독거노인 돌봄서비스를 받고 있으나 사는 것이 무의미하고 왜 사는지 모르겠고, 우울하고 슬프다. 과거 지인들과는 관계를 끊고 유일하게 교회에서 봉사하는 것이 전부다.

내담자: 어제 유명한 ○○○ 목사님이 우리 교회에 와서 설교를 했는데 우리 담임 목사님이 1층에 있는 함에 1,000원 이상을 넣으라는 거야. 그런데 난 돈이 하나도 없었거든. 내가 여유가 있으면 6,000원도 쓸 텐데 십일조하고 나면 돈이 하나도 없으니까…….

상담가: 십일조나 헌금을 내지 못하면 어떤 마음이 드실 거 같으세요?

내담자: 다른 사람들이 나를 무시하는 것 같아서 사람들을 만나기가 싫어.

상담가: 아, 사람들이 무시하는 것 같아서 만나기가 싫으시다는 말씀이시네요. 경제
　　　　적인 여유가 없는 것 때문에 사람들이 어르신을 무시하는 것 같고요.

내담자: 맞아. 그런 생각이 들 때가 많아. 내가 돈이 없으니 전과 다르게 사람들이 나
　　　　를 무시하는 것 같고…….

상담가: 그래서 사람들 만나기가 꺼려져 저렇게 커튼을 쳐 놓으셨군요. 저는 아주 답
　　　　답하게 느껴지는데요.

내담자: 사람들을 만나기 싫고……. 조금 비정상이야.

상담가: 비정상이라니요?

내담자: 그게, 이러고 있으면 비관적이게 되거든. 사는 게 의미가 없고 왜 사나 그런
　　　　생각도 들어. 여기서 뛰어내리면 나비처럼 나풀나풀 살포시 내려앉을 것 같
　　　　더라고.

상담가: 그 말씀은 뛰어내려서 죽고 싶다는 뜻인가요?

내담자: 그런 생각이 자주 들어.

상담가: 언제부터 그런 생각이 드셨어요? 그런 생각을 자주 하셨나 봐요?

내담자: 그렇지. 얼마 전 선배가 전화해서 그렇게 시골 구석에 처박혀 서울에는 발도
　　　　얼씬 안 한다고 왜 그렇게 꼼짝을 안 하냐고 그래. 그런데 내가 꼼짝하게 생
　　　　겼어? 가면 눈치나 보게 되고 돈 쓰는 사람은 정해져 있고, 다들 부자로 잘
　　　　살고 있는데 내가 뭐 얻어먹으려고 가나? 그러니까 안 가는 거지.

상담가: 옛날에 돈 있으시던 시절을 떠올리거나 그때 만났던 분들이 생각나면 더 죽
　　　　고 싶은 생각이 드실 것 같아요. 그 사람들 만나면 내 처지를 무시하겠구나
　　　　하는 염려도 되실 것 같고요.

내담자: 아까는 12층 여자가 어딜 같이 가자고 하더라고. 어디? 했더니 재래시장에
　　　　가자는 거야. 팔도 아프고 가야 쓸 돈도 없고 해서 혼자 다녀오라 그랬어. 여
　　　　기 아파트 단지 내에 친구가 없어.

상담가: 돈이 없어서 친구 사귀는 것도 더 어렵다는 생각이 드시나 봐요.

내담자: 돈이 없으니 누굴 만나러 가지도 못하겠고 어딜 나가기도 힘들고 다 나를 무

시하는 것 같아서 당최 살고 싶은 마음이 없어. 그냥 훨훨 날아가고 싶어.

상담가: 결국 어르신의 경제적인 어려움이 사람들과의 관계도 어렵게 하고 죽음까지 생각하게 하신다는 말씀이시네요.

● 문제해결

• 변화된 경제적 상황에 대한 현실수용을 돕는다.

• 경제적인 어려움에도 불구하고 건강한 대인관계나 삶에 대한 긍정적인 태도가 가능할 수 있다는 사실을 깨닫게 해 준다.

• 거부감이 적은 교회 내에서 대인관계를 넓혀 나가거나 유지할 수 있는 대안을 찾아본다.

● 연계 서비스

〈위기상담 개입 시 문제유형별 연계 개입을 위한 분류기준〉

구분	자살 위험성	우울 정서	대인관계 어려움	알코올 의존	치매	기타 정신장애	건강상 어려움	경제적 어려움	이성 문제	부부 갈등	가족 갈등
코드	S1	D1	I3	A3	AL3	P3	B2	E1	G1	C3	F3

• 긴급지원사업

• 무한돌봄사업

• 노인일자리사업 안내

• 여럿이 함께할 수 있는 여가 프로그램 안내

• 자원봉사활동 안내

8) 이성문제 사례

> 내담자는 현재 국민기초생활수급권자지만 딸(의절한 상태)이 있다는 이유로 국민기초생활수급권 재조사를 하게 되어 수급권을 박탈당하지나 않을까 하는 걱정이 많다. 수급권을 박탈당하면 당장의 생계비 문제와 갑작스러운 사고 시에 보호자가 없어 불안감에 싸여 있고, 살고 싶지도 않고, 외롭고 우울하다. 건강도 좋지 않으며, 성격상 복지관이나 경로당은 가고 싶지 않으나, 말동무하며 심심하지나 않게 여자 친구를 사귀었으면 한다.
>
> 내담자는 혼자 살아온 지 약 20년이 되어 혼자 사는 것에 익숙해져 있고 건강했을 때 직장생활과 건어물 장사도 하여 생활에 별 문제가 없었다. 그러나 인공관절수술로 거동이 예전과 같지 않고 정부보조금에 의존하며 살다 보니 외로움과 우울감이 커지고 있다. 특히 어느 정도 경제력이 있는 딸이 있어 수급권을 박탈당하지나 않을까 하는 걱정도 크며, 이로 인해 내담자의 스트레스가 높다. 오래 사귄 이성친구가 있었으나 최근 헤어졌으며 헤어진 후 불면증과 식욕저하를 경험하고 있으며, 1달 만에 체중이 10kg이나 줄었다. 말동무도 없고 복지관을 이용하고 있지도 않기 때문에 현재의 외로움을 떨칠 만한 여자 친구가 있었으면 한다.

상담가: 지난주 어떻게 지내셨어요?

내담자: 먹는 것도 당기지 않고 잠을 통 못 잤어요.

상담가: 왜요? 무슨 일 있으셨어요?

내담자: 있기야 있지. 사실……. 그래. 내가 만나는 사람이 있었어. 어디 보자. 오래 만났네. 햇수로 2, 3년은 된 것 같네. 내가 많이 좋아했어. 편안하고 말도 잘 통하고 의지도 되고, 자식보다 나았어. 그런데 연락이 뜸하더니 이젠 전화도 안 받아. 이 나이에 참 부끄럽네. 그래도 맘은 그게 아니더라고 그러지 말아야지 하면서도 이 나이에도 그러고 나니까 밥맛도 없고 잠도 안 오고 그냥 눈물만 나고 살맛이 안 나.

상담가: 그랬군요. 만나시던 분이 있으셨네요. 2년이면 긴 시간이죠. 오래 만나신 거 보면 서로 많이 좋아하셨나 봐요. 그렇게 의지를 했는데 못 만나게 되니까 그런 마음이 드실 수도 있어요.

내담자: 그럼, 젊은 사람들만 연애하나. 우리가 나이는 이래도 연애도 하고 싶고 마

음은 젊은 사람들이랑 똑같아. 나를 봐. 그러고 나니까 밥도 못 먹겠고 잠도 못 자겠고. 매일 좋던 날만 생각 나.

상담가: 그래요. 젊은 사람들도 연애하다 실연하면 죽는 사람들도 있잖아요.

내담자: 그래. 내가 딱 그 맘을 알 것 같아. 이렇게 사느니 차라리 어디가 많이 아파서 죽었으면 좋겠어. 세상이 끝난 것 같아.

상담가: 정말 죽고 싶다는 생각이 들 만큼 힘이 드시네요. 젊은 사람들의 죽는 맘도 아신다고 하셨는데 어르신도 그 사람들처럼 죽는 것에 대해 구체적으로 생각해 보신 적 있으세요?

내담자: 그럼 있지, 있고 말고. 휴…….

● 문제해결

• 정서적인 어려움에 대해 공감해 주고 헤어짐에 대한 수용을 돕는다.
• 새로운 이성관계를 시도할 수 있는 용기와 힘을 북돋아 준다.
• 이성관계 이외에도 새로운 사회적 관계나 활동에 관심을 가질 수 있도록 유도한다.

● 연계 서비스

〈위기상담 개입 시 문제유형별 연계 개입을 위한 분류기준〉

구분	자살 위험성	우울 정서	대인관계 어려움	알코올 의존	치매	기타 정신장애	건강상 어려움	경제적 어려움	이성 문제	부부 갈등	가족 갈등
코드	S1	D1	I1	A3	AL3	P3	B3	E1	G3	C3	F3

• 말벗서비스
• 새로운 관계 형성을 위한 노인복지관 프로그램 안내 및 참여 유도
• 한국 노인의전화 '알찬 노후를 생각하는 모임' 소개

9) 부부갈등(가정폭력) 사례

> 중학교 때 현재의 남편에게 성폭행을 당해 결혼식도 못 올리고 50여 년간 결혼생활을 했다. 내담자는 결혼생활 대부분이 화목하지 못했다고 생각하고 있으며 남편이 밖으로 나돌고 가정을 소홀히 했다며 강한 분노감을 표현하고 있다. 지금 생각해 보면 성폭행을 당했어도 결혼을 하지 않았을 수도 있고 이혼을 해도 됐을 텐데 바보같이 살았다며, 지나온 시간에 대해 많이 후회하고 있다.

내담자: 남편이 젊어서부터 가정에 소홀하고 나를 무시해서 너무 힘들었어요. 이제는 꼴도 보기 싫고, 지난번에는 자다가 갑자기 화가 나서 남편을 죽이고 싶었어요. 이제는 나도 남편한테 지지 않고 욕하고 같이 때려요.

상담가: 오랜 시간 많이 힘드셨겠어요.

내담자: 무조건 윽박지르고 나를 무시하고, 남 앞에 으스대는 것 좋아하고 가족은 안중에도 없어요.

상담가: 그럼, 어르신은 자녀들과 어떻게 생활하셨어요?

내담자: 쥐꼬리만 한 월급 가져다주는 걸로 아껴서 어렵게 살았어요. 그렇게 어렵게 자식들 키우면서 힘들게 살았는데 나이 들어서 대우는 못해 줄망정 여전히 나를 무시하고 이렇게 패기까지 하니 내가 진짜 바보같고 이렇게 살아 뭐하나 싶고, 지금이라도 그냥 확 죽어 버릴까 하는 맘이 들어요.

상담가: 그렇게 힘들게 고생하시면서 생활하셨는데 남편분이 알아주지도 않고 무시한다 생각이 들면 지금까지 살아온 세월이 억울하고 화날 것 같아요. 그래서 죽어 버릴까 하는 생각이 드실 수도 있을 것 같아요.

내담자: 내가 어디 가서 확 죽어 버려야 그 인간이 여태껏 나한테 얼마나 많은 잘못을 했는지 뼈저리게 느낄 것 같아요.

상담가: 살면서 맺힌 한과 분노로 복수하고 싶은 마음에 죽음까지 생각하셨네요. 구체적인 방법도 생각해 보셨나요?

● 문제해결

• 오랜 기간 남편에게 쌓인 분노감을 표출하게 한다.

• 남편과의 의사소통방식이나 감정표현방식을 개선시킨다.

• 자신이 정말로 원하는 것이 무엇인지에 대한 탐색을 돕고 죽음이 해결책이 아님을 인식하게 한다.

● 연계 서비스

<위기상담 개입 시 문제유형별 연계 개입을 위한 분류기준>

구분	자살 위험성	우울 정서	대인관계 어려움	알코올 의존	치매	기타 정신장애	건강상 어려움	경제적 어려움	이성 문제	부부 갈등	가족 갈등
코드	S1	D2	I3	A3	AI3	P3	B3	E3	G3	C1	F3

• 건강가정지원센터

• 가정폭력상담소

10) 가족갈등 사례 1

결혼한 지 2년 정도 후에 남편이 병으로 사망했으며 슬하에 자녀가 없고, 큰동서가 아기를 낳고 며칠 뒤 사망하는 바람에 그 아들을 키우게 되었다. 그 아들이 장성하여 결혼을 했으나, 이혼하여 남매 중 딸(손녀)은 며느리가 데리고 집을 나갔다. 그 아들은 내담자가 손자를 키우고 있음에도 연락두절 상태이며 관심을 가지지 않았다. 손자가 몇 개월 전부터 재혼한 어머니집에 기거하면서 가끔 왕래하지만, 내담자는 손자에 대한 배신감과 가족 모두 자신을 떠나 홀로 남겨졌다는 슬픔에 더욱 힘들어 하고 있다.

상담가: 안녕하세요? 어르신, 한 주일 동안 어떻게 지내셨어요?

내담자: ○○(손자)이가 집을 나갔어요. 이제 안 와요. 제 엄마한테 갔어요.

상담가: 저런! 그런 일이 있으셨군요. 얼마나 속이 상하셨어요. 자식처럼 키운 손잔데요.

내담자: 속상하기도 하고 후회스럽기도 하고. 그렇다고 약을 먹을 수도 없고 어디로

가지? 어떡하면 좋지? 그래서 시청에 가서 독거노인이 죽으면 어떻게 하나고 물었더니 출상도 해 준다고 하대요. 내가 "죽은 날짜 되면 치러 줄 수 있죠?" 했더니 "걱정하지 말고 가세요." 하더라고요.

상담가: 정말 속이 많이 상하셨나 봐요. 어떻게 죽을지 이후의 처리까지 생각하셨다고 하니 그 맘이 오죽하셨을까 하는 생각이 드네요. 지금도 죽어 버려야지 하는 생각이 드세요?

내담자: 자식처럼 키웠으니까 내가 힘들어도 ○○이가 크면 나를 돌보겠지. 버리지는 않겠지. 이젠 아니에요. 이제는 죽어 버리자. 가자. 가는 게 원칙이다. 자꾸 주마등처럼 스쳐 가서 소리 지르고, 울고 싶고, 소리 내어 울고 싶어. (울음) 어디로 갈까? 이 심정 아무도 몰라. 가슴으로 울어.

상담가: 자식처럼 키운 손자가 그렇게 휑하니 가 버렸으니 우리 어르신 마음이 얼마나 허전하고 쓰리셨을까요? 소리도 지르고 울고도 싶고 정말 그럴 것 같아요. 그 마음에 자살까지도 생각하실 수 있을 것 같네요.

● 문제해결

• 손자가 거주지를 옮긴 객관적인 정황에 대한 수용을 돕는다.

• 가끔 찾아오는 손자에 대한 내담자의 배신감이 적절한 수위인지에 대한 생각을 나누고 죽음과 관련한 극단적인 감정이 손자와의 관계 개선에 도움이 안 된다는 사실을 받아들이도록 한다.

• 손자를 제외하고 내담자가 맺을 수 있는 다양한 관계에 대해 얘기를 나눠 본다.

• 손자 양육으로 포기할 수밖에 없었던 혼자만의 생활을 즐길 수 있게 도와주고 즐겁게 살 수 있는 것을 함께 찾아본다.

● 연계 서비스

〈위기상담 개입 시 문제유형별 연계 개입을 위한 분류기준〉

구분	자살 위험성	우울 정서	대인관계 어려움	알코올 의존	치매	기타 정신장애	건강상 어려움	경제적 어려움	이성 문제	부부 갈등	가족 갈등
코드	S1	D2	I3	A3	AI3	P3	B3	E3	G3	C3	F1

- 양로시설 정보안내(입소절차, 지역, 시설 내 생활안내)
- 혼자서 시간을 보낼 수 있는 여가시설 안내(복지관, 경로당)

11) 가족갈등 사례 2

> 결혼하지 않은 맏딸은 엄마를 도와주기는커녕 오히려 상처만 준다. 맏딸이 결혼하지 않은 상태여서 정부지원금(기초생활수급비)도 받기 어렵고, 건강도 좋지 않아 아무런 일도 못하고 있다. 다른 자녀들도 내담자를 돌보지 않아 서운한 마음이 크다.

상담가: 어서 오세요. 그동안 안녕하셨어요? 오시느라고 힘드셨죠?

내담자: 네, 다리가 이렇게 아파서……. 지팡이가 있는데 남보기 창피해서 안 짚고 나왔어요. 그런데 선생님! 제가 결국은 큰 죄를 저질렀어요.

상담가: 큰 죄라니요?

내담자: 제가 결국은 큰딸의 월급을 차압해서 제 생활비로 받기로 했어요. 시집을 가지 않은 딸이 있어서 수급자는 안 되니까 월급을 차압해 주민센터를 통해 통장으로 받기로 했어요. 전부터 그렇게 하려고 했는데 차마 못 하고 있다가 이제 도저히 살 수가 없으니 저도 먹고 살려면 그렇게라도 해야지 살지요. 안 그래요? 선생님!

상담가: 딸의 월급을 차압하면서까지 생활비를 받아야 할 만큼 생활이 힘드셨나 봐요.

내담자: 살기가 힘들어서 더는 살 수가 없어요. 수급자가 돼야 살아갈 텐데 호적에 나이가 줄어서 기록되어 앞으로 3년은 더 기다려야 수급자가 될 수 있어요. 죄를 많이 졌어요. 가슴이 아파요. 어제는 밤에 자다가 갑자기 가슴이 아파서, 그래서 예전에 가슴 아플 때 먹던 약을 먹었어요. 그래도 한숨도 제대로 못 자고. (울음) 딸이 연락이 안 돼요. 연락이 돼야 이런 걸 다 말하고 의논할 텐데 동생들한테만 연락하고 나하고는 통 전화도 안 해요. 내가 해도 받지 않아요.

상담가: 어르신도 밤에 잠을 못 주무실 만큼 가슴이 아프지만 따님 마음은 또 어떨까요?

내담자: 화가 많이 났겠지. 세상에 이런 어미가 있나 하고 화가 많이 났겠지요.

상담가: 서로 원망스럽고 힘든 상황이네요. 어르신은 살기가 너무 힘이 드니 어미가 할 짓이 아닌 줄 알면서도 어찌할 수 없었고 자식들은 본인들이 먹고 살기가 힘드니 엄마를 도와주지 못하는 입장이었고. 서로 죄스러운 마음이 있을 것 같아요.

내담자: 말해 뭐해요. 그런데 한편으로 생각하면 그것들도 얼마나 살기가 힘들면 제 어미를 이렇게 못 본 체할까 그런 생각이 들어요. 그리고 그것들도 불쌍하다는 생각이 들어요.

상담가: 그래도 어떡해요. 어르신 건강도 좋지 않아 일할 수도 없는데, 살아야 되잖아요.

내담자: 이렇게까지 하고도 내가 살아야 하나. 내가 죽으면 오히려 잘 사라졌다 그런 생각을 할 것 같은데요.

상담가: 엄마로서 자식에게 그렇게까지 하면서 산다는 것이 힘이 들어 죽겠다는 마음을 가질 수도 있을 것 같아요. 그래서 죽어야겠다는 생각이 지금도 드세요?

● 문제해결

• 엄마의 마음이 딸에게 전달될 수 있도록 딸과 대화를 시도하기 위한 여러 방법을 찾아본다.

• 딸과의 관계 악화에 대한 원인을 찾아보고 내담자가 개선해야 할 점에 대해 알아본다.

● 연계 서비스

〈위기상담 개입 시 문제유형별 연계 개입을 위한 분류기준〉

구분	자살 위험성	우울 정서	대인관계 어려움	알코올 의존	치매	기타 정신장애	건강상 어려움	경제적 어려움	이성 문제	부부 갈등	가족 갈등
코드	S1	D1	I3	A3	AL3	P3	B2	E1	G3	C3	F1

• 건강가정지원센터

- 가정법률상담소
- 무한돌봄사업
- 긴급지원
- 노인일자리지원사업
- 재가서비스(건강관리)
- 방문보건(보건소)
- 노인돌보미바우처

12) 가족갈등 사례 3

> 인격적으로 존중해 주고 아껴 주던 남편이 8년 전 사망하고 아들은 사업하다 실패하여 일용잡부로, 며느리는 식당에서 일하고 있다. 현재 거주하고 있는 집은 내담자가 남편에게 받은 상속분과 아들의 재산으로 같이 매입한 아파트인데, 내담자는 방 얻을 돈이라도 얻어서 독립하고 싶은 마음에 집을 팔아서라도 빚 정리를 하자고 했다가 며느리에게 폭행을 당했다. 아들은 이런 상황을 방관하고 있고, 내담자는 분노와 무력감에 기가 막히고 살고 싶은 마음이 없다.

내담자: 생활이 어려우면 집을 줄여서 빚 정리를 하자고 했더니 며느리가 대뜸 "이 할마시가 미쳤나 치매 걸렸나?" 하면서 달라붙어서 머리를 확 뜯고 얼굴을 할퀴는 거야. 사실 빚 때문에 이자도 많이 나가고 집을 좀 줄이면 덜 힘들 거 같아서 내가 그런 얘기를 했지. 빚쟁이들도 계속 오고, 가진 거라곤 집 이거 하난데 이것조차 날려 버릴까 봐 불안하기도 하고. 또 내가 언제 죽을지 몰라도 나도 죽을 때까지 방 한 칸 얻을 돈은 있어야 하잖아. 세상에 며느리한테 이런 일을 다 당하네.

상담가: 정말 놀라셨겠어요. 몸에 어디 이상은 없으세요? 그날 그러고 나서 어떻게 하셨어요?

내담자: 어떡하긴 어떡해. 너무 어이가 없고 분하기도 하고 억울하기도 하고…… 아들은 죽겠다고 베란다로 뛰어나갔다가 화분이 떨어지고…… 내가 아들이고 며느리고 하도 하는 꼴이 어이가 없고 화가 나서 경찰에 신고를 했어. 막상

경찰이 오니 며느리가 다 알아서 한다고 경찰더러 가라고 그러더라고. 그런데 진짜 경찰이 가더라고. 신고는 내가 했는데 나한테는 별거 물어보지도 않고 며느리하고만 얘기하고 그냥 가. 내가 며느리고 아들이고 다 잡아가라 하고 싶었는데, 며느리가 그때는 고분고분하게 잘하겠다고 뭐 그렇게 얘기하면서 사람이 좀 순해지더라고. 근데 그때뿐이야. 지금은 내가 뭐라 말하면 며느리가 또 그때마냥 할까 싶어 마음이 조마조마하고 눈치만 보고 있어. 이게 사는 게 사는 게 아니야. 감옥은 누가 때리지 못하게나 해 주지. 내가 감옥살이보다 더 한 걸 하고 있는 거 같아.

상담가: 한집에서 그렇게 사시려니 오죽 힘이 드시겠어요. 돈이 없어 따로 나가 생활하시기도 어렵고 그렇다고 같이 생활하시려니 하루하루가 불안하고 감옥 같고 자꾸 그날 일이 떠오르고 하시겠네요.

내담자: 생각할수록 분하고 억울해. 내가 왜 이런 꼴을 당하고 있나 싶고. 내가 집 살 때 돈도 보태고, 내가 조금 챙겨 놓은 돈까지 빌려 가기도 해 놓고선 용돈 한 푼이 없어. 아무리 살림이 못해졌다고 해도 나도 먹고 살게는 해 줘야지. 그렇다고 며느리나 아들이 나한테 고마운 줄도 몰라. 그나마 이 집도 내가 보탠 집이잖아. 고맙다 소리는커녕 며느리라는 게 나를 때리고 아들이란 놈은 못 본 체하고 며느리 편들고……

상담가: 믿었던 아드님까지 그러시니 진짜 그 억울함을 어디다 대겠어요.

내담자: 그러니 내가 어찌 살맛이 나겠어. 죽고 싶은 마음밖에 없어. 진짜 이런 말을 어디다 하겠어.

상담가: 그 맘이 백분 이해가 가요. 내 얼굴에 침 뱉는 것 같아 이런 얘기하기가 쉽지 않죠. 그래도 저한테만이라도 얘기하시고 나니까 마음이 좀 어떠세요?

내담자: 좀 후련하기도 해. 그런데 앞으로 어떻게 해야 될지 모르겠어.

상담가: 제가 도움을 주실 수 있을 만한 전문기관을 소개해 드릴게요. 거기서 우리 어르신 얘기도 들어주고 앞으로 법적으로 어떤 조치가 가능한지에 대한 얘기도 해 주실 거예요. 어르신이 많이 불안하시면 잠깐 가 계실 만한 곳도 소개해 드릴 수 있고요.

05

● 문제해결

• 현재 내담자가 처한 신변상의 위험수준을 탐색하여 심각성의 정도에 따라 안전조치를 취한다.

• 학대에 따른 불안감 및 분노감 등의 정서를 표현하게 하고 공감 및 이해해 준다.

• 재발 방지를 위해 가족 간의 관계 회복을 돕는다.

● 연계 서비스

〈위기상담 개입 시 문제유형별 연계 개입을 위한 분류기준〉

구분	자살 위험성	우울 정서	대인관계 어려움	알코올 의존	치매	기타 정신장애	건강상 어려움	경제적 어려움	이성 문제	부부 갈등	가족 갈등
코드	S1	D1	I3	A3	AL3	P3	B2	E1	G3	C3	F1

• 노인보호전문기관
• 건강가정지원센터

노인자살위기
관리자를 위한 개입

보호자를 위한 상담적 개입 | 상담가의 심리적 소진 | 내담자의 자살 | 법적 책임과 윤리

1. 보호자를 위한 상담적 개입

가족이나 친구 중 누군가가 자살생각을 한다는 것을 처음 알게 되면 주위 사람은 그를 위해 관심을 기울이고, 그의 이야기를 귀담아 들으며, 함께 문제를 해결해 보려고 시도한다. 그러나 이러한 상태가 장기화되면 자살생각을 하는 사람을 이해하면서도 한편으로는 그러한 상태에서 벗어나지 못하는 것에 대해 답답해하기도 하고, 짜증과 분노를 느끼기도 한다. 자살하려는 사람을 돌보는 일은 대개 어렵고 좌절감을 겪게 하기 때문에 보호자들은 심리적으로나 신체적으로 몹시 지친 상태일 수 있다. 돌보는 활동과 관련된 문헌을 살펴보면, 어려움을 겪고 있는 사람을 돌보는 사람들이 성별과 나이를 같게 한 통제집단에 비해 임상적 우울증이나 불안장애를 경험할 가능성이 높았다(Dura et al., 1991). 돌보는 사람들은 손상된 면역반응을 가지고 있었고(Robinson-Whelen, Kiecolt-Glaser, & Glaser, 2000), 스트레스 호르몬인 코르티솔의 수준이 더 높았다(Bauer et al., 2000). 신체적 건강에 대한 보살핌의 영향은 명확하지 않다. 그러나 Schulz와 Beach(1999)의 연구에 따르면, 보살피는 일이 부담이 된다고 평가한 사람이 4년 동안 사망 위험성이 더 높았다.

자살생각을 하는 노인을 돌보는 가족은 노인이 자살생각을 하고 있다는 것을 다른 가족이나 친지들에게 알리는 데 부담을 느낄 수 있다. 따라서 노인과 함께 사는 가족이 책임을 안고 있거나, 심지어는 며느리나 아들같이 가족 구성원 중 한 명이 돌보는 책임을 떠맡게 되기도 한다. 자살생각을 하는 노인을 지키기 위해서는 돌보는 사람이 건강하고 마음의 여유가 있어야 한다. 한 가족이나 가족 구성원 중 한 명에게 책임이 전가되고 있다면, 다른 가족이 노인을 돌보는 책임을 나누고, 서로를 지지하는 방법을 의논할 필요가 있다.

가족이 노인을 돌보는 역할과 책임을 분담한다 하더라도 주로 그 일을 맡게 되는 사람이 있게 마련이고, 노인을 돌보는 일은 단기에 끝나는 일이 아니라 장기적으로 지속되기 때문에 돌보는 일을 주로 맡은 사람을 위한 심리적 개입이 이들의 정신건강에 도움이 될 수 있다.

1) 보호자를 위한 인지 행동적 개입

인지 행동적 개입은 스트레스 감소를 포함한 다양한 문제에 효과적이라는 것이 밝혀졌다(Meichenbaum, 1985). 여기에는 이완 훈련, 이완사건의 스케줄링, 돌보는 상황에 대한 재평가와 스트레스를 강화하는 생각을 중립적인 생각으로 변화시키는 인지적 재구조화 등이 포함된다(Olshevski, Katz, & Knight, 1999).

이완훈련　　이완훈련은 증상의 심리적·생리적 발현을 직접적으로 감소시키며, 돌보는 사람의 전반적인 스트레스 수준을 낮춰 준다. 이완기술에 익숙하지 않은 사람들에게는 점진적 이완법이 효과적이다. 이완훈련 동안 치료의 초점은 이완방법을 일관적으로 실행하는 것과 스트레스를 받는 동안에 이완훈련을 사용하여 심리적 어려움을 극복하는 것에 맞춰진다.

즐거운 경험의 계획　　이 기법은 우울증에 대한 Lewinsohn의 *Pleasant Events Therapy* 에서 차용한 것이다. 자살 위험성이 있는 사람을 돌보는 상황에서 오는 만성적인 스트레스는 점차 감소하기보다는 계속해서 증가할 수 있다. Lewinsohn의 주장에 따르면, 우울하고 지친 사람들은 즐거운 경험을 하는 빈도가 줄어들어 우울감이나 불행감이 심화될 수 있다. 따라서 이 방법은 즐거운 경험을 할 수 있도록 상담가가 돕는 것이다. Lewinsohn의 즐거운 일(Pleasant Events)은 매우 개인적인 경향이 있다. 즉, 즐거운 일은 사람에 따라 다르다. 즐거운 일이 대단한 이벤트일 필요는 없으며, 오히려 최소한의 노력으로 할 수 있고, 실제로 계획을 세우고 이행할 수 있을 만큼 쉬워야 한다. 예를 들면, 발 마사지를 받거나 유쾌한 영화를 보는 등의 활동이 있다. 다른 사람을 보살피는 일뿐 아니라 자기 자신을 돌보는 것의 중요성도 인식해야 한다.

인지적 재구조화　　이 작업은 스트레스를 심화시키는 생각을 스트레스를 가중시키지 않는 생각으로 대체하는 것을 목표로 한다. 일반적으로 스트레스를 감소시키는 생각보다는 중립적인 생각으로 대체하도록 하는 것이 전략적으로 더 유용하다. 돌보는 상황을 더 고통스럽게 만드는 자동적 사고, 예를 들어 자살에 대해 자주 언급하는 것을 자신을 괴롭히거나 조종하려는 악의적인 것으로 해석하는 것은 분노와 짜증, 우울감을 심화시킬 수 있다. 이러한 경우, 자살생각을 우울증의 한 증상으로 바라보는 것이 자살생각을 하는 노인에 대한 감정적 반응을 감소시킬 수 있다.

2) 보호자를 위한 지지집단

자살하려는 사람을 돌보는 일은 몹시 지치고 힘든 일일 수 있다. 거기에다 주위 사람들에게 자신의 상황과 힘든 부분을 솔직히 털어놓고 위로 받기는 어렵다고 생각해서 고통을 속으로만 삭이려다 보면 더 큰 스트레스를 받을 수 있다. 이때 비슷한 경험을 하고 있는 사람들이 모여 서로에게 지지와 위로를 제공해 주는 집단을 구성하여 정기적인 모임을 가진다면, 스트레스를 감소시켜 주는 데 큰 효과를 볼 수 있다.

지지집단이 잘 진행되면, 같은 문제를 경험하는 사람이 자기 혼자가 아니라는 느낌을 받을 수 있다. 또한 지지집단에 참여하는 것은 돌보는 일과 관련한 부정적인 감정과 경험이 다른 사람들도 느낄 수 있는 타당한 반응이었다는 것을 알려 준다. 돌보는 상황에서 야기되는 문제에 대한 구체적인 정보를 공유할 수 있다는 것도 지지집단의 장점이다. 경험이 더 많은 사람은 경험이 적은 사람에게 유용한 정보를 제공할 수 있다. 그러나 좋은 지지집단일지라도 그 속에서 몇몇 사람은 다른 사람들의 이야기를 들으면서 더 큰 스트레스를 받을 수 있다. 왜냐하면 경험 있는 사람들의 이야기를 들음으로써 앞으로의 상황이 어떨지에 대해 미리 알고, 그에 대해 준비하는 마음을 가지게 될 수도 있지만, 얼마나 힘든 경험을 맞이할 수 있는지에 대해 듣게 되면서 압도당하는 느낌을 받을 수도 있기 때문이다.

3) 심리상담

심리상담은 더 짧은 개입으로는 큰 도움을 받지 못하는 사람에게 유용하다. 돌보는 상황이 어려움의 촉발원인일 수 있지만, 실은 그 전에 이미 심리적 장애, 비효율적 대처기술, 지지자원이 되지 못하는 가족구조 등과 같은 원인이 존재하고 있을 수 있다.

06

이들에게는 심리상담이 적합하다.

2. 상담가의 심리적 소진

자살하려는 내담자와 상담을 하다 보면, 상담가들이 심리적 소진을 경험할 수 있다. 심리적 소진이란 다른 사람을 돕는 역할을 하는 사람들이 정서적 고갈, 비인간화, 개인적 성취감의 결여를 느끼게 되는 것을 말하는데, 상담가들이 심리적으로 소진되면 일에 대한 의욕이 저하되고 내담자에 대한 긍정적 느낌이나 관심이 적어지면서 내담자에게 제공하는 상담의 질이 저하될 수 있다(유성경, 박성호, 2002).

1) 소진의 의미와 관련 증상

소진이란 비현실적이고 과도한 업무 요구로 인해, 심리적·사회적·신체적 문제를 다루는 서비스 계통에서 종사하는 사람들에게 나타나는 신체적·정서적·정신적 고갈 상태를 말한다. 이러한 소진은 열성(enthusiasm), 침체(stagnation), 좌절(frustration)을 거쳐 무관심(apathy)의 단계로 발전하게 된다(Edelwich & Brodsky, 1983). Söerfeldt 등(1995)은 소진에 대해 다양하게 기술한 바 있는데, 소진에 따라 나타날 수 있는 증상으로 피로, 좌절, 무관심, 스트레스, 무기력, 절망, 감정의 메마름, 냉소적이 되는 것 등을 언급했다. Maslach(1982)는 소진된 상담가는 다양한 신체적 증상과 함께 무력감, 절망감, 좌절을 경험할 뿐 아니라 내담자를 돌보는 것에 무관심해진다고 했다.

2) 상담가 소진의 원인

여러 연구자(김보라, 2002; 여선영, 2006; 장기보, 2003)는 소진이 발생하는 원인을 크게 직무환경적 특성과 개인의 심리·사회적 특성, 그리고 개인의 인구사회학적 특성으로 분류했다.

먼저, 직무환경적 특성과 관련된 원인을 살펴보면, 일에 대한 기대와 실제 업무가 일치하지 않고 역할 갈등이 심하거나(이경순, 1983; 최혜영, 1994; Um & Harrison, 1998), 일에서의 의미나 성취감이 부족할 때, 성과를 내고 기한에 맞춰야 한다는 지속적이고 강력한 압력이 있고, 이러한 압력이 비현실적일 때, 역할이 모호하거나(Rizzo, House, & Lirtman, 1970), 보상 및 승진이 부족하고(심숙영, 1999; Jayarantne & Chess, 1984; Pines & Aronson, 1988, Schram & Mandell, 1997), 변화가 적은 동일한 업무를 계속하는 것 등이 있다.

다음으로 개인의 심리·사회적 특성은 개인마다 동일한 스트레스에 대한 반응이 다르다는 것에 초점을 맞췄다. Pines 등(1981)은 거절하지 못하는 사람이 그렇지 않은 사람들보다 소진의 위험성이 높다고 했다. Maslach(1982)는 자신감이 부족하고, 충동적이며 참을성이 부족하고, 다른 사람들의 인정과 애정을 받는 것에 관심이 많은 사람이 소진의 위험성이 높다고 했다. 또한 자신의 인생이 다른 사람이나 환경에 의해 좌우된다고 생각하는 외적 통제 소재를 가진 사람(McIntyre, 1981)이 더 많은 소진을 경험한다.

개인의 인구사회학적 특성과 관련된 원인에 관한 연구는 개인의 연령, 성별, 결혼 여부 등이 소진과 어떤 관련이 있는지에 대해 설명한다. Maslach(1982)는 연령이 낮을수록 남성보다는 여성이(Maslach et al., 2001) 소진의 위험성이 높다고 했다. 또한 결혼을 안 한 사람(고은하, 2001; 조성연, 2005; Maslach, 1982), 교육 수준이 높은 사람(조성연, 2005; 최혜윤, 정남운, 2003; Maslach et al., 2001)이 더 많이 소진되는 경향이 있다고 주장했다. 그러나 이러한 결과와는 달리 개인의 인구사회학적 특성과 소진 간에는 관계가 없다고 보고하는 연구 결과도 있다(박재순, 2002; 박희현, 2005; Mills & Huebner, 1999; Shaddock & Van Limbeek, 1998).

3) 상담가의 소진 예방 및 대처전략

Skovholt(2003)는 소진을 방지하기 위한 상담가의 자기관리전략에 대해 다음과 같이 제안한 바 있다.

- 상담가는 전문가로서 자신의 능력으로 풀기 힘든 문제나 진전되지 않는 상담, 조직 내에서 동료들과의 불화나 소원함, 개인적으로 겪게 되는 위기 때문에 스트레스를 받을 수 있다. 상담가들은 자신의 업무에서 분명한 역할 영역과 한계, 책임 범위, 책임질 수 있는 사례의 수를 인식하고 명확한 한계를 설정해야 할 필요가 있

는데, 이러한 구체적인 설정은 상담가의 안정감과 일에 대한 열정을 유지하는 데 매우 중요하다.

- 상담가들이 내담자와 경험하는 애착과 분리를 자연스러운 과정으로 받아들이고, 인간의 고통에 대한 관점을 정립하는 것도 중요한 일이다. 내담자를 상담하는 과정에서 상담가들은 인간의 고통에 대해 깊이 이해하게 되는데, 고통의 요소를 파악하는 것과 더불어 사람에게 내재되어 있는 성장을 위한 잠재력을 함께 이해하는 것이 중요하다. 고통이 사람의 삶을 성장하게 한다는, 상담가들이 가진 희망의 관점은 내담자의 삶에 큰 도움이 된다.

- 선행연구에 따르면, 상담가들이 경험하는 소진의 정도를 사회적 지지가 완충해 줄 수 있다(Cohen & Wills, 1985; Delia & Patrick, 1996). 유성경과 박성호(2002)의 연구에 따르면, 동료와 가족에게 받는 사회적 지지가 심리적 소진을 낮추는 데 상당한 영향을 끼친다. 상담가들은 주변 사람의 지지를 적극적으로 구하는 것이 중요하다. 초심자들의 경우에는 선배와 동료의 지지가 결정적인 도움이 되는 경우가 많다. 업무적인 영역에 대해 이야기하는 데서 그치지 않고 생활에서 일어나는 일을 서로 나눌 수 있는 친구로서의 동료를 만드는 것이 도움이 된다.

- 개인적인 문제에 직면하여 해결하려는 적극적인 노력과 배움에 몰입하는 자세도 자신을 새롭게 하는 강력한 원천이 될 수 있다. 아울러 다양한 종류의 여가활동에 투자하는 것이나, 직장동료뿐만 아니라 가까운 가족이나 친구, 다른 사회조직의 사람들과 협동하고 서로를 발전시키는 관계를 이루어 나가는 것도 상담가의 소진을 예방하고 대처할 수 있는 보호요인으로 작용할 수 있다. 상담가들은 자신의 건강과 효과적으로 기능하는 능력을 지속하기 위해 자신에 대해 스스로 감찰하고, 필요한 경우 개인상담을 받는 등 개방적인 태도를 가져야 한다.

3. 내담자의 자살

1) 유가족으로서의 상담가

상담가로서 오랫동안 현장에서 일을 하다 보면, 내담자의 자살을 경험하는 경우가 있다. 어떤 경우에는 자신의 고통을 알아 달라는 호소로써 죽고 싶다는 생각을 꺼내 놓기도 하지만 때로는 정말로 자살하려는 분명한 의도가 있어서 어떤 기회라도 주어진다면 자살할 수도 있는 사람을 만날 수 있다. 우리가 자살의 경고신호를 알아차리지 못했거나 혹은 내담자의 자살 위험성을 잘못 판단했기 때문에 자살이 일어날 수도 있다.

Kleesipies, Smith와 Becker(1990)는 1983년부터 1988년까지 보스턴 재향군인회 진료소의 심리 인턴을 대상으로 한 연구에서 인턴의 54%가 수련 중에 환자를 자살로 잃은 경험이 있다는 것을 발견했다. McAdams와 Foster(2000)는 24%의 상담가가 내담자의 자살을 경험했다고 보고했다. 정신과 의사 중에서는 61% 이상이 한번 이상 환자의 자살을 경험한다(Pilkinton & Etkin, 2003). 정신건강전문가들은 모두 환자의 자살에 의해 그들의 개인적 · 직업적 삶이 환자의 자살에 의해 크게 영향을 받았다고 보고했다. 정신건강전문가들은 일반적으로 환자의 자살을 경험한 이후 의사결정을 더 보수적으로 하고, 자살의 위험요인을 탐색하고, 동료의 상담을 받으려 했다.

상담가는 내담자의 자살로 인한 충격에 대해 다룰 필요가 있다. 내담자의 자살을 경험한 사람들은 여러 어려움을 직접 겪게 될 수 있다. 먼저, 죄책감을 경험할 것이고, 다음으로는 자기 자신의 유능성에 대해 의심하게 될 것이다. 상담가들은 종종 수치, 분노, 배신감 및 타인이 자신을 비난할 것이라는 두려움을 경험한다. 그들은 심지어 상담가로서 직업을 계속 유지해야 하는 것에 대한 자신의 열정에 의문을 가질 수 있다.

2) 상담가 보호를 위한 절차

Granello와 Granello(2007)는 상담가들은 내담자를 자살로 잃은 후에, 또는 자살위기에 처한 내담자를 상담하고 있는 경우에 다음에 제시된 방법을 사용하여 자신을 보살필 수 있다고 제안했다.

- 슈퍼바이저 혹은 멘토와 함께 그 사건을 다루어라. 상담가들은 자신이 속한 기관의 수련감독자나 외부 전문가에게 지도를 받을 수 있다. 슈퍼비전을 받는 동안, 자살한 또는 자살하려는 내담자에 관한 당신의 생각과 감정을 솔직하게 드러내고 내담자에게 취해야 할 적절한 절차에 대해 의논하는 과정이 필요하다.
- 동료들과 감정을 다루어라. 함께 일하는 동료들은 상담가에게 좋은 지지집단이 되

어 줄 수 있다. 또한 동료들과 어려움을 나누는 경우에는 내담자에 관한 이야기에 대한 비밀보장 때문에 걱정할 염려가 적다.

- 남아 있는 갈등을 해결하는 데 도움을 줄 수 있는 개인상담을 받아라. 내담자의 자살을 경험한 후 상담가로서 자신감을 상실하기도 하고, 일에 대한 회의에 시달리기도 한다. 이때 개인상담을 받는 것은 적극적으로 내적 갈등을 해결하고 자신을 돌보는 좋은 방법이다.

- 자신의 개인적 욕구를 인식하라. 상담가들은 자신의 욕구보다는 타인의 욕구를 우선시하는 경향이 있다. 자살하려는 내담자를 만나면 상담가도 스트레스를 받고 불안과 긴장을 경험할 수 있다. 그런데 내담자의 고통에만 초점을 맞추다 보면, 자신이 겪는 부담감이나 고통은 내담자의 고통에 비해 아무것도 아닌 것으로 치부하고 그냥 넘어가기도 한다.

- 자살생각을 하는 내담자와의 상담작업으로 인한 개인적인 스트레스를 인식하라. 자신이 받고 있는 스트레스의 수준을 정확하게 인식하고, 스트레스를 감소시킬 수 있는 방안을 찾아 시도하라.

- 전문성의 한계에 대해 인식하라. 상담가들은 자살하려는 모든 내담자를 돕고자 한다. 그러나 내담자가 도움을 거절하는 경우도 있고, 자신이 도움을 제공할 수 있는 영역 이외의 지식이나 활동이 필요한 경우도 있다.

4. 법적 책임과 윤리

자살은 매우 복잡하고 논쟁이 진행 중인 주제다. 상담가는 이와 관련하여 중요한 법적·윤리적 측면을 파악하고 관련 쟁점을 이해할 필요가 있다. 생명이나 죽음과 관련한 다양한 논쟁적인 주제와 마찬가지로 자살은 우리 모두에게 강렬한 정서적 반응을 야기한다. 강렬한 감정과 충돌하는 가치로 인해 자살은 매우 많은 사회적 논쟁과 법적 다툼을 야기한다.

이번에는 자살을 생각하는 내담자와 작업하는 정신건강전문가가 반드시 고려해야 할 법적 현실에 대해 다루고자 한다. 자살과 관련한 소송에서 핵심이 되는 'Malpractice'

는 대개 '의료과실' 또는 '의료과오'로 번역되는데, 상담 장면에 의료라는 표현은 적합하지 않으므로 의미전달을 위해 '치료과오'란 용어를 사용한다. 치료과오(malpractice)와 태만(negligence)의 기본 사항을 설명하고, 법적 위험을 최소화하기 위한 위험관리방법을 제안할 것이다.

1) 법적 문제와 자살

정신건강영역에서 일하는 전문가는 장면과 상관없이 자살생각을 하는 내담자를 만나게 된다. 안타깝게도 자살을 생각하는 내담자들은 점점 많아지고 있다. 많은 상담가가 자살생각을 하는 내담자를 치료하는 것을 불편하게 생각한다. 상담가들은 내담자가 자살하면 자신이 무능하다고 여길까 봐, 혹은 자살을 막지 못한 책임을 묻는 소송에 휘말릴까 봐 두려워한다.

상담가의 불편함을 가중시키는 또 다른 요인은 대학원에서 위기관리 혹은 자살생각을 하는 내담자의 관리에 대해 훈련받은 상담가가 거의 없다는 것이다. 미국의 경우에도 임상심리학대학원 프로그램의 35%만이 자살생각을 하는 내담자에 대처하는 것에 대한 공식적인 훈련을 제공하고(White, 2002), 심리학 수련생의 절반만이 자살 개입에 대한 최소한의 훈련을 받았다. 정신건강프로그램에 포함되어 있는 훈련은 위험요인의 암기와 자살방지서약서에 대한 주먹구구식의 토론으로 제한되어 있고, 정신건강전문가들은 자살예방, 개입 및 평가에 준비가 되어 있지 않았다(Neimeyer, 2000a).

치료과오 소송 가능성과 자살과 관련된 부족한 훈련으로 인해 상담가가 자살생각을 하는 내담자를 관리하고 치료하는 데 관련한 법적 결과를 이해하는 것은 매우 중요하다.

2) 치료과오 소송의 요소

치료과오 소송에서 법원은 상담가의 행동이 최소한으로 받아들이는 관리기준을 침해했는지 혹은 이에 미치지 못했는지를 중점적으로 살펴본다(Bednar, Bednar, Lambert, & Waite, 1991). 정신건강과 관련해서, 치료과오는 원고(자살한 내담자의 가족)에게 해를 입힌 피고(이 사건의 경우, 상담가)의 태만행위로 정의된다(Simon, 2000). 치료과오 소송에서 입증 부담은 원고에게 있다. 다시 말하면, 원고는 피고가 태만행위를 저질렀고,

06

피고의 행위로 인해 원고에게 해가 가해진 것을 입증해야만 한다. 치료과오 여부의 판단은 다음의 세 가지 요소를 고려한다(Granello & Granello, 2007).

- 의무: 상담가는 반드시 내담자에게 의무를 지녀야 한다(상담가와 내담자 사이의 전문적인 관계에 대한 계약, 혹은 암묵적인 계약이 있어야 한다).
- 태만: 상담가가 태만한 혹은 부적절한 방식으로 행동했음이 틀림없다.
- 인과관계: 태만과 내담자에 의해 주장되는 상해 사이에 분명한 인과관계가 있다.

치료과오의 첫 번째 요소는 의무다. 상담가는 내담자에게 전문가적 행위의 특정한 기준을 준수할 의무를 지니고 있다. 상담가가 내담자와 치료관계를 형성하면 자동적으로 치료자로서의 의무와 책임이 발생한다. 상담가가 내담자와 치료관계를 형성했다는 것은, 예를 들면 내담자와 상담약속을 잡는 것, 행해진 서비스에 대한 대가로 치료비를 받는 것 등이 있다. 그러나 자살하려는 내담자의 경우에는 상담가가 내담자에게 의무를 맹세하는 공식적인 상담관계가 확립되기 전이라도, 예를 들어 응급실이나 외래진료소에 내담자가 자살위기를 가지고 찾아왔을 때는 상담가와 내담자가 공식적인 계약의 관계로 들어가지 않았을지라도 상담가는 내담자를 치료할 의무를 지닌다(Wheeler, 1989).

치료과오의 두 번째 요소는 태만이다. 상담가가 행위의 실행 혹은 생략에 의해 이러한 의무를 위반했다는 것을 증명해야 한다. 치료자 측의 태만행위는 치료자가 하지 말아야 했을 것을 했거나(수행의 행위), 했어야 했던 일을 하지 않았을 때(생략의 행위) 발생한다(Bongar et al., 1998). 태만행위는 유사한 상황에서 합리적이고 신실한 임상가에게 기대되는 최소한의 관리기준을 충족하지 못한 것이다.

치료과오의 세 번째 요소는 인과관계(proximate cause)다. 이는 내담자가 상담가의 태만의 직접적인 결과로 발생한 상해로 고통받았다는 것을 입증해야 하는 것이다. 상담가가 태만했지만 어떠한 해도 일어나지 않았다면 치료과오가 충족되지 않는다. 다시 말해 치료자의 태만행위가 내담자의 상해와 관련이 없다면 치료과오가 성립되지 않는다는 것이다. 그러나 이러한 요소가 입증되면 원고나 내담자는 상해에 대한 재정적인 보상을 받을 수 있다(Granello & Witmer, 1998).

3) 태만으로 인한 자살 관련 소송의 예

법원은 치료자 혹은 병원 측의 태만이 명백할 때 치료과오 소송에서 원고에게 유리한 결정을 내린다. 현재 자살과 관련한 치료과오 소송의 대부분은 입원 장면과 관련하여 발생한다. 그러나 많은 내담자가 외래 장면에서 진료를 받기 때문에 상담가는 외래 장면에서 일한다 할지라도 태만의 실례를 잘 알고 있을 필요가 있다. 즉, 특정한 장면에서의 임상적 관리기준을 따르는 데 실패할 경우 치료과오 소송에 휘말리게 될 위험이 높아진다. 자살 관련 소송에서 태만의 예는 적절하게 평가 혹은 진단하는 데 실패한 경우, 환자를 보호하는 데 실패한 경우, 책임지는 데 실패한 경우, 때이른 혹은 부적절한 퇴원, 환자를 유기하는 등의 경우가 해당된다.

S씨의 예를 통해 자살 관련 소송에서 태만의 경우를 설명하고자 한다. 다음에 제시된 사례는 Granello와 Granello(2007)가 제시한 사례를 바탕으로 일부 각색한 것이다.

S씨는 대도시 정신보건센터 위기팀 접수원으로 일하고 있다. 어느 금요일 오후 3시에 한 노인이 약속도 없이 센터를 방문했다. 노인은 상당히 안절부절못하고, 불안해 보였다. 노인은 머릿속에 계속 어떤 생각이 떠오르며, 잠을 잘 수가 없기 때문에 진료가 필요하다고 호소했다. S씨는 노인에게 그날은 모든 진료 일정이 이미 꽉 차 있기 때문에 의사를 만날 수 없다고 설명했다. 노인은 의사에게 당장 진료를 받아야 하며, 자신의 상태가 심각하다고 이야기했다. S씨는 팀의 스케줄에 혼란을 초래할 필요가 없다고 느꼈고, 노인에게 그다음 주 월요일 오후에 진료약속을 잡아 주겠다고 했다. S씨와 약 30분간 논쟁을 벌인 후, 노인은 S씨에게 진료카드를 받아 다음 주 월요일에 오겠다고 동의하고 정신보건센터를 나갔다.

그러나 노인은 집에 돌아가서 자신의 문제에 대해 도움을 받을 수 없는 상황에 대해 상세하게 쓴 긴 유서를 남겼다. 노인은 유서에 S씨가 자신이 삶을 끝내게 된 주요 이유라고 지목했다. 유서를 작성한 후 노인은 제초제를 마시고 자살했다.

사건에서 S씨를 치료과오의 위험에 놓은 요소는 무엇인가?

기억하라. 의료과실은 세 가지 요소를 가지고 있다: 의무 · 태만 · 인과관계

적절한 평가나 진단의 실패　대개 치료과오는 임상가가 특정한 내담자의 자살 위험성을 적절하게 평가하지 못했기 때문에 발생한다. 앞의 사례에서 정신보건센터의 의례적인 또는 적절한 절차를 따랐다면, 내담자의 자살 위험성의 수준을 탐지하려고 시도했을 것이다. 그런데 그렇게 하지 않았기 때문에 관리기준을 침해한 것이라고 볼 수 있다. 정신상태 평가나 면담에서 자살 위험성을 평가하기 위한 질문은 기본이며, 적합한 절차라고 할 수 있다. 모든 내담자는 접수 당시 혹은 정규적 평가의 한 부분으로 자살 관련 행동을 확인하는 질문을 받아야 한다. 따라서 자살에 대해서 판별하지 않거나 어떠한 자살평가도 하지 않은 임상가는 자살생각의 존재를 오진단할 가능성이 높으며, 그로 인해 치료과오를 범할 가능성이 높은 것이다. 또한 자살 관련 행동이 탐지되거나 진단되었을 때는 평가된 시기에 내담자의 차트에 적절하게 기록해야 한다. 내담자의 자살 위험수준에 대해 평가한 내용을 적절하게 기록하지 못한 것은 위험성을 평가하지 않은 것과 동일하게 간주된다(Granello & Granello, 2007).

S씨의 경우, 자살한 노인의 가족이 치료과오에 대해 S씨와 정신보건센터를 고소할 분명한 근거가 있다.

첫째, S씨는 내담자의 상태를 판별하고 평가할 책임이 있는 임상적 환경에서 근무 중이었다. 따라서 S씨는 노인이 사전 진료 약속 없이 기관에 찾아왔다 할지라도 센터를 방문한 노인에 대해 의무를 지닌다.

둘째, S씨는 노인의 자살 위험성의 수준을 판별하지 않고 어떠한 안전 계획도 없이 노인을 돌아가게 했기 때문에 최소한의 관리기준을 제공하는 데 실패했다고 할 수 있다. 정신과 의사에게 진료받고자 하는 노인의 욕구에 대해서 논쟁하는 데 시간을 보내기보다 자살 위험성 수준을 평가하는 구체적인 질문을 했어야 했다. 위기팀의 접수원으로서의 그의 지위는 그 정도 수준의 관리기준을 이행할 전문성을 가지고 있기를 기대한다.

마지막으로, 다음 월요일에 진료약속을 잡아 주는 것 외에 그 어떤 형태의 서비스도 제공하지 않은 S씨의 태만은 노인에게 직접적인 해를 야기했다. 따라서 이 경우 S씨는 내담자의 즉시적인 위험을 적절하게 진단하지 못했고, S씨와 정신보건센터는 치료과오 위험상태에 놓였다.

보호의 실패   내담자를 적절하게 보호하지 못한 것도 태만에 해당한다. 상담가가 안전을 고려한 치료계획을 세우지 않았거나, 자살 위험성을 지닌 내담자를 보호할 수 있는 계획을 적절하게 시행하지 않은 경우에 치료과오로 인한 유죄로 판결받는다.

예측 가능성은 내담자의 잠재적 자살 위험에 대한 상담가의 평가수준과 연관된 관리 기준이라 생각할 수 있다. 유사한 임상적 상황에서 다른 상담가가 동일한 내담자를 상당한 자살 위험에 처해 있다고 평가했을 경우, 법원은 내담자의 자살을 예측 가능한 것이었다고 판단할 것이다. 내담자의 자살의도가 명확할수록 치료과오의 관점에서 내담자를 적절하게 평가하는 데 실패한 책임이 더 크다(Knapp & Vandercreek, 2001).

책임지는 데 대한 실패   자살 위험성이 높다고 평가된 내담자에 대한 책임을 지지 못하는 것 역시 치료과오에서 태만에 속한다. 심각한 자살 위험에 처해 있는 내담자를 마음대로 돌아다니게 하거나 혹은 경찰에 신고하지 않고 기관에서 벗어나게 하는 것은 부적절한 관리에 해당된다.

상담가는 내담자가 심각한 자살 위험에 놓여 있다고 판단했다면 안전을 보장할 사후 절차를 반드시 실행해야만 한다. 필요하다면 내담자를 정신병원 폐쇄병동에 입원하게 하거나 가족이나 친구들이 24시간 지킬 수 있는 곳에 있도록 해야 한다. 상담가는 내담자의 안전을 보장하기 위해서 자신들의 권한에서 할 수 있는 모든 것을 실행해야 하는데, 이러한 조치에는 관리 보호를 취하는 것, 경찰이나 응급 팀에 의뢰하는 것 등이 포함된다. 이때 위기 대응팀이나 병원입원절차를 돕는 직원, 의사, 간호사, 혹은 내담자와 관계된 사람들과 직접 의사소통하는 것이 필수적이다. 내담자의 자살 위험성이 높게 평가된 이유와 보호관찰이 필요한 근거에 대해서 구체적으로 전달하는 것이 좋다. 전화 메시지를 남기거나 메모를 남기는 것으로는 부족하다. 내담자가 안전한 곳에 있는지를 반드시 확인해야 한다.

내담자에 대한 포기   상담가가 내담자를 포기하는 것 역시 태만이다. 내담자를 포기하는 것은 대개 다음 두 가지 경우 중 하나다.

• 내담자가 여전히 치료받을 필요가 있는데 상담가가 치료를 중단하거나 종결한 경우

- 상담가가 내담자에게 치료가 더는 필요하지 않다고 잘못 판단한 경우(Bongar, 2002).

상담가들은 자살 위험성이 없고 정상적으로 치료를 종결할 수 있을 때까지 내담자를 계속 치료하거나 혹은 다른 사람에게 적절하게 의뢰해야 할 책임이 있다. 상담가는 반드시 진행되는 모든 상황을 문서화하고, 적절한 도움을 받을 수 있는 충분한 시간을 주어야 하며, 내담자가 요청할 경우 새로운 상담가에게 모든 기록을 제공해야 한다. 내담자에 대한 관리가 지속되고 있는지 확인하고 내담자가 새로운 상담가를 찾을 수 있도록 도움을 제공하는 것이 치료자의 책임이다.

4) 위기관리

흔히 말하듯 가장 좋은 방어는 공격이다. 자살생각을 하는 내담자를 진료할 때의 위험에서 자신을 보호하는 것에도 이러한 속담이 적용될 수 있다. 서비스를 제공할 때 철저한 예방, 준비 및 관리는 자살생각을 하는 내담자를 치료할 때 발생하는 위험을 최소화하도록 도와준다.

양질의 서비스 제공하기　임상가들은 항상 내담자에게 양질의 관리를 제공할 책임이 있다. 예를 들어, 임상가가 시간의 압박 때문에 혹은 지불 절차 때문에 자살 위험성 평가과정을 생략하는 것은 용납되지 않는다. 양질의 관리(management)를 제공하는 것은 내담자를 보호하고 자기 자신을 치료과오로부터 보호하는 데 핵심적인 요소다. 양질의 관리를 받은 내담자가 자신이 버림을 받았다거나, 이용당했거나, 혹은 소홀히 다루어졌다고 여길 가능성은 낮다. 또한 양질의 관리를 제공하는 것은 윤리적으로 올바른 행동이다. 평가, 진단, 치료 계획의 수립, 실행단계에서 적절한 관심을 받는 것은 모든 내담자의 기본적인 권리다. 양질의 관리를 제공하는 것은 부주의로 인한 실수를 줄이고 치료에 효율성을 제공할 것이다.

자살에서의 기밀유지와 의사소통　기밀엄수는 내담자의 정보를 기밀로 유지하고 치료장면에서 이야기된 것을 발설하지 않는 상담가의 의무다. 기밀엄수는 치료관계에 있어 기본적인 원칙이며, 대부분의 상담가는 기밀엄수가 신뢰를 구축하고, 내담자의 이야기를 이끌어 내는 핵심이라는 데 동의한다. 그러나 기밀엄수에 대한 의무는 절대적인 것이 아니며 상담가가 법적으로나 윤리적으로나 기밀엄수를 파기해야 하는 특정한 상황이 있다. 자살의 경우, 내담자의 안전은 기밀엄수에 대한 의무에 우선한다.

내담자가 타인을 해할 위험이 있을 때 기밀을 파기하는 것을 인정하는 계기가 된 Tarasoff 사건은 자기 자신에게 잠재적인 해를 가할 상황에 대해서도 기밀엄수를 파기하는 법적 근거로 사용된다.

Tarasoff 사건

미국 캘리포니아 대학교 보건소에서 임상심리사로부터 치료를 받던 Paddar라는 남학생이 같은 학교에 다니던 자신의 여자 친구 Tarasoff가 변심했다면서 그녀를 죽일 계획이라고 상담 중에 이야기했다. 임상심리사는 교내경찰에게 서면으로 이 사건을 보고하여 Paddar를 72시간 동안 정신과에 응급 입원을 시켰으나 교내경찰은 그가 위험하지 않다고 평가하여 석방시켰다. 임상심리사는 위험성과 범죄 가능성을 구두와 서면으로 재차 신고했고, 이에 지방경찰이 그를 잠시 구금한 후, Tarasoff에게 접근하지 않겠다는 약속을 받은 후 석방시켰다. 그 후 학교 보건소장은 임상심리사의 권고를 무시하고 환자 치료에 관계된 기록을 파기시켜 버렸고 Paddar는 더 이상 치료를 받지 않게 되었다.

이러한 사건이 있고 두 달 후, Paddar가 계획대로 Tarasoff를 살해하자 그녀의 가족은 Paddar를 치료한 임상심리사가 속해 있던 캘리포니아 대학교 이사회를 상대로 손해배상소송을 제기했다. 캘리포니아 대법원은 1976년 이에 대하여 "임상심리사는 환자가 다른 사람에게 폭력을 휘두를 위험이 있다고 판단하거나 전문영역의 기준에 따라 그렇다고 판단해야 할 때, 그러한 위험의 대상이 되는 사람을 보호하기 위해 합당한 조치를 취해야 할 의무가 있다. 그러한 의무를 수행함에 있어 임상심리사는 문제의 성격에 따라 대상이 되는 희생자 또는 그와 동일시할 수 있는 자들에게 그러한 위험에 처해 있음을 알리고, 경찰에 의뢰하고, 또는 그러한 상황에서 합리적으로 모든 조치를 취해야 한다."고 판시하여 피고로 하여금 배상토록 했다(Tarasoff v. Regents of University of California, 17Cal3d 425, 131 Cal Rptr 14, 551 P2d 334. 20. 34(1979)).

자살 위험성 평가를 하고 내담자에게 자살 위험성이 있다고 결론 내린 상담가는 내담자의 회복을 돕는 과정에서 주변 사람의 도움을 얻기 위해 내담자의 중요한 타인, 친

06

구, 부모 및 기타 사회적 지지 네트워크에 내담자의 자살 위험성을 알려야 한다. 내담자를 보호하기 위해 내담자의 기밀유지 의무를 파기하는 것에 대해서는 어느 정도 용인되지만, 그러나 분명한 자살 위험성이 있는 것도 아닌데 기밀을 유지하지 않는 것은 장려되지는 않는다. 즉, 내담자의 안전보장에 확실히 도움이 될 때만 기밀유지의 파기가 허용된다.

다음은 한국 임상심리학회와 한국 상담심리학회의 윤리규정에서 비밀유지 및 노출에 관한 조항이다.

한국 임상심리학회 윤리규정

제17조. 비밀유지 및 노출
① 심리학자는 연구, 교육, 평가 및 치료과정에서 알게 된 비밀정보를 보호하여야 할 일차적 의무가 있다. 비밀보호의 의무는 고백한 사람의 가족과 동료에 대해서도 지켜져야 한다. 그러나 내담자/환자의 상담과 치료에 관여한 심리학자와 의사 및 이들의 업무를 도운 보조자들 간에서나 또는 내담자/환자가 비밀노출을 허락한 대상에 대해서는 예외로 한다. 그러나 이 경우에도 실명노출을 최소화하기 위해 노력한다.
② 심리학자는 조직 내담자, 개인 내담자/환자 또는 내담자/환자를 대신해서 법적으로 권한을 부여받은 사람의 동의를 얻어 비밀정보를 노출할 수도 있다. 이는 전문적인 연구 목적에 국한하여야 하며, 이 경우에는 실명을 노출해서는 안 된다.
③ 법률에 의해 위임된 경우 또는 다음과 같은 타당한 목적을 위해 법률에 의해 승인된 경우에는 개인의 동의 없이 비밀정보를 최소한으로 노출할 수 있다.

한국 상담심리학회 윤리강령

5. 가. 사생활과 비밀보호
① 상담심리사는 사생활과 비밀유지에 대한 내담자의 권리를 최대한 존중해야 할 의무가 있다.
② 내담자의 사생활 보호에 대한 권리는 내담자나 내담자가 위임한 법적 대리인에 의해 유예될 수 있다.
③ 상담심리사는 내담자의 사생활 침해를 최소화하기 위해서 문서 및 구두상의 보고나 자문 등에서 실제 의사소통된 정보만을 포함시킨다.
④ 상담심리사는 고용인, 지도감독자, 사무보조원, 그리고 자원봉사자들을 포함한 직원들에게도 내담자의 사생활과 비밀이 보호되도록 주지시켜야 한다.

5. 다. 비밀보호의 한계

① 내담자의 생명이나 사회의 안전을 위협하는 경우가 발생한 경우에 한하여 내담자의 동의 없이도 내담자에 대한 정보를 관련 전문인이나 사회에 알릴 수 있다. 이런 경우 상담 시작 전에 이러한 비밀보호의 한계를 알려 준다.

② 내담자가 감염성이 있는 치명적인 질병이 있다는 확실한 정보를 가졌을 때, 상담심리사는 그 질병에 위험한 수준으로 노출되어 있는 제삼자(내담자와 관계 맺고 있는)에게 그러한 정보를 공개할 수 있다. 상담심리사는 제삼자에게 이러한 정보를 공개하기 전에, 내담자가 자신의 질병에 대해서 그 사람에게 알렸는지, 아니면 조만간에 알릴 의도가 있는지를 확인한다.

③ 법적으로 정보의 공개가 요구될 때에는 비밀보호의 원칙에서 예외이지만, 법원이 내담자의 허락 없이 사적인 정보를 밝힐 것을 요구할 경우, 상담심리사는 내담자와의 관계를 해칠 수 있기 때문에 정보를 요구하지 말 것을 법원에 요청한다.

④ 상황들이 사적인 정보의 공개를 요구할 때 오직 기본적인 정보만을 밝힌다. 더 많은 사항을 밝히기 위해서는 사적인 정보의 공개에 앞서 내담자에게 알린다.

⑤ 만약 내담자의 상담이 여러 전문가로 구성된 팀에 의한 지속적인 관찰을 포함하고 있다면, 팀의 존재와 구성을 내담자에게 알린다.

⑥ 상담이 시작될 때와 상담과정 중 필요한 때에, 상담심리사는 내담자에게 비밀보호의 한계를 알리고 비밀보호가 불이행되는 상황에 대해 인식시킨다.

⑦ 비밀보호의 예외 및 한계에 관한 타당성이 의심될 때 상담심리사는 동료 전문가의 자문을 구한다.

서면동의서 내담자는 자신이 맺게 될 치료적 관계에 대해 알고 결정할 권리를 가지고 있다. 상담을 시작하기 전에 상담가는 내담자에게 서면동의서를 설명하고 이를 작성할 필요가 있다. 동의서의 내용은 상담가와 내담자의 책임과 의무, 그리고 비밀보장의 한계, 비상시 연락처 등을 포함하는 것이 좋다.

서면동의서는 세 가지 법적 요구사항을 기반으로 한다. 계약을 맺은 내담자는 상담에 대해 다음 세 가지를 지녀야 한다.

- 능력(Capacity): 내담자는 합리적 결정을 할 수 있어야 한다. 내담자가 미성년자이거나 혹은 내담자가 합리적인 결정을 내릴 수 있는 인지적 능력이 부족한 경우, 일

반적으로 부모 또는 보호자는 상담관계가 시작되는 것에 대한 동의를 해야 한다.

- 이해(Comprehension): 내담자는 반드시 상담가가 제시하는 정보를 이해할 수 있어야 한다. 이는 상담가가 명확하고 모호하지 않은 방식으로, 이해하기 쉬운 보편적인 용어를 사용하여 정보를 제시해야 한다는 것이다. 내담자가 완전히 이해했다는 것을 확인하기 위해서, 내담자에게 동의서의 주요 요지를 반복해 달라고 요구함으로써 내담자의 이해를 확인하는 것이 중요하다.
- 자발성: 내담자는 반드시 자유롭게, 어떠한 압력에도 영향을 받지 않고 동의서를 작성해야 한다.

그러나 기밀 엄수와 마찬가지로 서면동의서 역시 자살생각을 하는 내담자를 진료할 때는 절대적인 것이 아니다. 자살생각을 하는 내담자를 다루는 상황에서 상담가는 내담자의 비자발적인 입원을 고려해야 하는 경우가 있다. 상담가는 외래 장면에서 안전하게 할 수 없다면 내담자를 보호하기 위해서 이러한 행동을 취할 수 있다는 것을 알리기 위한 모든 노력을 해야 한다. 사전에 입원 가능성에 대해서 이야기하는 것은 내담자가 준비할 수 있도록 도울 수 있으며, 또한 상담가의 행동을 이해할 수 있게 한다 (Granello & Granello, 2007).

5) 임상적 평가

상담가는 항상 모든 내담자에게 자살의도나 자살생각에 대한 질문을 해야 한다. 만일 내담자가 이러한 선별질문에 긍정적으로 대답할 경우, 자살에 대해 좀 더 철저한 임상적 평가를 실시해야 한다. 상담가는 공식적인 자살 위험성 평가 도구를 사용하거나 자문을 구하길 원할 수 있다. 이러한 평가 결과와 자문의 내용은 잘 문서화되어야 하며, 내담자를 위험으로부터 보호하기 위한 치료적 결정의 근거로 사용되어야 한다.

6) 자살 관련 행동의 문서화

자살생각을 하는 내담자와 상담할 때 상담 내용을 정확하고 적절하게 기록하는 것은 매우 중요하다. 내담자를 자살로 잃은 상담가가 평가와 임상적 판단에 대한 사고과정을 명확하고 철저하게 기록해 놓았다면, 잠재적인 치료과오 소송에서 유리한 위치에 있게 된다. 또한 상담가가 문서화를 철저하게 하게 되면 그 과정에서 내담자의 세부사항에 주의를 기울이게 되고, 결국 내담자에 대한 관리를 더 잘하게 된다는 증거가 있다.

자살을 생각하는 내담자의 사례를 문서화할 때는 다음의 사항을 명심해야 한다.

- 기록, 치료 계획, 평가를 행정가, 법원 공무원, 협회 관계자가 읽을 수도 있다는 것을 이해하고 작성한다.
- 내담자와 처음 접했을 때, 내담자가 자살생각을 한다는 것이 명백해졌을 때, 사례를 문서화하기 시작한다. 필요하다면 현재 시점까지의 내담자의 의사소통에 대한 간략한 메모를 작성한다.
- 상세한 내용을 잊어버리기 전에 내담자와의 만남 이후 바로 문서를 작성한다.
- 문서는 자세하고 사실적으로 작성한다. 날짜, 시간, 장소, 구체적 사건, 행동, 말을 포함한다. 가정이나 추측은 포함시키지 말아야 한다.
- 기록의 원본을 보관한다. 적절한 요청이나 서명된 동의서가 제시될 경우, 노트나 서류의 복사본이 다른 임상가나 내담자 측에 제시될 수 있을 것이다.

한국 임상심리학회 윤리규정

제18조 업무의 문서화 및 문서의 보존과 양도

1. 심리학자는 연구, 교육 및 평가, 치료과정에서 개인으로부터 받은 구두 동의, 허락, 승인 내용을 문서화하여야 한다.
2. 심리학자는 다음과 같은 목적으로 자신의 전문적·과학적 업무에 대해 기록하여 문서화하여야 한다.
   ① 자신을 포함한 전문가들의 이후 연구, 교육, 평가 및 치료에 도움이 되도록 하기 위해
   ② 연구설계와 분석을 반복 검증하기 위해
   ③ 기관의 요구에 부응하기 위해
   ④ 청구서 작성과 지불의 정확성을 보장하기 위해
   ⑤ 법률 준수를 보장하기 위해
3. 심리학자는 문서화한 기록과 자료를 저장하고 보존하여야 하며, 직책이나 실무를 그만두게 될 경우에는 기록과 자료를 양도하여야 한다.

7) 자문

중간 정도의 자살 위험일지라도 사례에 대해 자문을 구하는 것은 적절한 임상적 행위다. 자살생각을 하는 내담자를 상담할 때는 상당한 스트레스가 발생하기 때문에 자문은 특히 중요하다. Shneidman(1981)은 심각하게 자살생각을 하는 사람을 다룰 때만큼 동료와의 자문이 중요한 때도 없다고 언급했지만, Jobes 등(1991)의 연구에서는 임상심리학자, 정신과 의사, 사회복지사 중 단지 27%만이 자살을 평가하는 데 있어 정기적으로 자문을 받는다는 것을 확인했다.

법적인 관점에서 보았을 때 상담가가 자문을 받았다는 것은 사례를 진지하게 다루고 있으며, 다른 치료적 대안이나 관점을 고려했다는 것을 암시한다. 치료적 관점에서 보았을 때는 자문 역전이나 초기 결정의 부정적인 영향의 가능성을 최소화하게 도와준다. 마지막으로, 자문은 사람들의 생명이 위험에 처해 있을 때 상담가가 혼자 짊어지는 것에 대한 스트레스와 불안을 낮추도록 돕는다.

많은 경험과 훈련 수준을 지닌 상담가라도 자살생각을 하는 환자를 다루는 데에 있어서는 더 경험 있는 선배나 동료로부터 정기적으로 조언을 구하는 것이 좋다. 또한 자문에 대한 노트 형식의 공식적 문서화는 상담가가 내담자의 평가와 치료에 있어 관리 기준을 따르려 했다는 증거를 제공한다(Granello & Granello, 2007).

한국 임상심리학회 윤리규정

마. 자문

① 자문이란 개인, 집단, 사회단체가 전문적인 조력자의 도움이 필요하여 요청한 자발적인 관계를 말하는데, 상담심리사는 자문을 요청한 내담자나 기관의 문제 혹은 잠재된 문제를 규명하고 해결하는 데 도움을 준다.

② 상담심리사와 내담자는 문제 규명, 목표 변경, 상담 성과에 서로의 이해와 동의를 구해야 한다.

③ 상담심리사는 자신이 자문에 참여하는 개인 또는 기관에게 도움을 주는 데 필요한, 충분한 자질과 능력을 갖추었는지를 합리적인 방법으로 명시해야 한다.

④ 자문할 때 개인이나 기관의 가치관을 바꾸는 데 도움을 주고자 한다면 상담심리사 자신의 가치관, 지식, 기술, 한계성이나 욕구에 대한 깊은 자각이 있어야 하고, 자문의 초점은 문제를 가진 사람이 아니라 풀어 나가야 할 문제 자체에 두어야

한다.

⑤ 자문관계는 내담자가 스스로 성장해 나가도록 격려하고 고양하는 것이어야 한다. 상담심리사는 이러한 역할을 일관성 있게 유지해야 하고, 내담자가 스스로의 의사결정자가 되도록 도와주어야 한다.

⑥ 상담활동에서 자문 활용에 대해 홍보할 때는 학회의 윤리강령을 성실하게 준수해야 한다.

07

사후관리

자살이 발생한 경우 | 자살유가족을 위한 접근

자살은 살아남은 사람들에게 매우 심각한 영향을 끼친다. 자살로 인한 죽음은 심장병이나 암 또는 다른 사고로 죽은 것과는 확연히 다르다(Barrett & Scott, 1990). 어떤 이들은 자살 후의 영향을 '낙진(Fallout)'이라고 표현한다. 낙진이라는 단어는 원래 핵폭발 이후에 땅으로 떨어진 방사선 파편을 말한다. 이러한 비유는 자살의 영향이 핵폭발의 재앙과 비교될 만큼 단기적으로나 장기적으로 엄청나다는 것을 암시한다.

사후관리는 현재 급박한 자살위기에 처한 것은 아니지만 자살 관련 행동을 했던 적이 있는 노인에 대한 관리와 자살이나 자살시도와 같은 자살 관련 행동이 일어난 이후에 주변 사람이 경험하게 되는 심리적 고통에 대한 개입 등을 포함한다. 자살행동의 예방 못지않게 중요한 것이 사후관리다. 자살 관련 행동이 일어났을 때 그로 인해 영향을 받은 사람들을 돕는 것은 또 다른 불행을 막는 중요한 일이다.

1. 자살이 발생한 경우

자살유가족에게 세상은 예전과 같을 수 없다. 자살은 결코 낭만적이거나 영웅적인 것이 아니다. 자살유가족들은 엄청난 정서적 고통 속에 남겨질 뿐이다.

자살로 인한 죽음에 대해서는 상당히 부정적인 사회적 낙인이 찍히게 되고, 많은 경우 자살한 사람들은 비난을 받게 된다. 자살에 대한 사회적 낙인 때문에 자살유가족들은 자살을 감추려고 하며, 어떻게 죽었는지에 대해 발설하지 않으려 한다(Berman & Jobes, 1995). 가족들은 자신의 고통을 혼자 삭이며, 정상적인 애도과정을 거치지 못하기 때문에 자살로 인한 고통이 오랜 기간 동안 해결되지 않은 채 지속되는 경향이 있다. 이때 도움이 되는 것이 바로 '디브리핑' 작업이다.

1) 디브리핑

디브리핑(Debriefing)은 상담가가 유가족들로 하여금 자살한 사람들에 대한 생각·감정·태도를 명확하게 하도록 돕는 과정을 말한다. 이 과정의 목적은 정상적인 회복을 돕고 사건의 영향력을 완화시키는 데 있다(Mitchell, 1991). 즉, 상황을 인정하고 외상을 예방하고 희망을 제공하는 것이 디브리핑의 목적이다. 자살이 학교나 직장에서 일어난 경우 디브리핑은 보통 수업이나 집단 긴장완화(Group Defusing) 회기가 끝난 후에 실시된다. 자살에 대해 알고 있는 모든 구성원에게 디브리핑이 필요한 것은 아니다. 그러나 그 상황에 가장 많이 노출되었던 사람, 죽은 이와 가까운 관계였던 사람들에게는 이 과정이 필요하다(Opalewski, 2008).

디브리핑 내용

- 비극을 이성적으로뿐만 아니라 감정적으로도 받아들일 수 있도록 돕기
- 추가적인 도움이 필요한 사람을 찾아내고 도움을 받을 수 있도록 하기
- 유가족이 애도과정에 대해 이해하도록 돕기
- 잠재적인 모방자살 예방하기
- 비극을 겪고 난 후 이를 통해 성장할 수 있게 하기

'시간이 모든 상처를 치유한다.'는 속담은 자살유가족에게는 해당되지 않을 수 있다. 자살유가족이 자살의 영향에서 벗어나도록 하기 위해서는 수동적으로 인내하는 것 이외에 치유를 돕는 어떤 활동을 하는 것이 필요하다. 유가족은 사랑하는 이의 자살로 인한 고통을 절대 잊을 수 없겠지만, 그러한 고통과정을 오롯이 겪음으로써 극복할 수 있다. 그러기 위해서는 지지와 보호가 필요하다. 가족·친구·상담가 등과 감정을 나누는 일은 특히 중요하다. 유가족의 주변 사람들은 그들의 이야기를 듣고 이해하고 비판단적으로 조언함으로써 유가족의 자존감을 다시 회복시키고 치유과정으로 나아가도록 도울 수 있다.

2) 가족 디브리핑 모델

가족 디브리핑 모델(Juhnke & Shoffner, 1999)은 5회기의 구조화된 상담과정으로 구성되어 있다. 이 모델의 목적은 가족 내의 영향을 안전하게 처리하고 가족을 교육시키고 대처기술을 촉진시키려는 것이다. 이 5회기 모델은 가족들이 자살과 자살이 그들 가족에게 끼친 영향에 대해 논의할 수 있는 장을 마련한다. 또한 가족 구성원 간의 고립감을 감소시키고, 감정과 대처기술을 논의할 수 있도록 가족을 단합하는 데 초점을 맞춘다.

첫 회기(1~3시간)　각각의 가족 구성원에게 자살과 관련한 감정을 토의할 수 있도록 7단계 구조화된 과정을 제공할 수 있다. 이때 개인의 욕구와 가족의 욕구 모두를 다루어야 한다. 외상후 스트레스 장애와 활용할 수 있는 정신건강 지역단체에 대한 정보를 가족에게 알려 줄 수 있다.

첫 회기의 7단계

① 소개: 디브리핑 과정에 대한 교육, 열의를 가지고 참가할 수 있도록 유도
② 사실 탐색: 자살과 관련한 비정서적 사실에 대해 이야기하기
③ 생각과 인지: 자살에 대한 개인적 생각을 논의하도록 격려
④ 자살에 대한 반응: 자살에 대한 감정적 반응에 대해 이야기하도록 격려, 모든 구성원이 그들의 상실감을 공유할 수 있도록 기회 제공하기
⑤ 증상의 이해: 정서적 억제 및 스트레스 반응 인식하기, 정서적 영역에서 다시 인지적 영역으로 돌아오도록 돕기, 가족의 신체적·인지적·정서적 증상 평가하기
⑥ 교육: 빈번하게 경험되는 전형적인 애도 반응과 급성 스트레스 장애의 증상에 대해 가족에게 설명하기
⑦ 정리: 첫 회기의 종결, 추가적인 생각이나 관심사항에 대한 토의, 자살방지 서약서 작성하기

두 번째~네 번째 회기　개인 및 가족의 장점, 회복력, 자원, 지지 등에 대한 인식을 촉진하고, 나중에 치유를 도와주는 이전 경험에 대해 토론한다.

다섯 번째 회기: 가족 디브리핑 모델 경험과 관련한 요약, 정리

- 자신, 가족, 애도과정에 대해서 배운 것을 보고하도록 하기
- 죽은 이에 대한 기억이 어떻게 하면 잊혀지지 않을지에 대해 이야기하기
- 안전에 대한 동의서를 다시 읽고, 필요할 경우 상담을 기꺼이 받을 것에 대해 약속하기
- 치유에 도움이 되는 방식에 대해 인식하기

3) 자살 관련 행동을 했던 노인에 대한 임상적 관리

자살 위험에 있는, 특히 자살시도의 과거력이 있는 노인에 대한 관리는 향후 자살시도를 예방하는 데 초점이 맞춰진다. 즉, 개입은 예방적이며, 위기 개입과 잠재적인 문제에 대한 치료의 두 단계로 나눌 수 있다.

위기 개입　위기 개입은 다음 세 단계로 구성된다.

● 안전 확보 및 보호

자살 위험성이 있는 사람은 자살시도를 하거나 혹은 자신의 삶을 끝내고 싶다는 생각을 표현함으로써 상담가의 관심을 받게 된다. 노인의 자살성에 대한 적절한 평가는 성별에 따른 차이, 최근에 사별한 경험, 우울증 혹은 알코올 남용에 대한 지식을 필요로 한다(Osgood, 1992). 자살 위험성이 높은 수준이라고 판단될 때는 비자발적인 입원을 포함한 예외적인 수단을 고려해 볼 수 있다. 만약 노인이 자발적인 입원을 거절한다면 입원 대신 가족이 24시간 옆에 있거나 상담가가 24시간 대기하는 것이 대안이 될 수 있다. 분명한 자살의도가 며칠 이상 지속되는 것은 드물며, 급박한 자살위험은 대개 한시적이다. 따라서 위기의 순간 동안에 노인을 안전하게 보호하는 것이 매우 중요하다. 노인이 입원을 원하지 않을 경우에 가족은 상당한 부담을 느낄 수 있다. 상담가는 가족에게 부과될 부담에 대해서 민감해야 하며, 가족에게 적절한 지지를 제공해야 한다.

● 안전에 대한 동의서 작성

위기 개입의 두 번째 단계는 안전에 대해 동의하는 것이다. 노인이 자살의도를 표현할 때, 종종 상담가와 연락하지 않거나 상담자를 만나지 않고 자살하지는 않겠다는 약속을 노인에게 받곤 한다. 이러한 안전에 대한 동의가 효율적이기 위해서는 노인과 상담가 간의 긴밀한 치료적 동맹이 전제되어야 하며, 자살 가능성이 있는 노인이 올바른 판단을 내릴 수 있는 상태여야 한다. 또한 상담가는 노인이 위기의 순간에 연락을 취하면 바로 연결될 수 있어야 한다. 안전에 대해서 합의가 적절히 이루어진다면, 이는 위기의 순간에서 자살을 예방할 수 있는 효율적인 수단이 될 것이다.

● 가족과의 협력

자살의 위기에서 상담가들은 가족과 협력해야 한다. 첫째, 노인이 입원을 원하지 않아 가족이 자살위기의 노인을 보호할 책임을 지닌다면, 상담가는 가족에게 자살 위험을 최소화하기 위해서 해야 할 일이 무엇인지에 대한 정확한 지침을 제공해야 한다. 예를 들면, 가족이 칼이나 약물, 끈과 같이 잠재적으로 해를 입힐 수 있는 도구를 집 안에서 다 치우도록 한다. 상담가는 또한 위기의 순간에 노인 곁을 지키는 가족이나 친구 등에게 지속적인 관심을 제공해 줌으로써 가족을 도울 수 있다.

둘째, 가족에게 그들의 노력이 효과가 없을 수 있다는 것에 대해서도 언급해야 한다. 가족이나 의료진이 지키고 있어도 노인이 자살을 하는 경우가 발생한다. 다시 말해 가족은 노인이 자살하는 것을 방지할 '전적인 책임'을 지니고 있다고 느껴서는 안 된다. 만약 가족으로부터 자살위기 동안 노인을 돌보는 것에 대해서 필요한 지원을 받을 수 없거나 가족이 상당한 양가감정을 느낀다면, 가족이 노인을 돌보기보다는 적절한 시설이나 병원에 입원시키도록 해야 한다.

잠재적 문제에 대한 치료 앞서 언급한 것처럼 자살의 위기는 단기간 지속된다. 반면 위기를 야기하는 문제는 상당한 기간 동안 축적된 것이며, 복잡하고 여러 가지 요인이 얽혀 있다. 일단 위기가 완화되면, 상담가는 위기에 기여한 문제를 적극적으로 다루어야 한다. 이러한 문제에는 우울증, 알코올 중독이나 약물남용, 혹은 최근의 상실 등이

07

포함된다. 그러나 어떤 문제는 쉽게 다룰 수 없는 것이 있다. 예를 들어, 암이나 알츠하이머병과 같이 만성적이고 진행적인 질병은 되돌릴 수 없다. 이러한 경우에 상담가는 단지 노인과 가족들이 그러한 질병에 잘 대처하도록 도울 수 있을 뿐이다.

몇몇 경우, 자살생각이 비정상적이며 잠재적인 정신병리를 반영할 수 있기 때문에, 상담가는 내담자에게 가능한 최선의 의학적·정신과적 개입을 요청해야 한다.

2. 자살유가족을 위한 접근

항상 자살을 예방할 수 있는 것은 아니다. 자살의 경고신호를 알아차리지 못해서 혹은 자살한 사람이 자신이 겪고 있는 고통을 드러내지 않았기 때문에 자살을 예방할 수 없는 경우도 있다. 또한 상담가와 가족이 최선을 다해 노력하고 자살예방을 위한 합당한 절차를 밟았다 할지라도 자살이 발생할 수 있다.

일단 자살이라는 비극적인 사건이 발생하고 나면, 자살유가족이 생기게 마련이다. 자살유가족은 자살로 인해 중요한 타인을 상실한 사람들을 일컬으며(Schuyler, 1973), 일반적으로 자살에 의해 영향을 받은 모든 사람을 포함하기 때문에 자살유가족에는 배우자, 자녀, 부모, 형제자매, 친척, 이웃, 동료, 학교 친구, 지인 등이 포함된다.

1) 자살유가족의 내적 경험

Silverman, Range와 Overholser(1995)는 자살유가족과 살인, 사고사, 자연적인 예측 가능한 죽음, 자연적인 예측 가능하지 않은 죽음으로 인한 유가족을 비교했다. 그 결과 다음과 같은 중요하고 흥미로운 결과가 나타났다.

• 자살유가족은 다른 집단보다 더 강렬한 비탄을 경험한다.
• 자살유가족은 자신이 어떻게든 자살을 막았어야 했다고 믿으면서 사랑하는 이의 죽음이 자신의 책임이라고 느낄 가능성이 많다.
• 자살유가족은 다른 집단보다 자기-파괴적 행동척도에서 더 높은 점수를 얻었다.
• 자살유가족은 다른 유가족 집단보다 더 높은 수준의 수치와 거부감을 경험했다.

• 자살유가족은 죽음에 대한 설명을 구하면서 더 많은 고통과 어려움을 보고했다.

Bailley 등(1999)의 연구에서도 네 집단의 유가족과 비교했고 유사한 결과를 얻었다. 자살유가족은 가장 극심한 비탄과 가장 높은 수준의 거부감, 자살에 대한 책임감, 지각된 낙인, 강렬한 수치감과 죽음 이후에 찾아온 당혹감 등을 보고했다.

비탄의 기간　비탄의 기간은 자살 후에 더 길다. 자살에 대한 낙인, 수치 및 죄책감이 유가족을 압도하고, 비탄 기간을 연장하며, 유가족을 심리적·신체적 위험상태에 놓는다. Farberow(1992)에 따르면 자살유가족은 높은 수준의 신체적 건강문제를 보고했다. 신체적 문제에는 복통, 수면문제, 두통, 불안, 긴장, 기분 변화, 피곤 등이 포함된다. 심리적으로는 10년이 지난 후에도, 자살유가족은 정신적인 문제와 사회적 고립을 경험할 가능성이 높다. 자살유가족의 사별과정은 다른 종류의 비탄반응과는 구별되는 고유의 독특성과 복잡성을 지닌 것으로 보인다.

외상적 경험　자살유가족은 자살이 일어났다는 것에 대해 충격을 받고, 자살이 일어났다는 사실을 부인하거나 누군가에게 화를 내기도 한다. 자살을 목격하거나 사체를 발견한 자살유가족은 외상후 스트레스 반응을 경험하기도 한다(Rubel, 2003). Rubel(2003)이 기록한 것처럼 자살은 집에서 일어나는 경우가 많고, 자살유가족은 피나 다른 신체적 잔해를 치워야 하는 경우도 있다. Van Dongen(1991)은 11%의 자살유가족이 사체를 발견한 후에 깨어 있을 때나 잠을 잘 때 침입적 심상의 반복적인 삽화를 경험한다고 보고했다.

사회적 낙인　아직까지도 자살에 대해서 상당히 부정적인 사회적 낙인이 존재하기 때문에 자살유가족은 때때로 자연재해로 가족을 잃은 사람들보다 사회적 지지를 덜 받고, 따라서 더 큰 고립감을 느낀다(Calhoun & Allen, 1991). 자살에 대한 부정적인 사회적 낙인 때문에 자살유가족은 자살을 감추려고 하며, 서둘러 장례를 치르고, 아이들이나 다른 가족, 친구들에게 사망원인에 대해 이야기하지 않으려 한다. 자살은 가족들의 비밀, 이웃들의 이야깃거리가 되며, 개인적인 수치이자 회피의 대상이 된다

07

(Rubel, 2003).

수치심과 죄책감 Lester(2001)에 따르면, 자살로 인한 사별과 다른 종류의 죽음에 의한 사별을 가장 잘 구별하는 두 가지 부정적인 감정은 수치심과 죄책감이다. 수치심은 죽은 이의 자살이 자신의 행동과 연관되었을지도 모른다는 자살유가족의 두려움의 결과다(Sommer-Rotenberg, 1998). 수많은 연구는 자살유가족이 다른 이유로 가족을 잃은 유가족에 비해 더 많은 죄책감을 경험하고, 훨씬 더 자기 자신을 비난할 가능성이 높다는 것을 밝혀냈다(Silverman, Range, & Oveholser, 1995). 자살유가족은 "그 사람이 자살하는 것을 막기 위해 내가 뭔가 했어야 하는데……." "내가 좋은 배우자/아이/친구였다면, 그런 일이 안 일어났을 수도 있어."라고 자기 비난의 이야기를 되뇌인다. 또한 그가 왜 자살했는지에 대해 생각하고 또 생각한다.

장기적인 영향 자살에 대한 처음의 충격 외에도 자살유가족은 장기적인 영향에 대해서도 대처해야 한다. 자살유가족에게 세상은 예전과 같을 수 없다. 이들은 정체감의 혼란을 경험하고 통제력을 상실했다는 느낌과 부적절감을 경험한다. 자신들도 자살을 선택할 수 있다는 생각을 하기도 한다.

2) 상담가의 역할

자살유가족의 상담전략 Schuyler(1973)의 제안에 따르면, 자살유가족을 다루는 전략을 개발하도록 돕는 몇몇 지침이 있다.

● 비탄 위로하기

자살에 의한 죽음은 종종 자살유가족과 친구들을 매우 고통스러운 정서적 상태에 처하게 만들며, 이러한 고통은 상당 시간 동안 지속된다. 따라서 자살유가족이 그들의 신념과 공동체 내에서 위안을 찾을 수 있도록 도와주어야 한다.

• 자살유가족이 자기 가치를 유지하고, 의미에 대한 탐색을 계속할 수 있도록 죽음에 대해 이해할 수 있게 도와준다.

- 비판단적 · 수용적인 분위기에서 상담한다.
- 자살유가족이 죽음을 애도하고, 죽은 이가 없는 미래의 삶을 계획할 수 있게 격려한다.
- 자살유가족의 자살생각을 지속적으로 관찰한다.
- 내담자의 가족과 다른 사회적 집단의 지지를 격려하고 특별한 노력을 기울인다.

● 자살유가족이 죄책감에 대처하도록 도와주기

자살유가족은 사랑하는 사람에게 어떤 일이 일어나는지를 인식하지 못했다는 것과 자살을 예방하기 위해서 적절한 시간에 조치를 취하지 못했다는 것에 대한 죄책감과 과도한 책임감을 느낀다(Van Dongen, 1991). 자살유가족은 몇 주, 몇 달, 심지어는 몇 년간 계속적으로 "만약에 …… 했다면 어땠을까?" "왜 그랬을까?" "왜 그러지 않았을까?"를 생각해 본다. 이러한 질문을 반복하는 것은 흔한 일이지만, 그 사람의 죽음을 이해하고, 그 죽음에 대해 더는 생각하지 않을 수 있는 만족스러운 답을 찾지는 못한다. 왜 자살이 발생했는지에 대해 보다 잘 이해하게 됨으로써 자살유가족의 치유가 시작될 것이다.

● 자살유가족이 분노에 직면하도록 도와주기

사랑하는 사람을 자살로 잃고 신음하는 사람은 분노의 감정에 사로잡히곤 한다. 다른 사람(의사, 상담가, 친구, 직장동료, 신 등)에 대한 분노, 자기 자신을 향한 분노(아무것도 안 한 것, 혹은 어떤 일을 한 것에 대해서), 죽은 사람에 대한 분노(자신을 버려 두고 떠난 것에 대해서, 미래에 대한 모든 계획을 물거품으로 만들어 버린 것에 대해서, 책임과 의무를 저버린 것에 대해서) 등으로 자살유가족과 친구들은 이러한 분노를 느끼고 표현하는 것이 정상적인 애도의 과정이라는 것을 인식해야 한다.

● 적절한 언어 사용하기

일반적으로 자살에 성공했다거나 자살시도를 했는데 실패했다는 등의 표현을 사용하곤 하는데, 이러한 말들은 다른 의미를 내포할 수 있기 때문에 사용을 자제해야 한다. 자살은 정신건강이나 행동건강상의 문제로 인해 사람들이 할 수 있는 최악의

07

결과이기 때문에 자살을 절대 성공이나 실패로 보아서는 안 된다.

자살유가족 상담의 주요 과제

● 애도과정을 시작하도록 돕기

자살유가족의 회복에서 중요한 요인 중 하나는 자살을 이해하는 것이다. 상담가는 내담자들이 자살원인에 대해 이해하는 것을 돕고, 이야기하도록 하고, 상실을 재구성하고, 납득할 수 있게 도와야 한다. 자살유가족은 부인, 분노, 자기비난과 죄책감을 포함한 다양한 감정을 정리하고 상실을 수용할 필요가 있다.

● 자살한 사람이 없는 삶을 다시 살아갈 수 있도록 돕기

상담가는 자살유가족이 자살생각이나 자살 관련 행동을 하지 않는지 잘 관찰해야 한다. 마지막으로, 치료자는 내담자가 사회 내에서 기능할 수 있도록 도와야 한다. 자살유가족이 대인관계에서 고립되지 않게 하는 것이 중요하다.

다음은 Farberow(1992)의 연구에서 자살유가족이 유용하다고 보고한 활동이다.

- 친구들이나 가족들과 이야기하기(가장 유용하다고 생각)
- 사진과 기념물 살펴보기
- 묘지 방문하기
- 소지품을 재정비하고 간직하기
- 개인 심리치료(15%가 유용하다고 생각)
- 집단치료(22%가 유용하다고 생각)

자살유가족의 치료에 있어서 주의할 사항은 상담가는 내담자의 자살유가족을 치료해서는 안 된다는 것이다. 이 경우 상담가 자신의 느낌이 객관적일 수 없으며, 긍정적인 치료적 관계를 형성하는 것이 어려울 수도 있기 때문이다.

3) 지지집단

지지집단은 상실을 경험한 사람들을 치유하도록 돕는 효과적인 방법이다. 사람들은 지지집단을 통해 슬픔을 다루고 격려를 받으며 상실을 수용하고 삶의 의미를 발견할 수 있다. 지지집단은 자살유가족뿐만 아니라 자살시도 후에 살아남은 사람들을 위해서도 사용될 수 있다.

지지집단의 역할

- 애도작업을 하고 새로운 삶의 의미를 발견할 수 있는 안전한 장소 제공
- 고립감을 느끼지 않도록 함
- 감정적·신체적·영적 지지의 제공
- 슬픔에 대한 생각과 감정을 탐색하도록 함
- 참석자들이 지지와 이해를 받기만 하는 것이 아니라, 다른 사람에게 지지와 이해를 제공
- 문제에 접근할 수 있는 새로운 방법을 배우는 기회 제공
- 삶의 활력을 되찾을 수 있도록 지지적인 환경 제공

다음은 Opalewski(2008)가 지지집단을 구성할 때 고려할 사항으로 제시한 것을 정리한 것이다.

- 집단형식의 결정: 어떤 종류의 집단을 구성할 것인가? 자조집단인가 아니면 리더가 있는 집단인가? 형식을 선택하는 데 있어 집단에 참가할 사람들의 특징과 상담가의 장점이 고려되어야 한다.
- 장소의 결정: 가장 좋은 장소는 지지적인 분위기를 조성하는 데 적합한 아늑하고 편안한 장소이어야 하며, 너무 넓거나 좁지 않아야 한다.
- 구조의 확립: 집단 구성원이 자신의 필요에 따라 자유롭게 집단에 들어오고 나갈 수 있도록 할 것인가? 아니면 주중에 며칠, 몇 명의 사람이 모여서 만날 수 있도록 할 것인가?

07

- 만남의 길이와 빈도의 결정: 한번 만날 때 몇 시간을 만날 것인지, 얼마나 자주 모임을 가질 것인지에 대해서 결정한다.
- 참가자 수의 결정: 상담가가 목표로 하는 상호작용의 종류나 질에 따라 참석자의 수를 결정할 수 있다. 집단이 너무 커지면 참석자들이 느끼는 안전감과 자유는 감소할 수 있다. 되도록 12명 이상이 되지 않도록 한다.
- 기본적인 규칙의 결정: 규칙을 정하는 과정을 통해서 사람들이 슬퍼할 수 있는 안전한 공간을 만들 수 있다. 이러한 작업은 상담가(집단의 리더)에게도 중요하다. 예를 들어, 누군가가 혼자만 오랜 시간 동안 이야기를 한다면, 모든 사람이 공평하게 말할 기회를 갖는다는 집단의 규칙을 다시금 상기시켜 주는 방식으로 개입할 수 있다.

집단 구성원들은 도움을 주고받으면서 무기력감에서 점차 벗어나고 삶에 대해 새로운 의미를 발견할 수 있다. 다른 사람으로부터 이해받는다는 느낌을 경험함으로써 세상에 대해 쌓았던 장벽을 무너뜨리게 된다.

집단규칙의 예

① 자신이나 다른 사람들이 느끼는 감정을 존중하고 수용하라.
② 자신과 다른 사람들이 치유되는 데 얼마나 걸릴 것인가에 대해 마음속으로 생각했던 대로 진행되지 않을 수 있다는 것을 기억하라.
③ 당신의 슬픔에 대해 이야기하라. 그렇지만 집단 내의 어떤 사람이 자신의 이야기를 할 준비가 되어 있지 않아서 듣고만 있다고 하더라도 그의 선택을 존중하라.
④ 다른 사람들이 말하는 동안은 끼어들지 않도록 노력하라.
⑤ 다른 사람들의 비밀보장의 권리를 지켜 줘라. 집단 외부에서는 집단에 속한 사람의 이름을 이야기하지 마라.
⑥ 집단모임에 빠지지 말고 참석하며 시간을 지켜라.
⑦ 모든 사람이 자신을 표현할 시간을 공평하게 갖도록 하라.
⑧ 집단 구성원이 특별히 그것을 요구하지 않는 이상 충고하는 것을 피하라.
⑨ 생각과 감정에는 옳고 그른 것이 없다는 것을 인식하라.
⑩ 이야기를 해야 한다는 압박감이 들지만, 하고 싶지 않다면 "아니요"라고 말하라.

참 고 문 헌

강현식(2005). 알코올중독의 재발과 관련 있는 심리적 특성. 고려대학교 석사학위 청구논문.

고은하(2001). 아동상담가의 의욕상실 경험과 대처유형에 관한 연구. 숙명여자대학교 석사학위
　　논문.

권용철, 박종한(1989). 노인용 한국판 Mini-Mental State Examination(MMSE-K)의 표준화 연구. 신
　　경정신의학, 28, 125-135.

김경빈, 한광수, 이정국, 이민규, 김유광, 김철규(1991). 한국형 알코올 중독 선별검사 제작을 위
　　한 예비연구(III). 신경정신의학, 30, 569-581.

김동휘(2007). 노인에게 있어서 삶의 의미와 죽음의 불안과의 관계. 계명대학교 석사학위논문.

김민걸, 이상수, 이상경, 이영호, 안동성, 심주철, 김용관, 김영훈, 윤성환(1998). 도시지역 알츠하
　　이머형 치매 환자를 대상으로 한 한국판 MMSE(MMSE-K)의 진단적 타당성 조사와 정신병
　　리 평가. 신경정신의학, 37(6), 1277-1291.

김보라(2002). 특수체육지도자의 환경적 특성과 소진의 관계. 서울대학교 석사학위논문.

김현지(2008). 노인의 삶의 의미와 자살생각 간의 관계: 지각된 사회적 지지와 회피적 대처 양식
　　의 매개 효과. 고려대학교 석사학위논문.

김형수(1998). 노인자살에 대한 사회학적 이해와 노인복지정책. 한국노인과학 학술단체연합회,
　　161-164.

김형수(2000). 노인과 자살. 한국노인복지학회, 10, 25-45.

김효창, 손현미(2006). 노인 자살의 특성과 자살유형에 관한 연구. 한국심리학회지: 사회문제, 12,
　　1-19.

박순천(2005). 노인의 자살생각에 영향을 미치는 요인에 관한 연구. 이화여자대학교 석사학위
　　논문.

박재순(2002). 병원근무 간호사의 소진과 영향요인. 여성건강간호학회지, 8, 550-558.

박지원(1985). 사회적 지지 척도 제작을 위한 일 연구. 연세대학교 박사학위 청구논문.

박희현(2005). 아동상담가의 의욕상실(burnout) 요인 연구. 숙명여자대학교 박사학위 청구논문.

배지연(2005). 노인의 자살생각에 관한 인과모형. 대전대학교 박사학위논문.

서화정(2005). 노인자살예방을 위한 사회사업개입 전략: 노인 자살의 영향 요인 분석을 중심으

로. 부산대학교 박사학위논문.

신민섭, 박광배, 오경자, 김중술(1990). 고등학생의 자살성향에 관한 연구. 한국심리학회지: 임상, 9(1), 1-19.

심숙영(1999). 유아교사의 이직에 영향을 미치는 원인 분석. 유아교육연구, 19, 5-20.

여선영(2005). 아동상담가의 자아탄력성 및 사회적 지지와 심리적 소진과의 관계. 숙명여자대학교 석사학위논문.

왕성근(1978) 정신과 외래환자의 Self-Rating Anxiety Scale에 의한불안에 관한 연구. 신경정신의학, 17, 179-191.

유성경, 박성호(2002). 상담환경의 위험 요소, 지각된 사회적 지지가 상담자의 심리적 소진에 미치는 영향. 한국심리학회지, 14, 389-400.

이영란 (1999). 무용요법이 노인의 신체적 · 심리적 특성에 미치는 효과. 대한간호학회지, 29(2), 429-444.

이경순(1983). 간호원의 스트레스 요인에 관한 분석연구. 연세대학교 석사학위논문.

이민숙(2005). 노인의 우울과 자살에 대한 사회적 지지의 영향. 서울여자대학교 석사학위논문.

이자영, 남숙경, 박희락, 김동현, 이미경, 이상민(2008). 상담경력과 상담가 소진과의 관계: 한국과 미국 상담가 비교연구. 한국심리학회지: 상담 및 심리치료, 20, 23-42.

이혜선, 권정혜(2009). 한국판 자살생각척도(K-BSS)의 타당화 연구. 한국심리학회지: 임상, 28(4), 1155-1172.

장기보 (2003). 간호장교의 심리적 소진과 사회적 지지 지각, 자기효능감 간의 관계. 가톨릭대학교 석사학위논문.

정은숙(2005). 노인자살의 위험요인과 보호요인에 관한 연구. 아주대학교 교육대학원 석사학위논문.

조민호(2009). 대인관계 심리학적 모형을 통해서 본 한국 군의 자살. 고려대학교 석사학위논문.

조성연(2005). 보육교사의 직무만족도와 소진. 한국생활과학지, 14, 69-79.

최영임(2008). 노인자살생각에 영향을 주는 요인에 관한 연구. 대구대학교 박사학위논문.

최혜영(1994). 사회사업가의 Burnout에 영향을 미치는 요인 연구: 복지관과 병원을 중심으로. 연세대학교 석사학위논문.

최혜윤, 정남운(2003). 상담가의 완벽주의 성향, 사회적 지지와 심리적 소진. 한국심리학회지 건강, 8(2), 279-300.

Allgulander, C., & Lavori, P. W. (1993). Causes of death among 936 elderly patients with 'pure' anxiety neurosis in Stockholm County, Sweden, and in patients with depressive neurosis or both diagnoses. *Comprehensive Psychiatry, 34*(5), 299–302.

Asberg, M., & Forslund, K. (2000). Neurobiological aspects of suicidal behavior. *International Review of Psychiatry, 12,* 62–74.

Bailley, S. E., Kral, M. J., & Dunham, K. (1999). Survivors of suicide do grieve differently: Empirical support for a common sense proposition. *Suicide and Life–Threatening Behavior, 29,* 256–271.

Barraclough, B. M. (1971). Suicide in the elderly. *British Journal of Psychiatry, 6,* 87–97.

Barrett, T. W., & Scott, T. B. (1990). Suicide bereavement and recovery patterns compared with non-suicide bereavement patterns. *Suicide and Life–Threatening Behavior, 20,* 1–15.

Bauer, M. E., Vedhara, K., Perks, P., Wilcock, G. K., Lightmana, S. L., & Shanksa, N. (2000). Chronic stress in caregivers of dementia patients is associated with reduced lymphocyte sensitivity to glucocorticoids. *Journal of Nutritional Education and Behavior, 103,* 84–92.

Beck, A. (1997). 원호택 외 역. 우울증 인지치료. 서울: 학지사.

Beck, A. T., Beck, R., & Kovacs, M. (1975). Classification of suicidal behaviors: I. uantifying intent and medical lethality. American Journal of Psychiatry, *132*(3), 285-287.

Beck, A. T., Brown, G., Berchick, R. J., Stewart, B. L., & Steer, R. A. (1990). Relationship of hopelessness to ultimate suicide: Replications with psychiatric outpatients. *Archivesof GeneralPsychiatry, 147*(2), 190–195.

Beck, A. T., Kovacs, M., & Weissman, A. (1979). Assessment of suicidal intention: The scale for suicide ideation. *Journal of Consultingand Clinical Psychology, 47*(2), 343–352.

Beck, A. T., Steer, R. A., & Ranieri, W. F. (1988). Scale for Suicide Ideation: psychometric prop-erties of a self–report version. *Journal of Clinical Psychology, 44,* 499–505.

Beck, A. T., Weissman, A., Lester, D., & Trexler, L. (1974). The measurement of pessimism: the hopelessness scale. *Journal of Consultingand Clinical Psychology, 42*(6), 861–865.

Bednar, R., Bednar, S., Lambert, M., & Waite, D. (1991). *Psychotherapy with High–Risk Clients: Legal and Professional Standards.* Pacific Grove, CA: Brooks/Cole.

Berman, A. L., & Jobes, D. A. (1995). Suicide prevention in adolescents(age 12–18). *Suicide and Life–Threatening Behavior, 25*(1), 143–154.

Blazer, D. G. (1991). Suicide risk factors in the elderly: An epidemiological study. *Journal of Geriatric Psychiatry, 24,* 175.

Blazer, D. G., & Koenig, H. G. (1996). Minor depression in late life. *American Journal of Geriatric Psychiatry, 4,* 14–21.

Blazer, D. G., Burchett, B., Connie, S., & George, L. K. (1991). The association of age and depression among the elderly: An epidemiologic exploration. *Journal of Gerontology, 46*(6), 210−215.

Bongar, B. Berman, A. L., Maris, R. W., Silverman, M. M., Harris, E. A., & Packman, W. L. (1998). *Risk management with suicidal patients.* New York: Guilford Press.

Bongar, B. M. (2002). *The Suicidal Patient: Clinical and Legal Standards of Care* (2nd ed.). Washington: American Psychological Association.

Bowen, M. (1976). Theory in the Practice of psychotherapy. In P. J. Guerin (Ed.), *Family Therapy.* New York: Gardner Press.

Burton, Mary, & Watson, M. (1998). *Counseling People with Cancer.* John Wiley & Sons, Ltd.

Calhoun, L. G., & Allen, B. G. (1991). Social Reactions to the Survivor of a Suicide in the Family: A Review of the Literature. *Omega, 23*(2), 95−107.

Carney, S. S., Rich, C. L., Burke, P. A., & Fowler, R. C. (1994). Suicide over 60: The San Diego study. *Journal of the American Geriatrics Society, 42*, 174−180.

Clark, C. D., & Fawcett, J. (1992). Risk factors for suicide in schizophrenia and other psychotic and non-psychotic disorders. *Journal of Nervous and Mental Disease, 179*, 259−266.

Clark, D. A., & Beck, A. T. (1999). *Scientific Foundations of Cognitive Theory and Therapy of Depression.* New York: John Wiley.

Cohen, S., & Willis, T. A. (1985). Stress, social support, and the buffering hypothesis. *Psychological Bulletin, 98*, 310−357.

Conwell, Y. (1994). uicide in the elderly. In L. S. Schneider, C. F. Friedhoff (Eds.), *Diagnosis and treatment of NIH Consensus Development Confrtrnce.* Washington, DC: American Psychiatric Press.

Conwell, Y., Duberstein, P. R., Cox, C., Herrmann, J., Forbes, N., & Caine, E. (1996). Relationship of age and axis 1 diagnoses in victims of completed suicide: A psychological autopsy study. *American Journal of Psychiatry, 153*, 1001−1008.

Conwell, Y., Olsen, K., Caine, E. D., & Flannery, D. (1991). Suicide in late life: Psychological autopsy findings. *International Psychogeriatrics 3*, 59−66.

De Leo, D., Carollo, G., & Dello Buono, M. (1995). Lower suicide rates associated with a Tele−Help/Tele-check service for the elderly at home. *The American Journal of Psychiatry, 152*, 632−633.

Delia, C., & Patrick, T. (1996), Stress in clinical psychologists. *The international journal of social* psychiatry, 42(2), 141-149.

Duberstein, P. R., Conwell, Y., Cox, C., Podgorski, C. A., Glazer, R. S., & Caine, D. (1995). Attitudes toward self-determined death: a survey of primary care physicians. *Journal of the American Geriatrics Society, 43*(4), 395-400.

Duberstein, P.R., Conwell, Y., & Cox, C. (1998). Suicide in widowed persons. A psychological autopsy comparison of recently and remotely bereaved older subjects. *American Journal of Geriatric Psychiatry, 98,* 328-334.

Duggan, C. F. (1991). Can future suicidal behaviour in depressed patients be predicted? *Journal of Affective Disorders, 22*(3),111-118.

Dura, J. R., Stukenberg, K. W., & Kiecolt-Glaser, J. K. (1991). Anxiety and depressive disorders in adult children caring for demented parents. *Psychology and Aging, 6*(3), 467-473.

Dyer, W. W. (2006). 오현정 역. 행복한 이기주의자. 서울: 21세기북스.

Edelwich, A., & Brodsky, D. (1983). *Burnout: Stage of disillusionment in the helping profession.* New York: Pergamon Press.

Egan. G. (1973). *Face to face.* Monterey, Cal.: Brooks/Cole.

Everson, S. A., Goldberg, D. E., & Kaplan, G. A. (1996). Hopelessness and risk of mortality and incidence of myocardial infarction and cancer. *Psychosom. Med. 58,* 113-121.

Farberow, N. L. (1992). The Los Angeles survivors-after-suicide program: an evaluation. *Crisis, 13*(1) 23-24.

Farrelly F., & Brandsma, J. (1986). *Provokative Therapie.* Springer, Heidelberg.

Federn, P. (1929). Die Diskussion er den Selbstmord, insbesondere den Sch erselbstmord im Wiener Psychoanalytischen Verein 1910. *Zs. f psychoanalytische P agogik, 3,* 334-379.

Foley, K. M. (1991). The relationship of pain and symptom management to patient requests for physician-assisted suicide. *Journal of Pain and Symptom Manage, 6,* 289-297.

Frankl, V. (2007). *Psychotherapie f den Alltag.* Freiburg im Breisgau: Verlag Herder, 24th edition.

Freud, S. (1940~1952). Gesammelte Werke(G. W. 프로이트 총서), XIII. London, Frankfurt/M.

Friedman, E. H. (1985). *Generation to Generation.* Family Process in Church and Synagogue, New York, London.

Fromm, E. (1970). *Analytische Sozialpsychologie und Gesellschaftstheorie.,* Frankfurt/M: Edition Suhrkamp.

Glasser, W. (1976). *Positive Addiction.* New York: Harper & Row.

Goldstrom, I. D., Burns, B. J., Kessler, L. G., Feuerberg, M. A., Larson, D. B., Miller, N. E., &

Cromer, W. J. (1987). Mental Health Services Use by Elderly Adults in a Primary Care Setting. *Journal of Gerontology, 42*(2), 147−153

Granello, D. H., & Granello, P. F. (2007). *Suicide: An Essentia lGuide for Helping Professionals and Educators.* Pearson Education.

Granello, P. F., & Witmer, J. M. (1998). Standards of Care: Potential Implications for the Counseling Profession. *Journal of Counseling and Development, 76*(4), 371−380.

Harris, E. C., & Barraclough, B. M. (1994). Suicide as an outcome for medical disorders. *Medicine, 73*, 281−296.

Hartmann, H. (1972). *Die Grundlagen der Psychoanalyse.* Stuttgart: Ernst Klett.

Heikkinen, M. E., & Lonnqvist, J. K. (1995). Recent life events in elderly suicide: A nationwide stud in Finland. *International Psychogeriatrics, 7*, 287−300.

Hendin, H. (1999). Suicide, assisted suicide, and euthanasia. In D. G. Jacobs (Ed.), *The Harvard Medical School guide to suicide assessment and intervention.* SanFrancisco(CA): Jossey Bass Inc.

Henriksson, M. M., Marttunen, M. J., Isometsa, E. T., Aro, H. M., & Loënqvist, J. K. (1995). Mental disorders in elderly suicide. *International Psychogeriatrics, 7*, 275−286.

Hovestadt, A. J., Anderson, W., Piercy, F. A., Cochran, S. W., & Fine, M. (1985). "A Family−of−Origin Scale"., *Journal of Marital and Family Therapy, 11*(3), 287−297.

Jayarante, S., & Chess, W. (1984). Job satisfaction burnout and turnover: A national survey. *Social Work, 29*, 448−453.

Jobes, D. A., Eyman, J. R., & Yufit, R. I. (1991). *How clinicians assess adolescent and adult suicide risk.* Paper presented at the Annual Meeting of the American Association of Suicidology, New Orleans.

Jones, J. S., Stanley, B., Mann, J. J., Frances, A. J., Guido, J. R., Traskman-Bendz, L., Winchel, R., Brown, R. P., & Stanley, M. (1990). CSF 5−HIAA and HVA concentrations in elderly depressed patients who attempted suicide. *American Journal of Psychiatry, 147*, 1225−1227.

Juhnke, G. A., & Shoffner, M. F. (1999). The family debriefing model: An adapted critical incident stress debriefing for parents and older sibling suicide survivors. *The Family Journal: Counseling and Therapy for Couples and Families, 7*(4), 342−348.

Kelly, B., Raphael, B., Judd, F., Perdices, M., Kernutt, G., Burnett, P., Dunne, M., & Burrows, G. (1998). Suicidal ideation, suicide attempts, and HIV infection. *Psychosomatics, 39*, 405−415.

Kennedy, G. J., & Tanenbaum, S. (2000). Suicide and Aging: International Perspectives. *Psychiatric Quarterly , 71*(4), 345−362.

Kim, J. Y., Park, J. H., Lee, J. J., Huh, Y. S., Lee, S. B., Han, S. K., Choi, S. W., Lee, D. Y., Kim, K. W., & Woo, J. I. (2008). Standardization of the Korean Version of the Geriatric Depression Scale: Reliability, Validity, and Factor Structure. *Psychiatry Investigation, 5*, 232−238.

Kleespies, P. M, Smith, M. R., & Becker, B. R. (1990). Psychology interns as patient suicide sur-vivors: Incidence, impact, and recovery. *Professional Psychology: Research and Practice, 21*(4), 257−263.

Knapp, S. & Vandercreek, L. (2001). Psychotherapists' legal responsibility to third parties: Does it extend to alleged perpetrators of childhood abuse? *Professional Psychology: Research and Practice, 32*, 479−483.

Koocher, G. P., & Pollin, I. (1994). Medical crisis counseling: A new service delivery model. *Journal of Clinical Psychology in Medical Settings, 1*, 291−299.

Kuo, W. H., Gallo, J. J., & Eaton, W. W. (2004). Hopelessness, Psychiatric Disturbances and Suicidal Behavioral: A Longitudinal Study. *Social Psychiatry and Psychiatric Epidemiology, 39*, 497−501.

Lambert, M. J. (1992). Implications of outcome research for psychotherapy integration. In J. C. Norcross & M. R. Goldfield (Eds.), *Handbook of psychotherapy integration.* New York: Basic.

Lester, B. Y. (2001). Learnings from Durkheim and beyond: the economy and suicide, Suicide and 2001. *Life−Threatening Behavior, 31*(1), 15−31.

Li, G. (1995). The interaction effect of bereavement and sex on the risk of suicide in the elderly: An historical cohort study. Social Science Medicine, 40, 825−828.

Lyness, J., Conwell Y., & Nelson, J. (1992). Suicide attempts in elderly psychiatric inpatients. *Journal of the American Geriatrics Society, 40*(4), 320−324.

MacMahon, B., & Pugh, T. F. (1985). Suicide in the widowed. *American Journal of Epidemiology, 81*, 23−31.

Maltsberger, J. T. (1992). Psychotherapy with older syicidal patientsi. *PsycSCAN Psychoanalysis, 6.*

Mann, J. J., & Malone, K. M. (1997). Cerebrospinal fluid amines and higher−lethality suicide attempts in depressed inpatients. *Biological Psychiatry, 41*, 162−171.

Maslach, C. (1982). *Burnout: The cost o fcaring.* Englewood Cliffs, NJ: Prentice—Hall(Spectrum).

Maslach, C., Schaufeli, W. B., & Leither, M. P. (2001). Job burnout. *Annual Reviews of Psychology, 52,* 397—422.

McAdams III, C. R., & Foster, V. A. (2000). Client suicide: Its frequency and impact on coun-selors. *Journal of Mental Health Counseling, 22,* 107—121.

McIntyre, T. F. (1981). *An investigation of the relationships among burnout, locus of control, and selected personal/professional factors in special education teachers.* Unpublished doctoral dissertation. University of Connecticut.

Meichenbaum, D. (1985). *Stress Inoculation Training.* New York: Pergamon Press.

Menninger, J. A. (2002). Assessment and treatment of alcoholism and substance—related disor-ders in the elderly. *Bulletinofthe Menninger Clinic, 66*(2), 166—183.

Merleau-Ponty, M. (2006). 류의근 역. 지각의 현상학. 서울: 문학과지성.

Miller, I., Bishop, S., Norman, W., & Maddover, H. (1985). The modified Hamilton rating scale for depression: Reliability and validity. *Psychiatry Research, 14,* 131—142.

Mills, I. B., & Huebner, E. S. (1999). A prospective study of personality characteristics, occupa-tional stressors, and burnout among school psychology practitioners. *Journal of School Psychology, 36,* 103—120.

Minuchin, S. (1979). *Families & Family Therapy.* Cambridge, Massachusetts: Harvard University Press.

Mitchell, J. T. (1991). *Law enforcement applications of critical incident stress teams.* Washington, DC: United States Government Printing Office.

Moorey, S., & Greer, S. (1989). *Psychological therapy for patients with cancer: a new approach.* Oxford: Heinemann Medical Books.

Mościcki, E. K., O' Carroll, P., Rae, D. S., Locke, B. Z., Roy, A., & Regier, D. A. (1988). Suicide attempts in the Epidemiologic Catchment Area Study. *The Yale Journal of Biology and Medicine, 61,* 259—268.

Mulsant, B. H., & Ganguli, M. (1999). Epidemiology and diagnosis of depression in late life. *The journal of clinical psychiatry, 60*(20), 9—15.

Murphy, G. E., Wetzel, R. D., Robins, E., & McEvoy, L. (1992). Multiple risk factors predict sui-cide in alcoholism. *Archives of General Psychiatry, 49,* 459—463.

National Center for Health Statistics. (1987). Advance report of final mortality statistics. *NCHS monthly vital statistics report.* Washington, DC: National Center for Health Statistics, 40.

Neimeyer, R. A. (2000a). Searching for the meaning of meaning: Grief therapy and the process of reconstruction. *Death Studies, 24*(6), 541−558.

Neimeyer, R. A. (2000b). Suicide and hastened death: Toward a Training agenda for counseling psychology. *The Counseling Psychologist, 28*, 551−560.

Nelson, F.L., & Farberow, N.L. (1976). Indirect suicide in the elderly, chronically ill patient. *Psychiatria Fennica, Suppl.* 125−139.

Nordentoft, M., Breum, L., Munck, L. K., Nordestgaard, A. G., Hunding, A., Laursen Bjaeldager, P. A. (1993). High mortality by natural and unnatural causes: a 10 year follow up study of patients admitted to a poisoning treatment centre after suicide attempts. *British Medical Journal, 306*, 1637−1641.

Olshevski, J. L., Katz, A. D., & Knight, B. (1999). *Stress Reduction for Caregivers.* Philadelphia: Brunner/Mazel.

Opalewski, D. A. (2008). *An swering the Cry for Help.* National Center for Youth Issues, Chattanooga, TN.

Osgood, N. J. (1985). *uicide in the elderly.* Rockville, MD: Aspen.

Osgood, N. J. (1992) Suicide in the elderly: etiology and assessment. *International Review of Psychiatry, 4*(2), 217−223.

Pearson, J. L., & Brown, G. K. (2000). Suicide prevention in late-life: directions for science and practice. *Clinical Psychology Review, 20*, 685−705.

Petzold, H. G. (2005). *Mit alten Menschen arbeiten.* Stuttgart: Klett−Cotta.

Pilkinton, p., & Etkin, M. (2003). Encountering Suicide: The Experience of Psychiatric Residents. *Academic Psychiatry, 27*, 93−99.

Pines, A., & Aronso, E. (1988). *Career burnout: Causes and Cures.* New York: Free Press.

Pines, A., Aronso, E., & Kafry, D. (1981). *Burnout: From tedium to personal growth.* New York: Free Press.

Plitt, S. (2006). *Suizidalit im Alter.* Berlin Verlag Dr. Müller.

Rao, R., Dening, T., Brayne, C., Huppert, F. A. (1997). Suicidal thinking in community residents over eighty. *International Journal of Geriatric Psychiatry, 12*, 337−343.

Rich, C.L., Young, J.G., & Fowler, R.C. (1986). San Diego suicide study: I. Young vs. old subjects. *Archives of General Psychiatry, 43*, 577−582.

Rifai, A. H., George, C. J., Stack, J. A., Mann, J. J., & Reynolds III, C. F. (1994). Hopelessnessi in Suicide Attempters After Acute Treatment of Mauor Depression in Late Life. *The American*

Journal of Psychiatry, 151, 1687−1690.

Rizzo, J. R., & Lirtzman, S. I. (1970). Role conflict and ambiguity in complex organizations. *Administrative Science Quarterly, 15*, 150−164.

Robinson-Whelen, S., Kiecolt-Glaser, J. K, & Glaser, R. (2000). Effect of Chronic Stress on Immune Function. In S. B. Manuck, R. Jennings, B. S. Rabin, & A. Baum, *Behavior, health, and aging,* 69−82.

Rogers, C. R. (1942). *Counseling and Psychotherapy.* Boston: Hoyghton Mifflin.

Rost, K., Smith, G., Matthews, D., & Guise, B. (1994). The deliberate misdiagnosis of major depression in primary care. *Archives of Family Medicine, 3,* 333−337.

Rubel, B. (2003). *The grief response experienced by the survivors of suicide.* Retrieved on November 6, 2002, from www.griefworkcenter.com.

Rudd, M. D. (2006). *The Assessment and Managementof Suicidality.* Sarasota: Professional esource Press.

Sainsbury, P. (1955). *SuicideinLondon.* London: Chapman & Hall.

Satir, V. (1975). *Selbstwert und Kommunikation.* Stuttgart: Krett−Cotta: Kohlhammer.

Satir, V. (1979). *Familienbehandlung.* Stuttgart: Krett−Cotta.

Schlippe von A., & Schweitzer, J. (1999). *Lehrbuch der systemischen Therapie und Beratung.* Paderborn: Vandenhoeck & Ruprecht.

Schneider, L.S. (1996b). Pharmacologic considerations in the treatment of late-life depression. *American Journal of Geriatric Psychiatry, 4,* S51−S65.

Schram, B., & Mandell, B. R. (1997). *An introduction to human services: Policy and practice.* Boston: Allyn and Bacon.

Schulz, R., & Beach, S. R. (1999). Caregiving as a risk factor for mortality: The Caregiver health Effects Study. *Journal of the American Medical Association, 282,* 2215−2219.

Schuyler, D. (1973). Counseling suicide survivors: Issues and answers. *Omega, 4,* 313−320.

Seidlitz, L., Duberstein, P.R., Cox, C., & Conwell, Y. (1995). Attitudes of older people toward suicide and assisted suicide: An analysis of Gallup Poll findings. *Journal of the American Geriatrics Society, 43,* 993−998.

Shaddock, A. J., Hill, M., & Van Limbeek, C. A. H. (1998). Factors associated with burnout in workers in residential facilities for people with an intellectual disability. *Journal of Intellectual & Developmental Disability, 23,* 309−318.

Shneidman, E. S. (1969). Suicide lethality and the psychological autopsy. In E. S. Shneidman &

M. Ortega (Eds.), *AspectofDepression* (pp. 225−250). Boston: Little, Brown.

Shneidman, E. S. (1981). Psychotherapy with suicidal patients. *Suicide and Life−Threatening Behavior, 11*(4) 341−348.

Silverman, E., Range, L., & Overholser, J. (1995). Bereavement from suicide as compared to other forms of bereavement. *Omega: Journal of Death and Dying, 20,* 41−51.

Simon, R. I. (2000). Taking the "sue" out of suicide: a forensic psychiatrist's perspective. *Psychiatric Annals, 30,* 399−407

Skovholt, T. M. (2003). 유성경, 유정이, 이윤주, 김선경 공역. 건강한 상담가만이 남을 도울 수 있다. 서울: 학지사(원전 2001년 출간).

Söderfeldt, M., Söderfeldt, B., & Warg, L. E. (1995). Burnout in social work. *Social Work, 40,* 638−646.

Sommer−Rotenberg, D. (1998). Suicide and language. *Canadian Medical Association Journal, 159*(3), 239−240.

Steffens, D. C, Hays, J. C. George, L. K., Ranga Krishnan, K. R., & Blazer, D. G. (1996). Sociodemographic and clinical correlates of number of previous depressive episodes in the depressed elderly. *Journal of Affective Disorders, 39*(2), 99−106.

Stillion, J. M., & McDowell, E. E. (1996). *Suicide across the lifes pan.* Washington, DC: Taylor & Francis.

Szanto, K, Reynolds, C. F., Conwell, Y., Begley, A. E., & Houck, P. (1998). High levels of hopelessness persist in geriatric patients with remitted depression and a history of attempted suicide. *Journal of the American Geriatrics Society, 46,* 1401−1406.

Szanto, K., Prigerson, H., Houck, P., Ehrenpreis, L., & Reynolds III, C. F. (1997). Suicidal ideation in elderly bereaved: The role of complicated grief. *Suicide & Life Threatening Behavior, 27,* 194−207.

Szanto, K., Gildengers, A., Mulsant, B. H. G., Alexopoulos, G. S., & Reynolds, C. F. I. (2002). Identification of Suicidal Ideation and Prevention of Suicidal Behavior in the Elderly. *Drugs & Aging, 19*(1), 11−24.

Takahashi, Y., Hirasawa, H., Koyama, K., Asakawa, O., Kido, M., Onose, H., Udagawa, M., Ishikawa, Y., & Uno, M. (1995). Suicide and Aging in Japan: An Examination of Treated Elderly Suicide Attempters. *International Psychogeriatrics, 7*(2), 239−251.

Thomas, K. (1987). Mangelnde Konfrontation. *Suizidprophylaxe, 14,* 174−186.

Um, M. Y., & Harrison, D. F. (1998). Role stressors, burnout, mediators, and job satisfaction: A stress-strain-outcome model and an empirical test. *Social Work Research, 22,* 100-115.

Uncapher, H., Gallagher-Thompson, D., Osgood, N. J., & Bongar, B. (1998). Hopelessness and Suicidal Ideation in Older Adults. *The Gerontologist, 38,* 62-70.

Van Dongen, C. J. (1991). Experiences of family members after a suicide. *The Journal of family practice, 33*(4), 375-380.

Van Orden, K. A. (2009). *Construct validity of the Interpersonal Needs Questionnaire.* Doctoral Dissertation. Florida State University.

Warshaw, M. G., Dolan, R. T., & Keller, M. B. (2000). Suicidal behavior in patients with current or past-panic disorder: five years of prospective data froms the Harvard/Brown anxiety research program. *American Journal of Psychiatry, 157*(11), 1876-1878.

Wheeler, B. G. (1989). Mental health education geriatric fellowships. *Educational Gerontology, 15*(4), 405-414.

White, T. W. (2002) Improving the reliability of expert testimony in suicide litigation. *Journal of Psychiatry and Law, 30,* 331-353

Whitlock, F. A. (1996). uicide and physical illness. In A. Roy (Ed.), *Suicide*(pp. 151-170). Baltimore: Williams & Wilkins.

Wolff, K. (1970). *Patterns of self-destruction: Depression and Suicide.*

Yesavage, J. A., Brink, T. L., Rose, T. L., Lum, O., Huang, V., Adey, M., & Leirer, V. O. (1982). Development and validation of a geriatric depression screening scale: A preliminary report. *Journal of Psychiatric Research, 17,* 37-49.

Younger, S.C., Clark, D.C., Oehmig-Lindroth, R., & Stein, R.J. (1990). Availability of knowledge-able informants for a psychological autopsy study of suicides committed by elderly people. *Journal of the American Geriatrics Society, 38,* 1169-1175.

Zisook, S., & Lyons, L. (1989). Bereavement and unresolved grief in psychiatric outpatients. *Omega: The International Journal of Management Science, 20,* 307-322.

Zung, W. W. K. (1971). A rating instrument for anxiety disorders. *Psychosomatics. 12,* 371-379.

별 첨

별첨 1. 자살생각척도(Scale for Suicide Ideation)

아래는 자살에 대한 생각을 알아보기 위한 질문들입니다.
질문을 잘 읽고 가장 적절한 답을 골라 ○표 하세요.

1. 살고 싶은 생각은?

① 보통 혹은 많이 있다.
② 약간 있다.
③ 전혀 없다.

2. 죽고 싶은 생각은?

① 전혀 없다.
② 약간 있다.
③ 보통 혹은 많이 있다.

3. 어르신은 삶과 죽음에 대해 어떻게 생각하십니까?

① 사는 것이 죽는 것보다 낫다.
② 사는 것이나 죽는 것이나 마찬가지다.
③ 죽는 것이 사는 것보다 낫다.

4. 실제로 자살을 시도하려는 욕구가 있습니까?

① 전혀 없다.
② 약간 있다.
③ 보통 혹은 많이 있다.

5. 삶에 대한 어르신의 태도는?

① 나는 좀 더 나은 삶을 위해 노력한다.
② 사는 것이나 죽는 것이 모두 운명이라고 생각한다.
③ 나는 더 살고자 하는 마음이 없다.

6. 자살하고 싶은 욕구나 생각이 얼마나 오랫동안 지속됩니까?

① 잠깐 그런 생각이 들다가 곧 사라진다. 혹은 전혀 생각해 보지 않았다.
② 한동안 그런 생각이 지속된다.
③ 거의 항상 그런 생각이 지속된다.

7. 어르신은 자살에 대한 생각을 얼마나 자주 합니까?

① 거의 그런 생각을 하지 않는다.
② 가끔 그런 생각을 한다.
③ 항상 그런 생각을 한다.

8. 자살에 대한 욕구나 생각이 들 때 어르신은 어떻게 하십니까?

① 그런 생각을 없애기 위해 다른 생각에 몰두한다.
② 그런 생각에 별로 개의치 않는다.
③ 그런 생각을 받아들인다.

9. 스스로 자살하고 싶은 생각을 억제할 수 있습니까?

① 충분히 억제할 수 있다.
② 억제할 수 있는지 확신할 수 없다.
③ 전혀 억제할 수 없을 것 같다.

10. 어르신이 실제로 자살을 시도하려고 할 때 어르신 주변의 환경(가족/친구/종교/다시 살 수 없다는 생각 등)이 어떠한 영향을 주리라 생각하십니까?

① 주변 환경 때문에 결코 자살을 시도하지 못할 것이다.
② 주변 환경 때문에 자살을 망설일 것이다.
③ 주변 환경의 영향을 전혀 받지 않을 것이다.

11. 어르신이 자살에 대해 깊이 생각해 본 이유는 무엇입니까?

① 자살에 대해 생각해 본 적이 없다.
② 주변 사람의 관심을 끌거나 보복하기 위해서
③ 현실에서 벗어나기 위한 방법으로

12. 자살에 대해 깊이 생각했을 때 그 방법까지 구체적으로 계획해 보았습니까?

① 자살에 대해 생각해 본 적이 없다.
② 자살에 대해서는 생각했지만 구체적인 방법까지는 생각하지 않았다.
③ 자살시도의 방법을 구체적으로 생각하고 계획도 세워 보았다.

13. 어르신이 생각한 자살방법을 사용하는 것이 현실적으로 가능하며, 또한 사용할 기회가 있다고 생각하십니까?

① 자살에 대해 생각해 본 적이 없다.
② 별로 현실적이지 못하고 사용할 기회도 없을 것이다.
③ 현실적으로 가능하며 사용할 기회도 있을 것이다.

14. 어르신은 실제로 자살을 할 수 있다고 생각하십니까?

① 용기가 없고 겁이 나서 실제로는 자살을 하지 못할 것이다.
② 자살할 용기와 자신이 있는지 확신할 수 없다.
③ 자살할 용기와 자신이 있다.

15. 어르신은 정말로 자살을 시도할 것이라고 확신합니까?

① 전혀 그렇지 않다.
② 잘 모르겠다.
③ 그렇다.

16. 자살을 시도하기 위해 실제로 어떤 준비를 한 적이 있습니까?

① 없다.
② 완전하지는 않지만 있다(예: 약을 사 모으기 시작함).
③ 완전하게 준비했다(예: 죽기에 충분한 다량의 약을 사 모았다).

17. 자살하려는 글(유서)을 써 본 적이 있습니까?

① 없다.
② 쓰려고 생각만 해 보았다. 혹은 시작했다가 그만두었다.
③ 다 써 놓았다.

18. 어르신은 죽음을 준비하면서 어떤 행동을 한 적이 있습니까? (예: 나에게 소중한 물건을 남에게 주었다)

① 없다.
② 생각만 해 보았다.
③ 있다.

19. 어르신의 자살에 관한 생각을 다른 사람에게 이야기한 적이 있습니까?

① 자살에 관해 생각해 본 적이 없다.
② 다른 사람에게 이야기했다.
③ 그런 생각을 속이고 숨겼다.

| 검 사 결 과 | 총점 | / 38점 |
| | | (자살 위험 □) |

별첨 2. Beck 절망감척도(Beck Hopelessness Scale)

이 질문지는 여러분이 일상생활에서 경험할 수 있는 내용들로 구성되어 있습니다. 다음의 문항을 자세히 읽어 보시고 당신이 일상생활에서 느끼고 있는 바를 가장 잘 나타내 주는 문항은 '예', 그렇지 않은 문항에는 '아니요'에 ∨표 해 주십시오.

	내 용	예	아니요
1	나는 내 미래에 대해서 희망적이고 의욕적이다.		
2	내 생활을 더 좋아지도록 할 수 없으므로 차라리 포기하는 것이 나을 것 같다.		
3	일이 잘 안 될 때에는 항상 이렇지는 않을 것이라고 생각하면 도움이 된다.		
4	나는 내가 10년 후에 어떻게 되어 있을지 상상할 수 없다.		
5	내가 가장 원하는 것을 성취할 수 있는 충분한 시간이 있다.		
6	장래에 나는 내가 가장 중요하게 생각하는 일에서 성공할 수 있을 것이다.		
7	나의 미래는 어두울 것 같다.		
8	나는 내 인생에서 보통 사람보다 좋은 것을 더 많이 얻을 수 있을 것이다.		
9	나는 마음이 편치 않으며 미래에도 아마 그럴 것이다.		
10	나에게 있어서는 과거의 경험이 장래를 위한 좋은 준비가 되었다.		
11	앞으로 나에게 일어날 모든 일은 좋은 일보다 나쁜 일이 더 많을 것이다.		
12	나는 내가 정말로 원하는 것을 가질 수 있다고 기대하지 않는다.		
13	나는 미래가 지금보다 더 행복할 것이라고 생각한다.		
14	내가 원하는 대로 일이 잘 풀리지 않을 것이다.		
15	나는 미래에 대해 큰 신념을 가지고 있다.		
16	내가 원하는 것을 결코 가질 수 없으므로 무엇을 원하는 것은 바보 같은 일이다.		
17	나는 미래에 진정한 만족감을 느끼지 못할 것 같다.		
18	나에게 미래는 막연하고 불확실해 보인다.		
19	나는 미래에는 나쁜 일보다는 좋은 일이 더 많이 있을 것이다.		
20	나는 아마도 그것을 갖지 못할 테니까, 내가 원하는 것을 얻기 위해 노력하는 것은 아무 소용없는 일이다.		

별첨 3. 우울척도(Revised Korean Version of the Geriatric Depression Scale: GDS-K-R)

이 질문지는 여러분이 일상생활에서 경험할 수 있는 내용들로 구성되어 있습니다. 다음의 문항을 자세히 읽어 보시고 당신이 일상생활에서 느끼고 있는 바를 가장 잘 나타내 주는 문항은 '예', 그렇지 않은 문항에는 '아니요'에 ∨ 표 해 주십시오.

	내 용	예	아니요
1	당신의 삶에 대체로 만족하십니까?		
2	활동이나 관심거리가 많이 줄었습니까?		
3	삶이 공허하다고 느끼십니까?		
4	지루하거나 따분할 때가 많습니까?		
5	앞날이 희망적이라고 생각하십니까?		
6	떨쳐 버릴 수 없는 생각 때문에 괴롭습니까?		
7	대체로 활기차게 사시는 편입니까?		
8	당신에게 좋지 않은 일이 생길 것 같아 걱정스럽습니까?		
9	대체로 행복하다고 느끼십니까?		
10	아무것도 할 수 없을 것 같은 무력감이 자주 듭니까?		
11	불안해지거나 안절부절못할 때가 자주 있습니까?		
12	바깥에 나가는 것보다 그냥 집에 있는 것이 더 좋습니까?		
13	앞날에 대한 걱정을 자주 하십니까?		
14	다른 사람들보다 기억력에 문제가 많다고 생각하십니까?		
15	살아 있다는 사실이 기쁘고 즐겁습니까?		
16	기분이 가라앉거나 우울해질 때가 자주 있습니까?		
17	요즘 자신이 아무 쓸모없는 사람처럼 느껴지십니까?		
18	지난 일에 대해 걱정을 많이 하십니까?		
19	산다는 것이 매우 신나고 즐겁습니까?		
20	새로운 일을 시작하는 것이 어렵습니까?		
21	생활에 활력이 넘치십니까?		
22	당신의 처지가 절망적이라고 느끼십니까?		
23	다른 사람들이 대체로 당신보다 낫다고 느끼십니까?		
24	사소한 일에도 속상할 때가 많습니까?		
25	울고 싶을 때가 자주 있습니까?		
26	집중하기가 어렵습니까?		
27	아침에 기분 좋게 일어나십니까?		
28	사람들과 어울리는 자리를 피하는 편이십니까?		
29	쉽게 결정하는 편이십니까?		
30	예전처럼 정신이 맑습니까?		

별첨 4. 사회적 지지척도

다음의 문항들은 일상생활에서 경험할 수 있는 내용들로 구성되어 있습니다. 각 문항들이 선생님께 얼마나 해당되는지 "전혀 아니다"부터 "아주 그렇다"까지의 숫자 중에서 반드시 하나를 골라 표시하십시오(단, 현재 어떻게 느끼고 있는가보다는 대개의 경우 또는 평소에 어떻게 행동하고 느끼는지에 따라 응답해 주시기 바랍니다.).

	내 용	전혀 아니다	아니다	보통 이다	그렇다	아주 그렇다
1	내가 사랑과 보살핌을 받고 있다고 느끼게 해 준다.	1	2	3	4	5
2	내가 고민되는 문제에 대해 이야기하면 기꺼이 들어줄 것이다.	1	2	3	4	5
3	함께 있으면 친밀감을 느끼게 해 준다.	1	2	3	4	5
4	내가 마음 놓고 의지할 수 있는 사람이라고 생각한다.	1	2	3	4	5
5	항상 나의 일에 관심을 갖고 걱정해 준다고 생각한다.	1	2	3	4	5
6	내가 결단을 내리지 못하고 망설일 때 격려해 주고 용기를 줄 것이다.	1	2	3	4	5
7	내가 기분이 좋지 않을 때 나의 감정을 이해하고 기분을 전환시켜 주려고 할 것이다.	1	2	3	4	5
8	내가 취한 행동의 옳고 그름을 객관적으로 평가해 준다고 생각한다.	1	2	3	4	5
9	내가 그에게 가치 있는 존재임을 인정하고 알게 해 준다고 생각한다.	1	2	3	4	5
10	내가 하는 일에 자부심을 가질 수 있도록 나의 일을 인정한다고 생각한다.	1	2	3	4	5
11	나를 인격적으로 존중해 준다고 생각한다.	1	2	3	4	5
12	내가 잘했을 때 칭찬을 아끼지 않을 것이다.	1	2	3	4	5
13	나의 의견을 존중해 주고 대체로 긍정적으로 받아들인다고 생각한다.	1	2	3	4	5
14	내가 중요한 선택을 해야 할 때 충고와 조언을 해 줄 것이다.	1	2	3	4	5
15	내게 생긴 문제의 원인을 찾는 데 도움이 되는 정보와 지식을 제공해 줄 것이다.	1	2	3	4	5
16	내가 모르거나 이해할 수 없는 사실에 대해 알게 해 준다고 생각한다.	1	2	3	4	5
17	내가 현실을 이해하고 잘 적응할 수 있도록 건전한 충고를 해 준다고 생각한다.	1	2	3	4	5
18	대체로 내가 배울 점이 많은 존경할 만한 사람이라고 생각한다.	1	2	3	4	5
19	내가 어려운 상황에 직면하면 현명하게 대처할 수 있는 방안을 제시해 줄 것이다.	1	2	3	4	5
20	내가 필요로 하는 돈이나 물건 등에 대해 최선을 다해 마련해 줄 것이다.	1	2	3	4	5
21	내가 도움이 필요할 때 직접 또는 간접적으로 도울 것이다.	1	2	3	4	5
22	나의 일에 대가를 바라지 않고 최선을 다해 도와준다고 생각한다.	1	2	3	4	5
23	내가 필요로 할 때 자기가 소유한 것을 빌려 줄 것이다.	1	2	3	4	5
24	내가 요청할 때마다 기꺼이 시간을 내 주고 응해 줄 것이다.	1	2	3	4	5
25	내가 몸저누웠을 때 나의 일을 대신해 줄 것이다.	1	2	3	4	5

별첨 5. 대인관계 욕구 질문지(Interpersonal Needs Questionnaire Revised: INQ-R)

다음의 문항은 여러분과 주변 사람과의 관계에 대해 묻는 질문입니다. 평소 자신의 모습에 비추어 볼 때, 일반적으로 그렇다고 생각되는 곳에 ∨표 해 주십시오.

	내 용	전혀 그렇지 않다			약간 그렇다		매우 그렇다	
1	요즈음 내 주변 사람들은 내가 없으면 더 잘 살 것 같다.	1	2	3	4	5	6	7
2	요즈음 나는 사회에 공헌하고 있는 것 같다.	1	2	3	4	5	6	7
3	요즈음 내 주변 사람들은 내가 없으면 더 행복할 것 같다.	1	2	3	4	5	6	7
4	요즈음 나는 내 주변 사람들을 실망시키는 것 같다.	1	2	3	4	5	6	7
5	요즈음 내 주변 사람들은 내가 어디론가 가면 나를 그리워할 것 같다.	1	2	3	4	5	6	7
6	요즈음 나는 우리 사회에 짐이 되는 것 같다.	1	2	3	4	5	6	7
7	요즈음 나는 내 주변 사람들에게 소중한 존재인 것 같다.	1	2	3	4	5	6	7
8	요즈음 의견, 기술, 에너지는 내가 속한 조직에 중요한 영향을 미치고 있다.	1	2	3	4	5	6	7
9	요즈음 나는 내가 죽어야 다른 사람들의 걱정이 없어질 것 같다고 느낀다.	1	2	3	4	5	6	7
10	요즈음 나는 내 주변 사람들을 행복하게 하는 것 같다.	1	2	3	4	5	6	7
11	요즈음 나는 내 주변 사람들에게 짐이 되는 것 같다.	1	2	3	4	5	6	7
12	요즈음 내 주변 사람들은 내가 없어져 버렸으면 좋겠다고 생각하는 것 같다.	1	2	3	4	5	6	7
13	요즈음 나는 내가 속한 조직에 공헌하고 있는 것 같다.	1	2	3	4	5	6	7
14	요즈음 나는 내 주변 사람들의 상황을 악화시키고 있는 것 같다.	1	2	3	4	5	6	7
15	요즈음 나는 내 주변 사람들에게 중요한 존재인 것 같다.	1	2	3	4	5	6	7
16	요즈음 다른 사람들은 내게 관심을 가져준다.	1	2	3	4	5	6	7
17	요즈음 나는 소속감을 느낀다.	1	2	3	4	5	6	7
18	요즈음 나는 내게 관심을 가져주는 사람들과 거의 교류하지 않는다.	1	2	3	4	5	6	7
19	요즈음 나는 내게 관심을 갖고 지지해 주는 많은 친구들이 있어 행운이라고 생각한다.	1	2	3	4	5	6	7
20	요즈음 나는 사람들과 단절되어 있는 것 같다.	1	2	3	4	5	6	7

	내 용	전혀 그렇지 않다			약간 그렇다		매우 그렇다	
21	요즈음 나는 친목 모임에서 아웃사이더인 것 같다.	1	2	3	4	5	6	7
22	요즈음 나는 내가 힘들 때 나를 도와줄 수 있는 사람이 있다고 느낀다.	1	2	3	4	5	6	7
23	요즈음 나는 거의 모든 곳에서 환영받지 못하는 것 같다.	1	2	3	4	5	6	7
24	요즈음 나는 다른 사람들과 가깝게 지낸다.	1	2	3	4	5	6	7
25	요즈음 나는 매일 적어도 한 명과 만족스러운 교제를 하고 있다.	1	2	3	4	5	6	7
26	요즈음 나는 내가 쓸모없는 사람이라고 느낀다.	1	2	3	4	5	6	7
27	요즈음 나는 나 자신이나 다른 사람을 도울 능력이 없다.	1	2	3	4	5	6	7
28	요즈음 나는 내 자신이 싫다.	1	2	3	4	5	6	7
29	요즈음 나는 그 누구에게도 쓸모없는 사람이다.	1	2	3	4	5	6	7
30	요즈음 나는 내 주변 사람들의 상황을 어지럽게 만들고 있다.	1	2	3	4	5	6	7
31	요즈음 나는 내 가족, 동료, 친구들로부터 버림받을 수 있는 존재다.	1	2	3	4	5	6	7
32	요즈음 나는 자주 나 자신이 자랑스럽다.	1	2	3	4	5	6	7
33	요즈음 나는 소중한 사람이다.	1	2	3	4	5	6	7
34	요즈음 나는 모든 것에 있어서 실패자다.	1	2	3	4	5	6	7
35	요즈음 나는 나 자신이 부끄럽다.	1	2	3	4	5	6	7

별첨 6. 불안척도

	내 용	아니다	때때로 그렇다	자주 그렇다	항상 그렇다
1	나는 요즘 전보다 신경질적이고 불안하다.				
2	나는 공연히 두려워진다.				
3	나는 사소한 일에 당황하고 어쩔 줄 모른다.				
4	나는 신경이 극도로 약해져서 몸과 마음을 가눌 수 없다.				
5	나는 만사가 순조로운 것 같다.				
6	나는 손발이 떨리고 안절부절못한다.				
7	나는 머리가 아프고 목덜미가 무겁거나 혹은 허리가 아프다.				
8	나는 이유 없이 몸이 약하고 피곤하다.				
9	나는 마음이 안정되고 편하게 오래 앉아 있을 수 있다.				
10	나는 가슴이 두근거린다.				
11	나는 어지러워서 고생을 한다.				
12	나는 졸도하거나 졸도할 것같이 느낄 때가 있다.				
13	나는 가슴이 답답하지 않다.				
14	나는 손에 쥐가 나거나 저려서 고생을 한다.				
15	나는 소화가 안 되어 고생한다.				
16	나는 소변을 자주 본다.				
17	내 손은 보통 덥고 땀이 나지 않는다.				
18	나는 얼굴이 쉽게 붉어지고 화끈거린다.				
19	나는 쉽게 잠이 들고 쉽게 잠을 잔다.				
20	나는 꿈자리가 사납다.				

별첨 7. 한국형 알코올 중독 선별검사(National Alcoholism Screenning Test: NAST)

다음 문항을 읽고 자신에게 해당되는 문항에 '○' 표 하세요.

	내 용	그렇다	아니다
1	자기연민에 잘 빠지며 술로 이를 해결하려 한다.		
2	혼자 술 마시는 것을 좋아한다.		
3	술 마신 다음 날 해장술을 마신다.		
4	취기가 오르면 술을 계속 마시고 싶은 생각이 든다.		
5	술을 마시고 싶은 충동이 일어나면 거의 참을 수 없다.		
6	최근의 취중의 일을 기억하지 못하는 경우가 있다. (최근 6개월 내 2회 이상)		
7	대인관계나 사회생활에 술이 해로웠다고 느낀다.		
8	술로 인해 직업기능에 상당한 손상이 있다.		
9	술로 인해 배우자(보호자)가 나를 떠났거나 떠난다고 위협한다.		
10	술이 깨면 진땀, 손 떨림, 불안이나 좌절 혹은 불면을 경험한다.		
11	술이 깨면서 공포나 몸이 심하게 떨리는 것을 경험하거나 혹은 헛것을 보거나 헛소리를 들은 적이 있다.		
12	술로 인해 생긴 문제로 치료받은 적이 있다.		

별첨 8. 치매검사(Mini Mental State Examination-Korean version: MMSE-K)

항목	질문	점수
지남력 (시간, 장소)	1. 오늘은 ○○○○년 / ○○월 / ○○일 / ○요일 / 계절 (각 1점)	5
	2. 당신의 주소는? (도)시 / 군(시, 구) / 면(동) / 리(각 1점) ＊리에 해당되는 곳이 없으면(예: 학교, 시장, 병원, 가정집)	4
	3. 여기는 무엇을 하는 곳입니까? (요양원, 화장실, 안방 등) (1점)	1
기억력 (등록, 회상)	4. 물건 이름 세 가지(예: 나무, 모자, 자동차)를 한 단어당 1초가 걸리게 또박또박 불러 주 고, 곧이어 반복하도록 시킨다(각 1점). ＊상담자는 회상능력의 검사가 있음을 주지시키고 6회까지 반복하여 이야기해 준다.	3
	5. 3분 내지 5분 뒤에 물건 이름들을 회상(각 1점)	3
주의력 및 계산능력	6. 100－7 = －7 = －7 = －7 = －7 = (각 1점) ＊위 계산을 응답 거부하는 피검사자에게는 '삼천리강산'을 거꾸로 말하게 한다.	5
언어기능	7. 물건 이름 맞추기(예: 연필, 시계) (각 1점)	2
	8. 오른손으로 종이를 집고 반으로 접어서 무릎 위에 놓기(3단계 명령 수행하기) (각 1점)	3
	9. 오각형 두 개를 겹쳐 그리기	1
	10. '간장 공장 공장장'을 따라 하기(한번만 불러주기)	1
이해력 및 판단	11. '옷을 왜 빨아서(세탁해서) 입습니까?' ＊깨끗하라고, 더러워서 등 위생에 대한 답을 할 때, 즉 문항을 이해할 경우 점수 부여	1
	12. 길에서 남의 주민등록증을 주웠을 때 어떻게 하면 쉽게 주인에게 되돌려 줄 수 있겠습 니까? ＊우체국에 관련한 대답에만 1점, 동사무소, 지서, 면장 등은 오답	1
총 점		30

별첨 9. 구체적인 면담기준

- 분류기준에서 제시한 기준에 해당되지 않지만 노인자살전문상담원과의 면담 결과, 위기 상황 수준이 '높음' 이상으로 분류되는 내담자가 있을 것으로 여겨져 면담기준을 제시함.
- 고령자의 경우, 자기방어가 많고 직계가족과 관련하여 부정적인 영향을 끼칠 것으로 판단하여 관련 정보에 대한 보고가 이루어지지 않을 수도 있어 노인자살전문상담원의 면담기준 이외의 다른 검사 및 분류기준과 동일한 수준의 중요성을 가질 것으로 여겨짐.
- 다음 면담기준은 상황에 따라 해당 대분류가 달라질 것으로 보여 대분류별로 제시하지는 않을 것이며, 노인자살전문상담원의 판단에 따라 해당 대분류 및 소분류 구분의 지침으로 사용 가능함. 노인자살전문상담원은 면담기준을 통해 반응되는 내담자의 언어적 · 비언어적 보고 내용이 자살시도와 관련한 위기상황에 어느 정도 심각하게 영향을 끼치고 있는지에 따라 소분류 수준(상 · 중 · 하)으로 구분해야 함.

면담기준으로 사용될 구체적인 내용

- 자살에 대해 자주 언급하거나 자살의사를 밝히는 경우
- 자살도구에 대해 관심이 많고 구체적인 방법에 대해 질문하는 경우
- 좌절감이나 고독감에 대해 반복적으로 보고하거나 스스로 심각하다고 여기고 있는 경우
- 노화를 통한 사회적 차별을 경험했거나 경제적 · 사회적 · 가정 내 지위의 하락에 대한 좌절감을 민감하게 보고하는 경우
- 죽음을 대비한 신변정리를 하는 경우(예: 돈, 통장, 아끼던 물건정리)
- 장례준비나 절차에 대해 언급하는 경우
- 유서를 준비한 경우
- 최근 가까운 가족이나 지인의 사별을 경험했거나 사별 가능성을 감지하고 있는 경우
- 낮잠을 자지 않고도 밤에 잠을 잘 못 이루는 경우
- 죽음이나 실패에 대해 망상을 갖고 있는 경우
- 절망감에 대해 반복적으로 언급하는 경우
- 스스로 탈출구가 없다는 느낌을 가지고 있는 경우
- 스스로 역할이 없고 할 수 있는 일이 없다는 상실감을 느끼는 경우
- 새로운 사람을 사귀거나 사회적 관계망 형성 및 유지가 어렵거나 귀찮은 경우
- 주변 사람과의 다툼이 잦거나 주변인들로부터 소외를 경험하고 있는 경우
- 최근 기존 주량을 초과하는 과음을 했거나 술을 자살도구로 생각하고 있는 경우
- 지속적인 음주로 인해 일주일에 3회 이상 반주를 비롯한 음주가 이루어지고 있는 경우
- 인지기능의 저하를 스스로 느끼거나 주변 사람으로부터 비슷한 보고를 자주 접하게 되

어 자존감이 떨어져 있는 경우
- 심각한 심리적 불안이나 혼란감을 표현하고 있는 경우
- 끊임없이 반복되는 생각이 있는 경우
- 갑작스럽게 모르던 신체질환을 발견했거나 기존에 앓고 있는 질환이 보다 심각하게 악화된 경우
- 최근 일자리를 잃었거나 적극적인 구직에도 불구하고 일자리를 찾지 못하고 있는 경우
- 갑작스럽게 경제적으로 더 어려워졌거나 복구가 어려운 상황에 처한 경우
- 직계존비속 중 경제적 어려움에 빠진 가족이 있거나 법적 조치에 연루되어 있는 경우
- 가까운 가족이나 지인의 경제적인 어려움으로 인해 내담자가 불편감을 느끼고 있거나 직접적인 피해를 입고 있는 경우
- 주거지 확보와 관련한 어려움이 지속적으로 계속되거나 최근 주거지와 관련한 어려움이 부상된 경우
- 경제적인 어려움으로 인하여 삶의 질이 저하되어 있다고 여겨지는 경우
- 최근 국민기초생활수급권자에서 탈락된 경우
- 성관계를 원하지만 대상이 없거나 최근 대상이 사라진 경우
- 갑작스러운 성기능의 감퇴로 인해 자신감을 잃은 경우
- 황혼이혼을 경험했거나 부부관계가 원만하지 못한 경우
- 별거나 이혼, 사별 등으로 오랫동안 독거생활을 유지했거나 최근 원하지 않는 독거를 시작한 경우
- 이성관계 및 이성친구에 대한 욕구를 표현하는 경우
- 가족지지체계에 변화가 생겼거나 보호요인의 영향력이 약화된 경우
- 부부를 비롯한 가족 간에 폭력이 자주 오가거나 일방적인 폭행이 있는 경우
- 부부를 비롯한 가족 구성원 간의 의사소통이 어렵고 서로의 입장을 잘 이해하지 못하는 경우
- 직계존비속으로부터 폭행을 비롯한 학대를 받고 있는 경우
- 적극적인 학대는 아니라 할지라도 자녀들이 부양의 책임을 회피하고 방치하는 경우
- 가족끼리 경제적 문제로 법정 공방(예: 상속, 유산)이 있거나 이로 인한 갈등이 심화되어 있는 경우(예: 생활 및 부양비, 의료비)
- 가족의 신체적 · 정서적 어려움으로 인해 내담자의 생활에서도 부정적인 영향을 받고 있는 경우

별첨 10. 전국 정신보건센터(2010년 1월)

시설명	주소	전화번호
서울광역정신보건	서울 강남구 논현동 206 일양빌딩 별관 5, 6층	02-3444-9934
인천광역정신보건센터	인천 남동구 구월동 1212	032-468-9911~3
경기광역정신보건센터	수원 영통구 원천동 29-89	031-212-0435
소아청소년 광역정신보건센터	서울 강남구 논현동 206 일양빌딩 별관7층	02-2231-2188
강남구 정신보건센터	서울 강남구 일원1동 666-7 형일빌딩 3층	02-2226-0344
강동구 정신보건센터	서울 강동구 성내동 541-2 강동구보건소 2층	02-471-3223
광진구 정신보건센터	서울 광진구 자양1동 777 광진구보건소 3층	02-450-1895
구로구 정신보건센터	서울 구로구 구로동 112-41 6층	02-861-2284
노원구 정신보건센터	서울 노원구 상계6동 701-1 노원구보건소 4층	02-950-3756
도봉구 정신보건센터	서울 도봉구 쌍문2동 565 도봉구보건소 1층	02-900-5783
동작구 정신보건센터	서울 동작구 사당3동 324-14 유창빌딩 2층	02-820-1454
마포구 정신보건센터	서울 마포구 창전동 145-16	02-272-4937
서대문구정신보건센터	서울 서대문구 연희3동165-2 서대문구보건소 지하1층	02-337-3165
서초구 정신보건센터	서울 서초구 우면동 68-1 바우뫼 복지문화회관 2층	02-529-1581
성북구 정신보건센터	서울 성북구 석관1동 134-2	02-969-8961
송파구 정신보건센터	서울 송파구 방이동 124-1 2층	02-421-5871
영등포구정신보건센터	서울 영등포구 당산동3가 385-1 영등포구보건소 지하1층	02-2670-4793
은평구 정신보건센터	서울 은평구 청길 8(녹번동 84)	02-350-1589
종로구 정신보건센터	서울 종로구 명륜1가동 5-14	02-745-0199
중구 정신보건센터	서울 중구 신당2동 3786-66 1층	02-2236-6606
중랑구 정신보건센터	서울 중랑구 신내동 662 보건소내 105호	02-490-3805
성동구 정신보건센터	서울 성동구 금호동1가 580(보건분소 3층)	02-2298-1080
관악구 정신보건센터	서울 관악구 청룡동 1571-4	02-878-0145~6
동대문구정신보건센터	서울 동대문구 하정로 145 보건소내 3층	02-2127-5384
양천구 정신보건센터	서울 양천구 목동서로 341 보건소내 지하 1층	02-2061-8881~3
금천구 정신보건센터	서울 금천구 시흥동 1020 금천구청내 지하 1층	02-2627-2650, 54
금정구정신보건센터	부산 금정구 장전3동 649-8	051-583-2600~3
부산광역시 정신보건센터	부산 서구 동대신동3가 13-83	051-242-2575
부산진구정신보건센터	부산 부산진구 범천1동 849-10	051-638-2662

시설명	주소	전화번호
북구 정신보건센터	부산 북구 덕천1동 412-1 청진빌딩 3층	051-334-3200
연제구 정신보건센터	부산 연제구 거제동 중앙로 2173 2층	051-861-1914
남구 정신보건센터	부산 남구 대연1동 1753-16 왕비빌딩 3층	051-626-4660~1
동래구 정신보건센터	부산 동래구 온천3동 1413-6 화엄아시아드센터301	051-507-7036
사상구 정신보건센터	부산 사상구 감전동 380-1	051-314-4101
서구 정신보건센터	대구 서구 비산2,3동 42-107 2층	053-564-2595
수성구 정신보건센터	대구 수성구 만촌1동 1331-5 동우빌ELD 2층	053-756-5860
남구 정신보건센터	대구 남구 대명5동 64-1 3층	053-628-5865
북구 정신보건센터	대구 북구 침산3동 521-2(보건소내)	053-353-3631
달서구 정신보건센터	대구 달서구 월성1동 366 월성교육관내	053-637-7851~2
중구 정신보건센터	대구 중구 남산2동 580-25 성누가빌딩 3층	053-256-2900
동구 정신보건센터	대구 동구 용계동 1014-1 동림빌딩 3층	053-983-8340, 2
달성군 정신보건센터	대구 달성군 화원읍 천내리 454-5 2층	053-643-0199
중구 정신보건센터	인천 중구 전동 2-1(보건소내)	032-760-6090
서구 정신보건센터	인천 서구 심곡동 246-1(보건소내)	032-560-5039
연수구 정신보건센터	인천 연수구 청학동 465-2(보건소내)	032-810-7844
부평구 정신보건센터	인천 부평구 부평동 373-11 나스카빌딩 4, 5층	032-330-5602~3
남구 정신보건센터	인천 남구 미추홀길 924 한동수신경정신과 3층	032-421-4047
남동구 정신보건센터	인천 남동구 만수동 980	032-465-6412
계양구 정신보건센터	인천 계양구 장기동 76-1 보건지소	032-547-7087
강화 정신보건센터	인천 강화군 강화읍 남산리 324-1 보건소	032-930-3554
동구 정신보건센터	광주 동구 서석동 31(보건소내)	062-233-0468
남구 정신보건센터	광주 남구 백운2동 203-2 동아일보 사옥내 1층	062-654-8236
서구 정신보건센터	광주 서구 쌍촌동 885-11(보건지소내)	062-375-8517
북구 정신보건센터	광주 북구 오치동 865-17 3층	062-267-5510
광산구 정신보건센터	광주 광산구 소촌동 521-32 청송회관 3층	062-941-8567
대덕구 정신보건센터	대전 대덕구 석봉동 318-1(보건소 별관 2층)	042-931-1671~2
서구 정신보건센터	대전 서구 만연동 340(보건소내)	042-488-9742

시설명	주소	전화번호
유성구 정신보건센터	대전 유성구 장대동 282-15(보건소 2층)	042-825-3527
남구 정신보건센터	울산 남구 삼산동 1538-4(보건소내)	052-227-1116
동구 정신보건센터	울산 동구 화정동 222-10 동구보건소내 3층	052-230-9556
울주군 정신보건센터	울산 울주군 삼남면 교동리 1580-1(2층)	052-262-1148
연천군 정신보건센터	경기도 연천군 전곡읍 은대리 577-36(보건의료원내)	031-832-8108
수원시 정신보건센터	경기도 수원시 팔달구 매산로3가 43-1, 2층	031-247-0888
안산시 정신보건센터	경기도 안산시 단원구 고잔동 515(보건소내)	031-411-7573
용인시 정신보건센터	경기도 용인시 기흥구 구갈동 595-2 강남대프라자 505호	031-286-0949
광주시 정신보건센터	경기도 광주시 경안동 115(보건소내)	031-762-8728
의정부시정신보건센터	경기도 의정부시 의정부2동 516(보건소내)	031-828-4567
남양주시 정신보건센터	경기도 남양주시 금곡동 185-10(보건소내)	031-592-589~2
평택시 정신보건센터	경기도 평택시 통복동 83-1	031-658-9818
김포시 정신보건센터	경기도 김포시 사우동 869(보건소내)	031-998-4005
동두천시 정신보건센터	경기도 동두천시 중앙동 643	031-863-3632
안양시 정신보건센터	경기도 안양시 만안구 안양6동(보건소내)	031-469-2989
과천시 정신보건센터	경기도 과천시 중앙동 1-3(보건소내)	02-504-4440
부천시 정신보건센터	경기도 부천시 원미구 중2동 1119(보건소내)	032-654-4024~8
고양시 정신보건센터	경기도 고양시 덕양구 주교동 603(보건소 내)	031-968-2333
의왕시 정신보건센터	경기도 의왕시 고천동 108(보건소 내)	031-458-0682
하남시 정신보건센터	경기도 하남시 신장2동 520(보건소 내)	031-790-6558
오산시 정신보건센터	경기도 오산시 오산동 345	031-374-8680
성남시 정신보건센터	경기도 성남시 분당구 야탑동 349(보건소 내)	031-702-7214
화성시 정신보건센터	경기도 화성시 향남읍 달안리 84-1, 2층	031-369-2892
구리시 정신보건센터	경기도 구리시 인창동 674-3(보건소 내)	031-550-2007
군포시 정신보건센터	경기도 군포시 부곡동 산 126-12(노인전문보건센터내)	031-461-1771
여주군 정신보건센터	경기도 여주군 여주읍 상리 358-3(보건소 내)	031-886-3435
시흥시 정신보건센터	경기도 시흥시 대야동 484-3, 2층(보건소내)	031-316-6661, 3
이천시 정신보건센터	경기도 이천시 증포동 49-16 신세기타운 B동 2층	031-637-2330~1

시설명	주소	전화번호
수원시 아동청소년 정신건강센터	경기도 수원시 팔달구 화서1동 134-3	031-242-5737
수원시 노인정신건강 장안센터	경기도 수원시 장안구 조원동 888 장안구보건소 2층	031-228-5737
수원시(영통구) 정신보건센터	경기도 수원시 영통구 영통동 37 영통구보건소 3층	031-273-7511
성남시(중원구) 정신보건센터	경기도 성남시 중원구 상대원1동 269-11	031-739-1007
광명시 정신보건센터	경기도 광명시 하안동 230	02-897-7787
양평군 정신보건센터	경기도 양평군 양평읍 양근리 533-1	031-770-3526
파주시 정신보건센터	경기도 파주시 조리읍 봉일천리 188-7	031-940-5560
가평군 정신보건센터	경기도 가평군 가평읍 읍내리 624-1	031-580-2821
포천시 정신보건센터	경기도 포천시 신읍동 한내오 192 보건소내	031-532-1655
양주시정신보건센터	경기도 양주시 남방동 1-1	031-840-7320
안성시 정신보건센터	경기도 안성시 도기동 67-21	031-678-5368
춘천시 정신보건센터	강원도 춘천시 효자2동 161-1	033-244-7574
원주 정신보건센터	강원도 강원 원주시 일산동 189-14, 3층	033-746-0199
강릉 정신보건센터	강원도 강릉시 포남1동 1171-14 강맥빌딩 A동 2층	033-651-9668
동해시 정신보건센터	강원도 동해시 천곡동 1044-5	033-533-0197
홍천군 정신보건센터	강원도 홍천군 희망4길 11	033-435-7480
청원군 정신보건센터	충청북도 청원군 남일면 효촌리 92-2	043-212-1556
제천시 정신보건센터	충청북도 제천시 의림동 31-1 의림빌딩 4층	043-646-3074~5
충주시 정신보건센터	충청북도 충주시 교현동 618-5 2층	043-855-4006
보은군 정신보건센터	충청북도 보은군 보은읍 교사리 91-3	043-544-6991
진천군 정신보건센터	충청북도 진천군 진천읍 벽암리 570-1	043-536-8387
음성군 정신보건센터	충청북도 음성군 음성읍 읍내리 566-9	043-872-1883
단양군 정신보건센터	충청북도 단양군 단양읍 별곡리 311	043-420-3784
아산시 정신보건센터	충청남도 아산시 모종동 573-2 (보건소 내)	041-537-3455~6
천안시 정신보건센터	충청남도 천안시 성정2동 684-1 (구보건소)	041-578-9709~10
공주 정신보건센터	충청남도 공주시 주미동 산27-1	041-852-1094~5

시설명	주 소	전화번호
논산 정신보건센터	충청남도 논산시 계백2로 22 시외버스터미널 3층	041-730-3834~5
금산군 정신보건센터	충청남도 금산군 금성면 양전리 68-9 금산다락원 스포츠센터 내	041-750-4304
홍성군 정신보건센터	충청남도 홍성군 홍성읍 옥암리 62-3	041-630-9770
예산군 정신보건센터	충청남도 예산군 예산읍 예산리 23-1	041-339-8053
태안군 정신보건센터	충청남도 태안군 태안읍 평천리 698-6	041-671-5295
당진군 정신보건센터	충청남도 당진군 당진읍 채운리 1040	041-350-4084
서천군 정신보건센터	충청남도 서천군 군사리 799번지	041-950-5692
군산시 정신보건센터	전라북도 군산시 대야면 지경리 786	063-450-4496
전주시 정신보건센터	전라북도 전주시 덕진구 진북동 416-12 (보건소 내)	063-273-6996
익산시 정신보건센터	전라북도 익산시 신동 142-8 (보건소 내)	063-841-4235
김제시 정신보건센터	전라북도 김제시 신풍동 88-6 (보건소 내)	063-540-1350
정읍시 정신보건센터	전라북도 정읍시 수성동 958-2	063-535-2101
고창군 정신보건센터	전라북도 고창군 고창읍 율계리 101번지	063-560-3811
영광군 정신보건센터	전라남도 영광읍 남천리 326	061-353-9401
나주시 정신보건센터	전라남도 나주시 이창동 740-1 (보건소 내)	061-333-6200
광양시 정신보건센터	전라남도 광양시 광양읍 칠성리 70	061-797-3778~9
목포시 정신보건센터	전라남도 목포시 산정동 1652 (보건소 내)	061-276-0199
순천시 정신보건센터	전라남도 순천시 장평로(풍덕동) 17	061-749-4018
장흥군 정신보건센터	전라남도 장흥군 장흥읍 건산리 378 (보건소 내)	061-862-4644
여수시 정신보건센터	전라남도 여수시 학동 174	061-690-7568
고흥군 정신보건센터	전라남도 고흥군 고흥읍 등암리 1258-21	061-830-5793
완도군 정신보건센터	전라남도 완도군 완도읍 죽청리 483-8	061-550-0359
포항북구 정신보건센터	경상북도 포항시 북구 덕수동 35-1번지 덕수빌딩 2층	054-241-1275~6
구미시 정신보건센터	경상북도 구미시 지산동 853-12	054-456-8360
김천시 정신보건센터	경상북도 김천시 농소면 월곡1리 696-1 (보건지소 내)	054-433-4005
경주시 정신보건센터	경상북도 경주시 동천동 733-486 2층	054-777-1577
안동시 정신보건센터	경상북도 안동시 옥동 734번지 태마프라자 A동 205호	054-856-9900
경산시 정신보건센터	경상북도 경산시 중방동 708-5 (보건소 내)	053-816-7190, 9

시설명	주 소	전화번호
경산시 정신보건센터	경상북도 경산시 중방동 708-5 (보건소 내)	053-816-7190, 9
포항남구 정신보건센터	경상북도 포항시 인덕동 161-1	054-284-2820
칠곡군 정신보건센터	경상북도 칠곡군 석전2리 262-1	054-973-2023
창원시 정신보건센터	경상남도 창원시 신월동 96-2 (보건소 내)	055-287-1223
통영시 정신보건센터	경상남도 통영시 무전동 401-1 통영시 (보건소 내)	055-650-6159
마산시 정신보건센터	경상남도 마산시 해운동 61-1 (보건소 내)	055-220-5600
김해시 정신보건센터	경상남도 김해시 외동 1261-3 (보건소 내)	055-329-6328
진주시 정신보건센터	경상남도 진주시 남성동 3-18	055-749-4954
거제시 정신보건센터	경상남도 거제시 신현읍 양정리 981	055-639-3815
양산시 정신보건센터	경상남도 양산시 남부동 393-1	055-367-2255
합천군 정신보건센터	경상남도 합천읍 합천리 524-1 종합사회복지관 2층	055-930-4531
진해시 정신보건센터	경상남도 진해시 충무동 9-5(늘봄부폐 2층)	055-548-4570
사천시 정신보건센터	경상남도 사천시 용현면 덕곡리 501	055-831-3577
하동군 정신보건센터	경상남도 하동군 하동읍 읍내리 149-1	055-882-4000
제주시 정신보건센터	제주시 두남동 1038(보건소 내)	064-750-4217
서귀포 정신보건센터	서귀포시 서홍동 447-3	064-733-1560

별첨 11. 전국 보건소

지 역	이 름	주 소	전화번호
서울	강서구 보건소	서울시 강서구 염창동 275-12	02-2657-0314
	금천구 보건소	서울시 금천구 독산1동 289-5	02-890-2428
	강동구 보건소	서울시 강동구 성내동 541-2	02-2224-0732
	광진구 보건소	서울시 광진구 자양동 777	02-450-1947
	구로구 보건소	서울시 구로구 구로 5동 109-4	02-860-3072
	강남구 보건소	서울시 강남구 삼성 1동 66번지	02-3451-2551
	관악구 보건소	서울시 관악구 봉천 4동 1570-1	02-881-5583
	노원구 보건소	서울시 노원구 상계 6동 701-1	02-950-3648
	도봉구 보건소	서울시 도봉구 쌍문 2동 565	02-2289-8490
	동대문구 보건소	서울시 동대문구 용두 1동 39-9	02-2127-5376
	동작구 보건소	서울시 동작구 상도 2동 176-3	02-820-9495
	마포구 보건소	서울시 마포구 성산동 275-3	02-330-2456
	성북구 보건소	서울시 성북구 하월곡동 46-1	02-920-1917~3
	서대문구 보건소	서울시 서대문구 연희3동 165-2	02-330-8984
	성동구 보건소	서울시 성동구 홍익동 16-1	02-2286-7033
	서초구 보건소	서울시 서초구 서초동 1376-3	02-570-6543
	송파구 보건소	서울시 송파구 신천동 29-5	02-410-3426
	은평구 보건소	서울시 은평구 녹번동 84	02-350-3593
	용산구 보건소	서울시 용산구 원효로 1가 25	02-710-3424
	양천구 보건소	서울시 양천구 신정동 321-5	02-2620-3934
	영등포구 보건소	서울시 영등포구 당산동 3가 385-1	02-2670-4748
	중랑구 보건소	서울시 중랑구 신내동 662	02-490-3795
	종로구 보건소	서울시 종로구 옥인동 45-30	02-731-0227
	중구 보건소	서울시 중구 무학동 50-5	02-2250-4432
	강북구 보건소	서울시 강북구 번 2동 232	02-944-0784
부산	중구 보건소	부산시 중구 대청동 1가 1	051-600-4751
	서구 보건소	부산시 서구 부용동 2가 86	051-240-4862
	동구 보건소	부산시 동구 수정 2동 806-77	051-440-4793
	영도구 보건소	부산시 영도구 청학 2동 48-3	051-419-4911
	부산진구 보건소	부산시 부산진구 범천 1동 849-10	051-605-6048

지 역	이 름	주 소	전화번호
부산	동래구 보건소	부산시 동래구 명륜 1동 641-5	051-550-6774
	남구 보건소	부산시 남구 대연 6동 1268-3	051-607-4792
	북구 보건소	부산시 북구 화명동 1531-4	051-309-4878
	해운대구 보건소	부산시 해운대구 좌동 1339	051-749-7522
	사하구 보건소	부산시 사하구 신평 2동 647-5	051-220-5368
	금정구 보건소	부산시 금정구 부곡 3동 78	051-519-5055
	강서구 보건소	부산시 강서구 대저 23동 2009-1	051-970-3425
	연제구 보건소	부산시 연제구 연산 2동 822-7	051-665-4797
	수영구 보건소	부산시 수영구 광안 1동 661-1	051-610-5640
	사상구 보건소	부산시 사상구 감전 2동 138-8	051-310-4805
	기장군 보건소	부산시 기장군 기장읍 신천리 1	051-709-4802
대구	중구 보건소	대구시 중구 태평 3가 174-1	053-661-3122
	동구 보건소	대구시 동구 신암동 36-1	053-662-3122
	서구 보건소	대구시 서구 평리 3동 1230-9	053-663-3135
	남구 보건소	대구시 남구 대명 8동 2003	053-472-4000
	북구 보건소	대구시 북구 침산 3동 521-2	053-665-3221
	수성구 보건소	대구시 수성구 두산동 30	053-666-3121
	중구 보건소	대구시 중구 태평 3가 174-1	053-661-3122
	동구 보건소	대구시 동구 신암동 36-1	053-662-3122
	서구 보건소	대구시 서구 평리 3동 1230-9	053-663-3135
	남구 보건소	대구시 남구 대명 8동 2003	053-472-4000
	북구 보건소	대구시 북구 침산 3동 521-2	053-665-3221
	수성구 보건소	대구시 수성구 두산동 30	053-666-3121
	달서구 보건소	대구시 달서구 월성동 281	053-667-3123
	달성군 보건소	대구시 달성군 현풍면 원교리 93-1	053-668-3131
울산시	중구 보건소	울산시 중구 남외동 603-2	052-290-0427
	남구 보건소	울산시 남구 삼산동 1538-4	052-226-2413
	동구 보건소	울산시 동구 전하 2동 638-4	052-209-4112
	북구 보건소	울산시 북구 연암동 1082	052-289-3451
	울주군 보건소	울산시 울주군 삼남면 교동리 1605-1	052-229-8041

지 역	이 름	주 소	전화번호
인천시	중구 보건소	인천시 중구 전동 2-1	032-760-6062
	동구 보건소	인천시 동구 만석동 18-3	032-770-5720
	남구 보건소	인천시 남구 도화 1동 357-1	032-870-3585
	연수구 보건소	인천시 연수구 청학동 465-2	032-810-7863
	남동구 보건소	인천시 남동구 만수동 1008	032-453-5117
	부평구 보건소	인천시 부평구 부평 4동 442-1	032-509-8222
	계양구 보건소	인천시 계양구 계산 3동 1079-1	032-450-4997
	서구 보건소	인천시 서구 심곡동 246-1	032-560-5047
	강화군 보건소	인천시 강화군 강화읍 남산리 324-1	032-933-8013
	옹진군 보건소	인천시 중구 신흥동 3가 7-215	032-699-3126
대전시	동구 보건소	대전시 동구 삼성2동 374-1	042-629-1134
	중구 보건소	대전시 중구 문화동 785	042-255-5618
	서구 보건소	대전시 서구 보건소길 10	042-611-5373
	유성구 보건소	대전시 유성구 장대동 282-15	042-611-2151
	대덕구 보건소	대전시 대덕구 석봉동 318-1	042-608-5475
광주시	동구 보건소	광주시 동구 서석동 31	062-608-2734
	서구 보건소	광주시 서구 농성 1동 269-9	062-350-4134
	남구 보건소	광주시 남구 봉선동 516	062-650-8404
	북구 보건소	광주시 북구 용봉동 239-2	062-410-8981
	광산구 보건소	광주시 광산구 송정동 833-8	062-940-8642
제주시	제주시 제주 보건소	제주시 도남동 567-1	064-750-4143
	제주시 동부 보건소	제주시 구좌읍 김녕리 1811	064-728-8773
	제주시 서부 보건소	제주시 한림읍 한림리 966-1	064-728-8744
	서귀포시 서귀포 보건소	서귀포시 홍중 1로 190	064-760-6031
	서귀포시 동부 보건소	서귀포시 남원읍 남원리 2359-1	064-760-6121
	서귀포시 서부 보건소	서귀포시 대정읍 하모리 1268-1	064-760-6231
강원도	춘천시 보건소	춘천시 중앙로 3가 67-1	033-250-4033
	원주시 보건소	원주시 명륜 1동 205-102	033-737-4065
	강릉시 보건소	강릉시 내곡동 413	033-640-3587
	동해시 보건소	동해시 천곡동 840	033-530-2607
	속초시 보건소	속초시 교동 980	033-639-2087

지 역	이 름	주 소	전화번호
강원도	삼척시 보건소	삼척시 남양동 6-1	033-570-4673
	태백시 보건소	태백시 황지동 20-8	033-550-2713
	홍천군 보건소	홍천군 홍천읍 희망리	033-430-2565
	횡성군 보건소	횡성군 횡성읍 읍상리 17-13	033-340-2870
	영월군 보건소	영월군 영월읍 하송리 236-2	033-370-2430
	평창군 보건소	평창군 평창읍 종부리 504	033-330-1122
	정선군 보건소	정선군 정선읍 애산 2리 432-202	033-560-2728
	철원군 보건소	철원군 갈말읍 군탄리 960-2	033-450-5105
	화천군 보건소	화천군 화천읍 신읍리 648-1	033-441-4000
	양구군 보건소	양구군 양구읍 상리 315	033-480-2556
	인제군 보건소	인제군 인제읍 남북리 789-1	033-460-2242
	고성군 보건소	고성군 간성읍 신안리 178	033-680-3961
	양양군 보건소	양양군 양양읍 연창리 203-5	033-670-2539
경기도	수원시 권선구 보건소	수원시 권선구 탑동 910	031-228-3558
	수원시 영통구 보건소	수원시 영통구 영통동 경기방송 내	031-228-8808
	수원시 장안구 보건소	수원시 장안구 조원동 888	031-228-2551
	수원시 팔달구 보건소	수원시 권선구 남부터미널1길 29	031-228-7796
	용인시 기흥구 보건소	용인시 기흥구 기흥읍 신갈리 51블럭 1롯트	031-275-8301
	용인시 수지구 보건소	용인시 수지구 풍덕천리 720	031-263-3017
	용인시 처인구 보건소	용인시 처인구 김량장동 309-1	031-324-4911
	성남시 분당구 보건소	성남시 분당구 야탑동 349	031-729-5360
	성남시 수정구 보건소	성남시 수정구 산성동 2177	031-729-5160
	성남시 중원구 보건소	성남시 중원구 상대원1동 선경길 14	031-729-5262
	부천시 소사구 보건소	부천시 소사구 소사본2동 64	032-320-2556
	부천시 오정구 보건소	부천시 오정구 오정동 129	032-320-2561
	부천시 원미구 보건소	부천시 원미구 중2동 1119	032-320-2561
	안산시 단원구 보건소	안산시 단원구 고잔동 515	031-481-2551
	안산시 상록수 보건소	안산시 상록구 샤1동	031-481-5551
	안양시 동안구 보건소	안양시 동안구 달안동 명정로 20	031-389-4471
	안양시 만안구 보건소	안양시 만안구 안양6동 532-1	031-389-3471
	평택시 보건소	평택시 비전2동 850번지	031-659-4701

지 역	이 름	주 소	전화번호
경기도	평택시 송탄 보건소	평택시 신장동	031-610-8682
	시흥시 보건소	시흥시 여우고개길 250	031-310-2551
	화성시 보건소	화성시 향남면 발안리 139-6	031-369-3551
	광명시 보건소	광명시 하안1동 230	02-898-8857
	군포시 보건소	군포시 군포로 632	031-461-5464
	광주시 보건소	광주시 경안동 115	031-760-2110
	김포시 보건소	김포시 사우동 869	031-980-5008
	이천시 보건소	이천시 증포동 152-2	031-644-2580
	안성시 보건소	안성시 도기동 67-21	031-675-3258
	오산시 보건소	오산시 강변로 293	031-370-3551
	하남시 보건소	하남시 신장2동 520	031-790-6551
	의왕시 보건소	의왕시 고천동 108	031-345-2553
	여주시 보건소	여주군 여주읍 창1리 134-11	031-887-3601
	양평시 보건소	양평군 양평읍 양근리 448-8	031-773-5101
	과천시 보건소	과천시 중앙동 1-3	02-3677-2556
	고양시 덕양구 보건소	고양시 덕양구 주교동 603	031-962-6150
	고양시 일산 동구 보건소	고양시 일산동구 마두동 1010	031-961-3751
	고양시 일산 서구 보건소	고양시 일산2동 542-26	031-976-0367
	남양주시 보건소	남양주시 금곡동 185-10	031-590-2552
	의정부시 보건소	의정부시 의정부2동 516	031-828-4511
	파주시 보건소	파주시 금촌동 953-1	031-940-4881
	구리시 보건소	구리시 인창동 674-3	031-550-2552
	양주시 보건소	양주시 남방동 1-1	031-820-2730
	포천시 보건소	포천군 신읍동 164-3	031-535-2551
	동두천시 보건소	동두천시 생연동 버스터미널 동쪽	031-860-2551
	가평군 보건소	가평군 가평읍 읍내리 624-1	031-580-2815
	연천군 보건소	연천군 전곡읍 은대리 577-36	031-839-4010
충청북도	청주시 상당구 보건소	청주시 상당구 수동 138-14	043-299-2474
	청주시 흥덕구 보건소	청주시 흥덕구 사직1동 888	043-269-8664
	충주시 보건소	충주시 금능동 700	043-850-3541
	제천시 보건소	제천시 청전동 653	043-641-4061

지 역	이 름	주 소	전화번호
충청북도	청원군 보건소	청주시 상당구 지북동 208	043-251-4166
	보은군 보건소	보은군 보은읍 교사리 91-3	043-540-3561
	옥천군 보건소	옥천군 옥천읍 삼양리 161-45	043-730-2123
	영동군 보건소	영동군 영동읍 매천리 444-1	043-740-5613
	진천군 보건소	진천군 진천읍 벽암리 570	043-539-4033
	괴산군 보건소	괴산군 괴산읍 서부리 751	043-830-2653
	음성군 보건소	음성군 음성읍 읍내리 406-4	043-871-3613
	증평군 보건소	증평군 증평읍 장동리 785	043-835-3561
	단양군 보건소	단양군 단양읍 별곡리 311	043-420-3437
충청남도	천안시 보건소	천안시 성정동 684-1	041-521-5941
	공주시 보건소	공주시 신관동 571-8	041-840-2557
	보령시 보건소	보령시 남포면 봉덕리 37-4	041-930-9051
	아산시 보건소	아산시 모종동 573-2	041-537-3438
	서산시 보건소	서산시 석림동 581-1	041-661-6554
	논산시 보건소	논산시 취암동 1043-14	041-735-7768
	계룡시 보건소	계룡시 금암동 10	042-840-2773
	금산군 보건소	금산군 금산읍 상리 23-4	041-750-4344
	연기군 보건소	연기군 조치원읍 교리 9-1	041-861-2686
	부여군 보건소	부여군 부여읍 구아리 137-2	041-830-2485
	서천군 보건소	서천군 서천읍 군사리 799	041-950-5664
	청양군 보건소	청양군 청양읍 읍내리 261-1	041-940-4328
	홍성군 보건소	홍성군 홍성읍 옥암리 62-3	041-630-1763
	예산군 보건소	예산군 예산읍 예산리 23-1	041-339-8063
	태안군 보건소	태안군 태안읍 평천리 698-6	041-671-5242
	당진군 보건소	당진군 당진읍 채운리 217	041-350-4083
전라북도	전주시 완산구 보건소	전주시 완산구 고사동 1가 431-1	063-230-5261
	군산시 보건소	군산시 나운동 153-8	063-460-3237
	익산시 보건소	익산시 신동 142-8	063-859-4227
	정읍시 보건소	정읍시 수성동 958-2	063-530-7712
	남원시 보건소	남원시 조산동 455	063-620-6808
	김제시 보건소	김제시 신풍동 88-2	063-540-1327
	완주군 보건소	완주군 삼례읍 신금리 416-6	063-240-4546

지역	이름	주소	전화번호
전라북도	진안군 보건소	진안군 진안읍 군상리 90-15	063-430-8529
	무주군 보건소	무주군 무주읍 당산리 701	063-320-8634
	장수군 보건소	장수군 장수읍 장수리 425	063-350-3120
	임실군 보건소	임실군 임실읍 갈마리 278	063-640-3175
	순창군 보건소	순창군 순창읍 기남리 541-1	063-650-1558
	고창군 보건소	고창군 고창읍 덕산리 209-1	063-560-2512
	부안군 보건소	부안군 부안읍 봉덕리 551-2	063-580-4579
전라남도	신안군 보건소	목포시 만호동 3-4	061-240-8813
	여수시 보건소	여수시 학동 174	061-690-2682
	순천시 보건소	순천시 풍덕동 1264	061-749-4019
	나주시 보건소	나주시 이창동 740-1	061-330-8557
	광양시 보건소	광양시 광양읍 칠성리 70	061-797-4015
	담양군 보건소	담양군 담양읍 만성리 135	061-380-3980
	곡성군 보건소	곡성군 곡성읍 학정리 663	061-360-8560
	구례군 보건소	구례군 구례읍 백련리 576	061-780-2025
	고흥군 보건소	고흥군 고흥읍 등암리 1258-21	061-830-5793
	보성군 보건소	보선군 보성읍 보성리 832-2	061-850-5563
	화순군 보건소	화순군 화순읍 삼천리 719	061-370-1549
	장흥군 보건소	장흥군 장흥읍 건산리 752-1	061-860-0549
	강진군 보건소	강진군 강진읍 동성리 66-3	061-430-3556
	영암군 보건소	영암군 영암읍 춘양리 525	061-470-2554
	무안군 보건소	무안군 무안읍 성동리 712	061-450-5688
	함평군 보건소	함평군 함평읍 기각리 253	061-320-3339
	영광군 보건소	영광군 영광읍 남천리 326	061-350-5812
	장성군 보건소	장성군 장성읍 영천리 1475-4	061-390-8332
	해남군 보건소	해남군 해남읍 해리 415-1	061-530-5562
	완도군 보건소	완도군 완도읍 죽청리 483-8	061-550-0353
	진도군 보건소	진도군 진도읍 남동리 776-26	061-540-3726
	목포시 보건소	목포시 산정동 1676	061-286-5844
경상북도	포항시 남구 보건소	포항시 남구 인덕동 161-1	054-241-4000
	포항시 북구 보건소	포항시 북구 장성동 1363	054-240-7981

지역	이름	주소	전화번호
경상북도	경주시 보건소	경주시 동천동 987	054-778-5448
	김천시 보건소	김천시 신음동 1284	054-420-8045
	안동시 보건소	안동시 북문동 58	054-840-5970
	구미시 보건소	구미시 지산동 853-12	054-450-5703
	구미시 선산 보건소	구미시 서산읍 동부리 544-1	054-450-5625
	영주시 보건소	영주시 휴천 2동 466-6	054-639-6469
	영천시 보건소	영천시 문내동 152-1	054-330-6474
	상주시 보건소	상주시 무양동 33-4	054-537-8742
	문경시 보건소	문경시 점촌동 232	054-550-6476
	경산시 보건소	경산시 중방동 708-5	053-810-6479
	군위군 보건소	군위군 군위읍 서부리 157-1	054-380-6474
	의성군 보건소	의성군 의성읍 도서리 104-1	054-830-6473
	청송군 보건소	청송군 청송읍 금곡리 1056-54	054-870-7108
	영양군 보건소	영양군 영양읍 서부리 208-1	054-680-6473
	영덕군 보건소	영덕군 영덕읍 화개리 208-1	054-730-6829
	청도군 보건소	청도군 화양읍 범곡리 96	054-370-2653
	고령군 보건소	고령군 고령읍 연조리 563-3	054-950-6475
	성주군 보건소	성주군 성주읍 경산리 436-1	054-933-2400
	칠곡군 보건소	칠곡군 왜관읍 석전리 262-1	054-979-6476
	예천군 보건소	예천군 예천읍 동본리 178	054-650-6471
	봉화군 보건소	봉화군 봉화읍 내성리 285	054-679-6471
	울진군 보건소	울진군 울진읍 읍내리 563-5	054-785-5050
	울릉군 보건소	울릉군 울릉읍 도동 2리 176-2	054-790-6474
경상남도	창원시 보건소	창원시 신월동 96-2	055-212-4142
	마산시 보건소	마산시 합포구 해운동 61-1	055-220-5545
	진주시 보건소	진주시 남성동 3-18	055-749-4977
	진해시 보건소	진해시 풍호동 시청로 1번지	055-548-4558
	통영시 보건소	통영시 무전동 401-1	055-650-6157
	사천시 보건소	사천시 사천읍 수석리 126	055-831-3567
	김해시 보건소	김해시 외동 1261-3	055-330-4547
	밀양시 보건소	밀양시 삼문동 159-1	055-359-5563

지역	이름	주소	전화번호
경상남도	거제시 보건소	거제시 신현읍 양정리 981	055-639-3860
	양산시 보건소	양산시 중부동 707-2	055-380-5653
	의령군 보건소	의령군 의령읍 서동 843-2	055-570-4021
	함안군 보건소	함안군 가야읍 말산리 100	055-580-3121
	창녕군 보건소	창녕군 창녕읍 말흘리 771-2	055-530-2017
	고성군 보건소	고성군 고성읍 대독리 4	055-670-2707
	남해군 보건소	남해군 남해읍 북변리 458-2	055-860-8722
	하동군 보건소	하동군 하동읍 읍내리 1198-1	055-880-2704
	산청군 보건소	산청군 산청읍 지리 179-7	055-970-7521
	함양군 보건소	함양군 함양읍 용평리 630-3	055-960-4249
	거창군 보건소	거창군 거창읍 송정리	055-940-3518
	합천군 보건소	합천군 합천읍 합천리 524-1	055-930-3714

별첨 12. 시 · 도별 야간/일 · 휴무일 운영기관 및 휴대폰 연결전화(2009년 정신보건사업 안내)

지역별	야간 및 주말 착신전화		휴대폰 전화수신(주간)
	지정기관	연결번호	지정기관
서울	서울자살예방센터	02-3444-9934	서울자살예방센터
부산	국립부곡병원	055-536-6360	부산광역정신보건센터
대구	대구정신병원	053-630-3020	대구서구정신보건센터
인천	인천광역정신보건센터	032-468-9911	인천광역정신보건센터
광주	광주시립정신병원	062-949-5229	광주동구정신보건센터
대전	국립공주병원	041-853-5729	대전서구정신보건센터
울산	국립부곡병원	055-536-6360	울산남구정신보건센터
강원도	국립춘천병원	033-260-3317	춘천시정신보건센터
경기도	경기광역정신보건센터	031-212-0435	경기광역정신보건센터
충청북도	국립공주병원	042-850-5729	청원군정신보건센터
충청남도	국립공주병원	042-850-5729	천안시정신보건센터
전라북도	전북마음사랑정신병원	063-243-9507	군산시정신보건센터
전라남도	국립나주병원	061-336-1007	나주시정신보건센터
경상북도	국립부곡병원	055-536-6360	포항북구정신보건센터
경상남도	국립부곡병원	055-536-6360	창원시정신보건센터
제주시	제주의료원 정신과	064-720-2232	제주시정신건강센터

별첨 13. 정신건강 위기상담전화 운영(2009년 정신보건사업 안내)

◆ 상담전화 설치 및 운영체계

① 설치 및 운영체계

- 전화번호: 전국 동일번호 1577-0199, 국번 없이 129(보건복지콜센터)
- 역할: 전국 어디에서나 전화를 걸면, 시·군·구별로 정신보건전문요원 등이 자살위기상담 등 정신건강상담과 지지, 정신건강정보 제공, 정신의료기관 안내 등을 제공할 수 있도록 함.
  - 야간 및 일·휴무일은 지정된 관할 국·공립정신의료기관 및 광역정신보건센터로 착신을 전환하여 연결
- 수신지: 시·군·구에 설치되어 있는 정신보건센터(광역형 또는 표준형)로 연결되고, 정신보건센터가 미설치된 시·군·구는 보건소의 정신보건전문요원으로 연결되도록 함.
- 비용: 1577 전화 사용료 월 8,000원(전화 이용자는 시내전화요금만 부담), 착신전환 서비스는 월 1,000원(시·군·구청의 내선으로 연결된 전화는 착신전환 무료)

② 야간/일·휴무일 운영

- 국·공립정신병원 또는 광역정신보건센터의 지정원칙
- 지리적 접근성 자원 파악 여부, 일선 정신보건센터 및 보건소와의 원활한 협조 가능성 등을 기준으로 국·공립정신병원을 우선 대상기관으로 협의하여 지정
- 운영원칙
  - 평일 근무시간 이후의 전화상담요원을 지정하여 운영함.
  - 동 상담요원은 정신보건전문요원 또는 의료인을 우선적으로 지정하고 인력문제 등 불가피한 경우 정신보건 분야에 관한 전문지식을 가진 자를 지정할 수 있으나 자체 또는 외부의 전문교육을 받도록 조치하여야 함.
  - 지정된 상담요원 등은 긴급 상황에 대비하여 인근 응급기관 등 관련 협력기관의 연락망을 숙지하고 유기적인 관계 유지
  - 기타 상담된 내역과 실적(상담의뢰자·조치사항 등)은 관할구역의 정신보건센터(또는 보건소)와의 정보를 공유하여야 함.

※ 관할구역의 정신보건센터(또는 보건소)에서 위험자 추후관리, 상담내용에 따른 업무 분석에 협조

별첨 14. 정신건강 위기상담전화(1577-0199) **운영**(2009년 정신보건사업 안내)

◆ 자살 등 자해

(중략)

− 자살시도 가능성이 높을 경우에는 가족과 통화하고 가족이 응급입원을 원할 때에는 119 구급대에 연결하여 인근 정신의료기관으로 이송

− 이미 자살시도 또는 자살행위(극약 복용, 동맥 절단) 등을 한 뒤 전화한 경우 119 구급대에 연락하여 응급 방문하도록 연결(발신자에게 주소를 직접 확인하거나 주소 확인 거부 시 발신자 식별번호를 활용하여 119 구급대에 통보)

별첨 15. 응급입원의뢰서

응급입원의뢰서(정신보건법 시행규칙 별제 제20호 서식)

응급입원의뢰서				처리기간
				72시간
신청인	성명		생년월일	
	주소			(전화:)
피신청인	성명		생년월일	(남, 여)
	주소			(전화:)
	발견장소			
	보호의무자 성명		피신청인과의 관계	
	주소			(전화:)
	증상의 개요			
입원동의의사	면허번호		성명	(서명 또는 인)
호송경찰관	직급		성명	(서명 또는 인)
	소속			

「정신보건법」 제26조 제1항, 같은 법 시행령 제7조 제1항 및 같은 법 시행규칙 제16조에 따라 위와 같이 입원의뢰하오니 조치하여 주시기 바랍니다.

년   월   일

신청인: (서명 또는 인)

정신의료기관의 장 귀하

별첨 16. 정신의료기관 설치 · 운영(2009년 정신보건사업 안내)

정신질환자 입 · 퇴원 요건 및 절차 요약

입원 종류	근거조문	주요내용	비 고
자의 입원	「정신보건법」 제23조	〈입원요건〉 • 본인의 신청＋정신과 전문의 진단 〈퇴원절차〉 • 본인의 신청(신청서 또는 구두)	• 1년에 1회 이상 퇴원의 사 확인
보호의무자 에 의한 입원	「정신보건법」 제24조	〈입원요건〉 • 보호의무자 2인 동의＋정신과 전문의 진단 • 입원 후 6개월마다 계속입원 여부 심사 〈퇴원절차〉 • 환자 또는 입원신청서를 제출한 보호의무자의 신청 (신청서 또는 구두) 〈보호의무자의 범위－「민법」 974조〉 • 직계혈족 및 그 배우자 • 생계를 같이 하는 친족	• 보호의무자가 1인인 경우 1인 동의 • 부득이한 경우 사유서 를 제출하고, 7일 이내 에 보완(7일 경과 시 퇴 원조치)
시 · 군 · 구 청장에 의한 입원	「정신보건법」 제25조	〈입원요건〉 • 자신 또는 타인을 해할 위험이 있는 자를 발견한 정신 과전문의 또는 정신보건전문요원이 시 · 군 · 구청장 에게 진단 및 보호신청＋정신과 전문의 진단 • 2주 이내에 정신과 의사 2인이 입원진단을 내린 경 우 3개월까지 국 · 공립병원, 종합병원에 입원조치 〈퇴원절차〉 • 정신과 전문의의 퇴원 결정	• 입원 3개월 후, 계속 입 원(3개월, 1회) 심사
응급입원	「정신보건법」 제26조	〈입원요건〉 • 자 · 타해의 위험이 큰 자로 상황이 급박한 경우 이 를 발견한 자＋경찰관의 동의 ＊정신과가 아닌 의사의 진단으로 입원 가능 〈퇴원절차〉 • 정신과 전문의의 퇴원 결정	• 72시간까지 가능, 이후 필요 시 다른 입원종류 로 전환

＊각 입원 종류별, 단계별 환자 또는 보호의무자에게 통지의무가 있음

시장 · 군수 · 구청장에 의한 입원(법 제25조, 제36조)

가) 입원절차: 정신질환으로 자신 또는 타인을 해할 위험이 있다고 의심되는 자 발견 →
정신과 전문의 또는 정신보건전문요원이 발견 시 시장 · 군수 · 구청장에게 당해인의
진단 및 보호 신청 → 시장 · 군수 · 구청장은 즉시 정신과 전문의에게 진단 의뢰 →

① 자신 또는 타인을 해할 위험이 있다고 인정되는 경우 당해인으로 하여금 자의
입원을 신청하게 하거나 그 보호의무자에게 입원동의 요청

② 정신질환자와 보호의무자가 이에 응하지 않을 경우 정신과 전문의가 자신 또는
타인을 해할 위험이 있어 그 증상의 정확한 진단이 필요하다고 인정 → 시장 ·
군수 · 구청장은 국 · 공립정신병원 또는 종합병원에 2주 이내의 기간을 정하여
입원 의뢰 → 2인 이상의 정신과 전문의가 계속 입원이 필요하다고 진단 → 3개
월 이내 국 · 공립병원 등에 입원치료의뢰서로 입원 의뢰 → 정신질환자 및 보호
의무자에게 계속 입원사유 등 통보

나) 퇴원절차: 퇴원 가능 진단 → 즉시 퇴원 → 시장 · 군수 · 구청장에 퇴원조치 결과
통보

다) 계속 입원절차: 2인 이상의 정신과 전문의에 의한 진단 또는 정신보건심판위원회의
심사 → 당해인의 퇴원 시 정신질환으로 자신 또는 타인을 해할 위험이 있다고 명백
히 인정 → 3개월 이내 계속 입원 가능(1회에 한함) → 정신질환자 및 보호의무자에
게 계속 입원 사유 등 통보

응급입원(법 제26조)

가) 입원절차: 정신질환자로 추정되는 자로서 자신 또는 타인을 해할 위험이 큰 자 발견
→ 그 상황이 매우 급박하여 자의 입원, 보호의무자에 의한 입원 또는 시 · 도지사에
의한 입원을 시킬 수 없는 때에는 의사와 경찰관의 동의를 얻어 응급입원의뢰서를
이용하여 입원 의뢰

나) 퇴원절차: 퇴원 가능 진단 또는 입원 후 72시간 경과 → 퇴원

다) 계속 입원절차: 계속 입원이 필요하다는 정신과 전문의 진단 → 자의 입원, 보호의무
자에 의한 입원 또는 시 · 군 · 구청장에 의한 입원으로 전환

별첨 17. 유형별 조치 자살 등 자해 내용 및 자살시도자 사후관리서비스, 지원체계 구축

◈ 자살 등 자해

(중략)

- 자살시도로 인하여 전화상담과정에서 응급의료기관에 연계되었다가 치료 후 퇴원하는 경우
  - 전화상담을 다시 시도하여 정신과 치료를 받도록 권유
  - 거부할 경우에는 지속적인 전화상담이나 정신보건센터 내 상담 등을 권유하면서 정서적 지지관계를 구축하여 지속적인 관리가 가능하도록 조치
  - 상담과정에서 정신과 치료가 필요할 정도로 자살 재시도 위험이 높은 때에는 우울증 치료 등 정신과 치료를 다시 권유

◈ 자살시도자 사후관리 서비스 및 지원체계 구축

(중략)

5) 자살시도자 관리

- 목표
  - 자살시도자를 위한 상담서비스 개발
  - 지역의료기관 응급실을 기반으로 자살시도자 사례관리서비스 제공
  - 자살시도자를 위한 지원체계 구축
- 주요 대상
  - 병원에 가지 않은 자살시도자
  - 응급실을 방문한 자살시도자
- 주요 실행방안
  - 자살시도자를 위한 서비스 전달체계 개발

자살시도 확인	112, 119, 1577-0199, 1388(청소년), 1366(여성) 등 상담전화 인터넷상담사이트에서 확인되는 경우
정신보건센터 의뢰	자살시도자에게 정신보건센터를 방문하도록 권유하고, 정신보건센터에 개인정보 제공 동의 요청
자살위험도 평가	정신보건센터에서 저위험군과 고위험군 평가
전문기관 의뢰	저위험군 → 정신보건센터 관리 고위험군 → 정신과 전문기관에 의뢰

– 응급실 기반의 자살시도자 관리서비스 제공

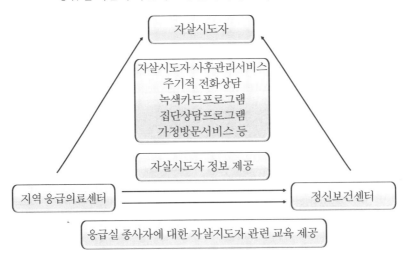

– 자살시도자 사후관리서비스 및 지원체계 구축

자살시도자 사후관리서비스	자살시도자 지원체계
• 지역여건에 따라 응급의료센터, 정신과 전문의, 정신보건센터가 공동으로, 또는 한 기관에서 주도적 역할 수행 • 정신보건센터와 의료기관 연계방안 강구 • 사후관리는 지역여건에 따라 선별 실시 　– 월 1회~6개월에 1회 정도 자살시도자의 치료 유무, 자살의도 유무 등 전화상담 　– 자살시도자 녹색카드프로그램: 자살시도자에게 사례관리자의 응급전화번호를 제공함으로써 상시 접근 가능 　– 우울장애나 성격장애 등으로 인지행동요법 등이 도움이 될 경우 주기적인 집단상담 프로그램 운영	• 정신보건센터 중심으로 보건소, 동사무소, 사회복지관, 정신과 의료기관 등의 자원 연결 • 자살심리에 대한 이해, 이용 가능한 서비스 목록, 지원기관 종류, 병원 등 자살시도자에 대한 지원 안내서 제공 • 정신과 전문서비스가 필요하나 경제적 여력이 없는 경우 한시적으로 의료비 지원 • 위기사유 발생으로 인한 생계유지 곤란 시 기존 긴급 지원서비스 연계 • 자살시도자 자조모임 조직 지원 • 기타 자살시도자의 욕구에 부합하는 서비스 발굴·제공

별첨 18. 유형별 조치 자살 등 자해 내용(2009년 정신보건사업 안내)

◆ 자살 등 자해
- 자살충동자의 심리적 안정을 위해 호소를 충분히 들으면서 자살시도를 하지 않도록 설득
- 충분히 들어주는 것만으로도 효과가 있는 경우가 많다는 것을 명심하고, 비록 보이지는 않지만 경청하고 있다는 느낌을 줄 수 있도록 적절히 반응을 보이며 상담 제공
- 보다 전문적인 치료상담을 위해 정신의료기관 방문을 권고하되, 이를 거부할 경우 정신보건센터(센터 미설치 시·군·구는 보건소 정신보건전문요원 연결)에 안내하여 추수관리가 될 수 있도록 조치
- 상담 도중 자살과 관련한 구체적 위험이 있는 경우 자살에 대한 위험도를 평가하고, 이에 따라 추후 지속상담이나 정신과 치료권유 등의 후속조치

안전동의서

1. 나 _____은/는 절대로 자살하지 않을 것이며,
   자해나 자살을 시도하지 않을 것을 서약합니다.
   나는 자살하고 싶은 생각이 들면 반드시
   (친구, 상담자, 가족, 노인생명보듬이)에게 먼저 말할 것입니다.
   만일 이 사람들을 만날 수 없으면 (   )로
   전화를 하거나 주위 사람에게 도움을 청하겠습니다.

2. 나는 충분한 휴식과 수면을 취하고 잘 먹을 것을 서약합니다.

3. 나는 자살할 수 있는 모든 도구를 없앨 것을 서약합니다.

4. 나는 조금이라도 기분이 이상하면 반드시 _____에게
   _____로 전화를 걸거나 어떠한 수단을 써서라도
   알리겠습니다. 이 사실을 알리기 전에는 절대로 아무런 행동을 하지
   않을 것을 서약합니다.

년   월   일

서명자: (인)

증 인: (인)

별첨 20. 전국 종합사회복지관 및 노인복지관

지 역	세부분류	이 름	주 소	전화번호
서울	노인복지관	강남구노인복지관	강남구 삼성동 66번지	02-549-7070
		강동노인종합복지관	강동구 명일동 48-10	02-442-1026
		성가정노인종합복지관	강동구 고덕동 317-25	02-481-2217
		강북노인종합복지관	강북구 수유동 122번지	02-999-9179
		강서노인종합복지관	강서구 등촌3동 661-4	02-3664-0322
		관악노인종합복지관	관악구 봉천동 726-3	02-888-6144
		광진노인종합복지관	광진구 군자동 364-15	02-466-6242
		구로노인종합복지관	구로구 구로동 25-1	02-838-4600
		금천노인종합복지관	금천구 시흥1동 558-1	02-804-4058
		노원노인종합복지관	노원구 하계동 256	02-948-8540
		도봉노인종합복지관	도봉구 쌍문동 19-12	02-993-9900
		동대문노인종합복지관	동대문구 청소년 4길3-1	02-963-0565
		동작노인종합복지관	동작구 대방동 335-10	02-823-0064
		마포노인종합복지관	마포구 창전동 140	02-333-1040
		서대문노인종합복지관	서대문구 천연동 117-3	02-363-9988
		구립 양재노인종합복지관	서초구 양재동 7-44	02-578-1515
		구립 방배노인종합복지관	서초구 방배동 455-11	02-581-79920
		구립 중앙노인종합복지관	서초구 서초동 1666-17	02-3474-6080
		성동노인종합복지관	성동구 마장동798-1	02-2298-5117
		성북노인종합복지관	성북구 종암동 66-25호	02-929-7950
		송파노인종합복지관	송파구 삼전동172-2	02-2203-9400
		양천노인종합복지관	양천구 신정동 325-3	02-2649-8813
		구립영등포노인종합복지관	영등포구 문래동3가 76-2	02-2068-5326
		용산노인종합복지관	용산구 한남동 108	02-794-6100
		은평노인종합복지관	은평구 진관동156-6	02-385-1351
		종로노인종합복지관	종로구 이화동 25-1	02-742-9500
		서울노인복지센터	종로 경운동 90-3	02-739-9501

지 역	세부분류	이 름	주 소	전화번호
서울	노인복지관	약수종합노인복지관	중구 신당동 393-3	02-2234-3515
		중랑노인종합복지관	중랑구 면목동 178-8	02-493-9966
		신내노인종합복지관	중랑구 신내동 777-1	02-3421-4800
	종합사회 복지관	가락종합사회복지관	서울시 송파구 가락1동 481	02-449-2341-4
		가산종합사회복지관	서울시 금천구 가산동 144-3	02-868-6856~8
		가양4종합사회복지관 (강서구)	서울시 강서구 가양2동 1478 도시개발 4단지	02-2668-6689
		가양5종합사회복지관 (강서구)	서울시 강서구 가양동 도시개발 5단지	02-2668-4603~4
		가양7종합사회복지관	서울시 강서구 가양동 1486	02-2668-8600
		갈월종합사회복지관	서울시 용산구 갈월동 51-19	02-752-7887
		강남종합사회복지관	서울시 강남구 일원2동 12-46	02-451-0051-3
		강동종합사회복지관	서울시 강동구 천호3동 555	02-2041-7800
		공릉종합사회복지관 (노원구)	서울시 노원구 공릉3동 708 시영 1단지내	02-948-0520~2
		광장종합사회복지관 (광진구)	서울시 광진구 광장동 472-1	02-2201-1333
		구로종합사회복지관	서울시 구로구 구로3동 256-7	02-852-0522~5
		구세군강북종합사회복지관 (강북구)	서울시 강북구 미아2동 791-1509	02-986-0988
		궁동종합사회복지관	서울시 구로구 궁동 108-9	02-2613-9367
		길음종합사회복지관	서울시 성북구 길음3동 905	02-985-0161~4
		까리따스방배종합 사회복지관	서울시 서초구 방배2동 3274-3	02-522-6004
		노원1종합사회복지관 (노원구)	서울시 노원구 월계4동 사슴아파트 1단지 내	02-949-0700~3
		녹번종합사회복지관	서울시 은평구 녹번동 산 28-6	02-388-6341~4
		능인종합사회복지관 (강남구)	서울시 강남구 포이동 55	02-571-2988~9
		대방종합사회복지관	서울시 동작구 대방동 503	02-826-2900~3
		대청종합사회복지관	서울시 강남구 일원1동 711	02-459-6332~4
		도봉서원종합사회복지관 (도봉구)	서울시 도봉구 도봉2동 363-9	02-3494-4755~6

지 역	세부분류	이 름	주 소	전화번호
서울	종합사회 복지관	동대문종합사회복지관 (동대문구)	서울시 동대문구 제기2동 220	02-920-4500
		동작이수사회복지관	서울시 동작구 사당동 52-3	02-592-3721~3
		동작종합사회복지관	서울시 동작구 대방동 5-1	02-814-8114~5
		등촌1종합사회복지관 (강서구)	서울시 강서구 등촌3동 687	02-2658-1010
		등촌4종합사회복지관 (강서구)	서울시 강서구 등촌3동 690	02-2658-8800
		등촌7종합사회복지관	서울시 강서구 등촌3동 동의길 38-0	02-2658-6521~4
		등촌9종합사회복지관	서울시 강서구 등촌3동 704	02-2658-4129
		마들사회복지관(노원구)	서울시 노원구 중계3동 515-3	02-971-8387~8
		마천종합사회복지관 (송파구)	서울시 송파구 마천1동 323-197	02-449-3141~2
		면목사회복지관(중랑구)	서울시 중랑구 면목4동 1382	02-436-0500
		목동종합사회복지관	서울시 양천구 목2동 51-16	02-2651-2332
		반포종합사회복지관	서울시 서초구 잠원동 60-5	02-3477-9811
		방아골종합사회복지관	서울시 도봉구 방학2동 396-19	02-3491-0500
		방화11종합사회복지관	서울시 강서구 방화2동 851	02-2661-0670~3
		방화2종합사회복지관	서울시 강서구 방화3동 839	02-2662-6661~4
		방화6종합사회복지관	서울시 강서구 방화3동 816	02-2666-6181~4
		번동2단지종합사회복지관	서울시 강북구 번3동 241 주공 202동	02-987-5077~9
		번동3종합사회복지관	서울시 강북구 번3동 237 주공3단지 내	02-984-6777~8
		본동종합사회복지관	서울시 동작구 본동 16-3	02-817-8052~3
		봉천종합사회복지관	서울시 관악구 봉천3동 37번지 7-160	02-875-4422~3
		북부종합사회복지관	서울시 노원구 상계1동 1257번지	02-934-7711~5
		사당종합사회복지관	서울시 동작구 사당4동 268-6	02-597-3710~2
		사랑의전화 마포종합 사회복지관	서울시 마포구 신공덕동 15-66	02-712-8600
		삼전종합사회복지관	서울시 송파구 삼전동 172	02-421-6077~8
		상계종합사회복지관	서울시 노원구 상계3동 109-43	02-951-9930~2
		상도종합사회복지관	서울시 동작구 상도1동 456	02-824-6011~3

지 역	세부분류	이 름	주 소	전화번호
서울	종합사회 복지관	생명의전화종합사회복지관	서울시 성북구 하월곡동 96-155	02-916-9194~5
		서대문종합사회복지관	서울시 서대문구 남가좌1동 115-63	02-375-5040~1
		서울시립대종합사회복지관	서울시 중랑구 신내동 660	02-3421-1988~9
		서초종합사회복지관	서울시 서초구 양재동 11-13	02-579-4783~4
		선의관악종합사회복지관	서울시 관악구 봉천5동 1699-6 (151-055)	02-886-9941~3
		성내종합사회복지관	서울시 강동구 성내동 508-1	02-478-2555~7
		성동종합사회복지관	서울시 성동구 마장동 527-2	02-2290-3100
		성민종합사회복지관	서울시 관악구 신림10동 300-1	02-876-0900
		송파종합사회복지관	서울시 송파구 거여동 5-8	02-401-1919
		수서명화종합사회복지관	서울시 강남구 수서동 707	02-459-2696~7
		수서종합사회복지관	서울시 강남구 수서동 723 도시개발 6단지 내	02-459-5504
		수유종합사회복지관	서울시 강북구 수유2동 338-5	02-903-6940
		신길종합사회복지관	서울시 영등포구 신길1동 465-2	02-831-2755
		신내종합사회복지관	서울시 중랑구 상봉1동 481 신내 12단지 내	02-3421-3400
		신당종합사회복지관(중구)	서울시 중구 신당2동 361-18	02-2231-1876~8
		신림종합사회복지관	서울시 관악구 신림7동 665-1	02-851-1767~8
		신목종합사회복지관	서울시 양천구 신정2동 1278-1	02-2643-7222~3
		신사종합사회복지관	서울시 은평구 신사1동 26-18	02-376-4141~2
		신월종합사회복지관	서울시 양천구 신월2동 615-43	02-2605-8728
		신정종합사회복지관	서울시 양천구 신정5동 904-4	02-2603-1792~3
		영등포종합사회복지관	서울시 영등포구 신길5동 440-56	02-846-1117
		옥수종합사회복지관	서울시 성동구 옥수2동 204-8	02-2282-1100
		우면종합사회복지관	서울시 서초구 우면동 63 임대단지 내	02-577-6321~2
		월계종합사회복지관	서울시 노원구 월계2동 556 주공 1단지 내	02-999-4211~3
		월곡종합사회복지관	서울시 성북구 하월곡4동 222-5	02-911-5511
		유락종합사회복지관	서울시 중구 신당동 160-2	02-2235-4000
		유린원광종합사회복지관	서울시 중랑구 신내동 572-2	02-438-4011~2

지역	세부분류	이름	주소	전화번호
서울	종합사회 복지란	은평종합사회복지관	서울시 은평구 수색동 8-15	02-307-1181~3
		이대성산종합사회복지관	서울시 마포구 성산2동 595	02-374-5884~5
		이대종합사회복지관	서울시 서대문구 북아현3동 1-461	02-3277-3190~4
		자양사회복지관	서울시 광진구 자양3동 553-632	02-458-1664
		잠실종합사회복지관	서울시 송파구 잠실동 188-1	02-423-7806~7
		장안종합사회복지관	서울시 동대문구 장안1동 395-2	02-2242-7564~6
		장위종합사회복지관	서울시 성북구 장위3동 112-1	02-918-3073~4
		정릉종합사회복지관	서울시 성북구 정릉3동 산 1-293	02-909-0434~6
		종로종합사회복지관	서울시 종로구 창신3동 23-344	02-766-8282
		중계종합사회복지관	서울시 노원구 중계1동 2-1B 주공 3단지 내	02-952-0333~5
		중곡종합사회복지관	서울시 광진구 중곡2동 134-18	02-3436-4316~7
		중앙사회복지관	서울시 관악구 봉천10동 890-1	02-872-5802
		창동종합사회복지관	서울시 도봉구 창1동 374	02-993-3222
		청담종합사회복지관	서울시 금천구 시흥2동 241-7	02-806-1376~7
		태화기독교사회복지관	서울시 강남구 수서동 741	02-2040-1600
		평화종합사회복지관	서울시 노원구 중계3동 514-3	02-949-0123~4
		풍납종합사회복지관	서울시 송파구 풍납2동 330-1	02-474-1201~2
		한빛종합사회복지관	서울시 양천구 신월4동 540-1	02-2690-8762~4
		홍은종합사회복지관	서울시 서대문구 홍은1동 48-20	02-391-2381~2
		화원종합사회복지관	서울시 구로구 구로본동 476-134	02-837-0761
		효창종합사회복지관	서울시 용산구 효창동 5-65	02-716-0600
부산	노인복지관	중구노인복지회관	중구 보수동1가 113	051-241-2591
		부민노인복지관	서구 부용동2가 86	051-240-4850
		동구노인복지관	동구 수정1동 1011-886	051-467-7887
		자성대노인복지관	동구 범일 2동 825-88번지	051-632-7597
		영도구노인복지관	영도구 대교2가 159-10	051-417-6344
		동래구노인복지관	동래구 명륜동 700-199	051-554-6252
		실버벨노인복지관	북구 구포3동 1255-2	051-337-5959
		어진샘노인종합복지관	해운대구 재송동 100	051-784-8008
		강서노인종합복지관	강서구 대저1동 2812	051-970-4851
		부산광역시 노인종합복지관	연제구 연산4동 578-3	051-853-1873
		수영구노인복지관	수영구 남천1동 552번지	051-759-6070
		기장군노인복지회관	기장읍 대라리 186-8	051-724-3443

지 역	세부분류	이 름	주 소	전화번호
부산	종합사회 복지관	구평종합사회복지관	부산시 사하구 구평동 125-23번지	051-263-3045
		화명종합사회복지관	부산시 북구 화명동 2310번지	051-338-2233
		전포종합사회복지관	부산시 부산진구전포1동	051-802-6383
		파랑새종합사회복지관	부산시 해운대구 반송2동 233-4	051-545-0115
		기장종합사회복지관	부산시 기장군 대하리 175-2	723-0415-6
		화정종합사회복지관	부산시 북구 금곡동 1108주공 4단지내	051-362-0111
		해운종합사회복지관	부산시 해운대구 재송동 100-9	051-782-5005
		학장종합종합사회복지관	부산시 사상구 학장동 168-7	051-311-4017
		중구종합사회복지관	부산시 중구 대청동 4가 75-7	051-464-3137
		절영종합사회복지관	부산시 영도구 동삼1동 1124-6	051-404-5530
		장선종합사회복지관	부산시 북구 구포3동 1255-2	051-336-7007
		운봉종합사회복지관	부산시 해운대구 반송2동 77	051-543-2431
		와치종합사회복지관	부산시 영도구 동삼1동 510-9	051-403-4200
		용호종합사회복지관	부산시 남구 용호3동 36-7	051-628-6737
		영진종합사회복지관	부산시 해운대구 반여1동 1247	051-529-0005
		영도구종합사회복지관	부산시 영동구 신선동3가 112-127	051-413-4661
		연제구종합사회복지관	부산시 연제구 연산3동 2015-9	051-863-8360
		서구종합사회복지관	부산시 서구 동대신동 1가11-33	051-253-1922
		상리종합사회복지관	부산시 영도구 동삼3동 1123	051-404-5061
		사하구종합사회복지관	부산시 사하구 감천2동 12-278	051-293-2688
		사직종합사회복지관	부산시 사직 동래구 사직2동 594-8	051-506-5757
		사상구종합사회복지관	부산시 사상구 주례1동 123-1	051-314-8948
		부산진구종합사회복지관	부산시 부산진구 개금2동산 57-9	051-893-0035
		로사종합사회복지관	부산시 수영구 망미동 774-269	051-755-3367
		동구종합사회복지관	부산시 동구 수정동 1169-3	051-465-0990
		부산기독교 종합사회복지관	부산시 서구 토상동2가4	051-257-9404
		백양종합사회복지관	부산시 사상구 모라3동 75모라주공 3단내	051-305-4286

지 역	세부분류	이 름	주 소	전화번호
부산	종합사회 복지관	반송종합사회복지관	해운대구 반송1동 697-2	051-544-8006
		반석종합사회복지관	부산시 해운대구 반송2동 대공apt 내	051-542-0196
		몰운대종합사회복지관	부산시 사하구 다대1동 1548-121	051-264-9033
		모라종합사회복지관	부산시 사상구 모라3동 521-1	051-304-9876
		두송종합사회복지관	부산시 사하구 다대2동 96-1	051-265-9470
		영도구종합사회복지관	부산시 북구 금곡동 98-1	051-413-4661
		동래종합사회복지관	부산시 동래구 명장2동 508-72	051-531-2460
		동구종합사회복지관	부산시 동구 범일6동 1542-1	051-633-3367
		덕천종합사회복지관	부산시 북구 덕천3동 808	051-331-4674
		당감종합사회복지관	부산진구 당감3동 818-220	051-896-2320
		남산정종합사회복지관	북구 덕천동 38-9 덕천4지구 16-100	051-342-8206
		남구종합사회복지관	부산시 남구우암동 129-339	051-647-3955
		남광종합사회복지관	부산시 금정구 노포동 산15번지	051-508-1997
		낙동종합사회복지관	부산시 강서구 명지동 627-28	051-271-0560
		금정구종합사회복지관	부산시 금정구 금사동 545-22	051-532-0115
		금곡종합사회복지관	부산시 북구 금곡동 810-1	051-332-4527
		공창종합사회복지관	부산시 북구 금곡동 53-1 금곡주공 1단지	051-363-2063
		개금종합사회복지관	부산시 부산진구 개금3동 1-1	051-893-5034
		강서구종합사회복지관	부산시 강서구 대저1동 1549-1	051-972-4591
		감만종합사회복지관	부산시 남구 감난1동 189-608	051-634-3415
대구	노인복지관	동구노인복지관	동구 불로동 948	053-983-9100
		팔공노인복지관	동구 신암동 132-2	053-662-2682
		서구노인복지관	서구 평리1동 1044-4	053-663-3467
		대덕노인복지관	남구 대명동 439	053-621-9522
		강북노인복지관	북구 관음동 1372	053-665-3191
		대불노인복지관	북구 복현동 536	053-665-3181
		북구노인복지관	북구 침산동 521-2	053-665-3196

지 역	세부분류	이 름	주 소	전화번호
대구	노인복지관	대구광역시 노인종합복지관	수성구 황금동 478-4	053-766-6011
		달서구노인종합복지관	달서구 본동 804-2	053-644-8310
		달성군노인복지관	달성군 옥포면 기세리 264-1	053-617-0098
		황금종합사회복지관	대구시 수성구 황금1동 965	053-768-1252
	종합사회 복지관	홀트대구종합사회복지관	대구시 수성구 범어1동 238-50	053-746-7501
		학산종합사회복지관	대구시 달서구 월성동 86	053-634-7230
		청곡종합사회복지관	대구시 노변동 161-4	053-793-9411
		지상종합사회복지관	대구시 수성구 지산동 1297	053-781-5156
		제일종합사회복지관	대구시 서구 원대로3가 1120-1	053-353-8310
		월성종합사회복지관	대구시 달서구 월성동 273	053-634-4113
		안심종합사회복지관	대구시 동구 신기동 594주공3단지내	053-962-4137
		안심제1종합사회복지관	대구시동구 율하동 1018	053-962-3831
		신당종합사회복지관	대구시 달서구 신당동 1846 성서주공 3단지	053-581-8310
		성서종합사회복지관	대구시 달서구 신당동 1844 성서주공 1단내	053-583-1284
		선린종합사회복지관	대구시북구 관음동 477-1	053-323-2297
		서구종합사회복지관	대구시 서구 내당1동 67-9	053-563-0777
		상인종합사회복지관	대구시달서구 상인동 1563	053-641-1100
		산격종합사회복지관	대구시 북구 산격1동 724-12	053-381-9193
		본동종합사회복지관	대구시 달서구 송현2동 977-2	053-636-5567
		범물종합사회복지관	대구시 수성구 범물동 1283	053-781-2000
		동촌종합사회복지관	대구시 동구 입석동 964-8	053-781-2002
		대구종합사회복지관	대구시 동구 서호동 89-1	053-964-3335
		제일기독종합사회복지관	대구시 동구 신천3동 171-2	053-755-9392
		가정종합사회복지관	대구시 북구 산격3동 1304-1	053-957-8310
		달성군종합사회복지관	달성군 논공면 북리 1-104	053-615-9191

지역	세부분류	이름	주소	전화번호
대구	종합사회 복지관	남산기독교 종합사회복지관	대구시 중구 남산2동 941-22	053-257-1244
		남산종합사회복지관	대구시 중구 남산4동 2482 까치APT내	053-254-2562
		남산(중구) 종합사회복지관	대구시남구대명2동 19-1	053-476-7700
광주	노인복지관	동구노인종합복지관	동구 동명동 154-44	062-232-4954
		서구노인종합복지관	서구 화정동 23-231	062-365-9688
		남구노인복지관	남구 월산5동 614-4	062-366-0791
		광주공원노인복지관	남구 구동 16-48	062-671-3370
		빛고을노인건강타운	남구 노대동 592	062-603-8824
		북구노인종합복지관	북구 두암동 456-9	062-266-7727
		북구노인복지센터	북구 문흥동 1009-1	062-251-5340
		광산구노인복지관	광산구 운남동 799-1	062-959-9004
		바라밀노인복지관	광산구 신창동 1067-9	062-943-0419
	종합사회 복지관	양지종합사회복지관	광주시 남구 양림동 293-4	062-673-1919
		첨단종합사회복지관	광주시 광산구 쌍암동 656-2	062-971-9500
		호남종합사회복지관	광주시 서구 상무2동 887-5	062-371-2670
		하남종합사회복지관	광주시 광상구 우산동 1571-1	062-951-0701
		우산종합사회복지관	광주시 북구 우산동 633-1	062-266-3853
		오치종합사회복지관	광주시 북구 오치동 1003	062-207-3700
		쌍촌종합사회복지관	광주시 서구 상무2동1229	062-375-0035
		쌍촌시영종합사회복지관	광주시 서구 쌍촌동 1228 시영APT내	062-373-0360
		송광종합사회사회복지관	광주시 광산구 우산동 1603-1	062-941-8248
		빛고을종합사회복지관	광주시 동구 용산동산 3번지	062-942-5607
		무진종합사회복지관	광주시 서구 광천동 655-9	062-372-2600
		무등종합사회복지관	광주시 북구 두암3동 969-6	062-268-0093
		두암종합사회복지관	광주시 북구 두암동 968-1	062-266-8183
		동신대학교 종합사회복지관	광주시 남구 월산동 389	062-369-1324
		금호종합사회복지관	광주시 서구 금호동 743-3	062-376-3017
		각화종합사회복지관	광주시 북구 각화동산 657-2	062-265-1052

지 역	세부분류	이 름	주 소	전화번호
인천	노인복지관	강화노인복지관	강화군 강화읍 남산리 223-1	032-933-1988
		계양노인복지관	계양구 작전동 926-6	032-552-4494
		효성노인문화센터	계양구 효성1동 177-4	032-541-1882
		계산노인문화센터	계양구 계산동 885-24	032-556-5611
		인천시광역시 노인복지관	남구 숭의동 441-48	032-883-3751
		남구노인복지관	남구 주안동 866-67	032-861-3001
		남구노인문화센터	남구 용현 1·4동 181-5	032-862-3910
		남동구노인복지관	남동구 구월동 1114-12	032-435-1950
		동구노인복지관	동구 송림동 124-48	032-761-3677
		동구노인문화센터	동구 송현동 156	032-765-3677
		부평구노인복지관	부평구 부평동 914	032-526-4447
		서구노인복지관	서구 노인회관길 59	032-582-4071
		서구노인문화센터	서구 가좌동 2-3	032-581-7074
		연수구노인복지관	연수구 연수동 연수3동 580	032-811-2660
		연수구청학노인문화센터	연수구 청학동 539-2	032-831-7131
		중구노인복지관	중구 신흥동2가 23	032-760-7328
	종합사회 복지관	부평중부종합사회복지관	인천시 부평구 부평1동 182-23	032-528-4020
		성산종합사회복지관	인천시 남동구 간석동 606번지 405-230	032-437-2500
		창영사회복지관	인천시 동구 창영동 42	032-773-1733~4
		송림종합사회복지관	인천시 동구 송림1동 193-1	032-764-1185~6
		미추홀종합사회복지관	인천시 남구 주안5동 22-59	032-876-8181
		만월종합사회복지관	인천시 남동구 만수3동 844-15	032-471-9070
		인천종합사회복지관	인천시 남구 학익1동 산 75-6	032-873-0541~4
		인천기독교 종합사회복지관	인천시 서구 심곡동 14-5	032-568-3270
		연수종합사회복지관	인천시 연수구 연수2동 582-2	032-811-8010~2
		연수세화종합사회복지관	인천시 연수구 연수3동 533	032-813-2791~4
		선학종합사회복지관	인천시 연수구 선학동 347	032-813-6453
		삼산종합사회복지관	인천시 부평구 삼산동 157	032-529-8607~9

지 역	세부분류	이 름	주 소	전화번호
인천	종합사회 복지관	부평종합사회복지관	인천시 부평구 산곡3동 370-71	032-516-0078~9
		미가엘종합사회복지관	인천시 중구 내동 3-5	032-766-0981~2
		만수종합사회복지관	인천시 남동구 만수1동 1005 주공 7단지 내	032-463-8161~2
		계양종합사회복지관	인천시 계양구 서운동 130-6	032-552-9090~1
		갈산종합사회복지관	인천시 부평구 갈산동 360 갈산주공 내	032-515-8187~8
대전	노인복지관	대전광역시 노인복지관	중구 대흥동 311-1	042-242-3100
		동구 노인종합복지관	동구 가양동 13-1	042-626-2736
		동구 다기능 노인종합 복지관	동구 판암동 518-3	042-282-5910
		서구 노인종합복지관	서구 탄방동 1084	042-488-6297
		유성구 노인복지관	유성구 신성동 372번지	042-862-4634
		대덕구노인종합복지관	대덕구 읍내동 517-14	042-627-0767
	종합사회 복지관	관저종합사회복지관	대전광역시 서구 관저동 1140	042-545-6810~14
		대덕종합사회복지관	대전시 대덕구 덕암동 48-2	042-936-7344
		한밭종합사회복지관	대전시 서구 월평동 218 주공1단지 내	042-484-4323~4
		판암사회복지관	대전시 동구 판암동 314	042-285-1005
		중촌사회복지관	대전시 중구 중촌동 128-1	042-221-2577
		중리종합사회복지관	대전시 대덕구 법동 283-1	042-628-1476~7
		정림종합사회복지관	대전시 서구 정림동 637	042-584-4451~2
		월평종합사회복지관	대전시 서구 월평2동 218	042-484-6181~2
		송강사회복지관	대전시 유성구 송강동 10 송강마을 내	042-934-6338~9
		성락종합사회복지관	대전시 중구 용두1동 53-31	042-255-2278
		생명종합사회복지관	대전시 동구 판암2동 239	042-283-9191~2
		산내종합사회복지관	대전시 동구 낭월동 205	042-272-0591~2
		법동종합사회복지관	대전시 대덕구 법2동 188	042-633-1141~3
		둔산종합사회복지관	대전시 서구 삼천동 994	042-482-2033
		대전종합사회복지관	대전시 대덕구 비래동 116-7번지	042-627-2957~8

지 역	세부분류	이 름	주 소	전화번호
대전	종합사회 복지관	대전기독교 종합사회복지관	대전시 중구 문화1동 27번지	042-586-1500
		대동종합사회복지관	대전시 동구 대2동 1-35	042-673-8337
울산	노인복지관	울산광역시노인복지관	남구 삼산동 1538-6	052-229-6347
		남구노인복지관	남구 야음동 577-6	052-265-5221
		문수실버복지관	남구 무거동 1005-69	052-247-3740
		동구노인복지관	동구 서부동 113-190	052-252-2118
		북구노인복지관	북구 호계동 262-2	052-296-3901
		남부노인복지관	울주군 온양읍 발리 279-2	052-237-5394
		서부노인복지관	울주군 삼남면 교동리 1085-3	052-263-6901
	종합사회 복지관	천상종합사회복지관	울산시 울주군 범서읍 천상리 20블럭 1로트	052-229-7971
		울주군 서부 종합사회복지관	울산광역시 울주군 언양읍 동부리 376-3번지	052-229-7320
		북구종합사회복지관	울산시 북구 호계동 262-2	052-296-3900
		울산화정종합사회복지관	울산시 동구 화정동 862-2	052-236-3139
		울산중구종합사회복지관	울산시 중구 남외동 529-2	052-296-3161
		울산남구종합사회복지관	울산시 남구 달동 119-1	052-260-2981~2
강원도	노인복지관	춘천시립노인종합복지관	춘천시 동면 만천리 893-3	033-255-8866
		원주시노인복지관	원주시 단구동 1486-14	033-766-0601
		동해시노인종합복지관	동해시 천곡동 84-14번지	033-535-7557
		태백시종합실버복지타운 종합사회복지관	태백시 문곡동 4-9	033-550-2077
		속초시노인복지관	속초시 교동 979번지	033-636-3373
		홍천군 노인복지관	홍천군 홍천읍태학리 270-38	033-434-0322
		고성군노인복지관	고성군 간성읍 하리 37-2	033-680-8000
	종합사회 복지관	화천종합사회복지관	강원도 화천군 화천읍 아리 239	033-440-2848
		홍천군종합사회복지관	강원도 홍천군 홍천읍 진리 21-1	033-430-2341

지 역	세부분류	이 름	주 소	전화번호
강원도	종합사회복지관	양구종합사회복지관	강원도 양구군 양구읍 상리 394-14	033-480-2241
		횡성군종합사회복지관	강원도 횡성군 횡성읍 읍하리 500-1	033-345-3450~2
		춘천효자 종합사회복지관	강원도 춘천시 효자2동 333 주공 8단지 내	033-262-2390
		춘천종합사회복지관	강원도 춘천시 후평3동 석사 3지구 내	033-242-0051~5
		원주종합사회복지관	강원도 원주시 태장1동 729-3	033-732-4007
		원주명륜 종합사회복지관	강원도 원주시 명륜2동 705 임대단지 내	033-762-8131~2
		원주가톨릭 종합사회복지관	강원도 원주시 봉산2동 950	033-744-6617
		원주가톨릭 종합사회복지관	강원도 원주시 봉산2동 950	033-744-6617
		속초종합사회복지관	강원도 속초시 교동 961-1 영구임대 단지 내	033-631-8761~2
		월드비젼춘천 종합사회복지관	강원도 춘천시 효자1동 373-90	033-254-7244
		삼척종합사회복지관	강원도 삼척시 원당동 170	033-573-6168
		동해종합사회복지관	강원도 동해시 천곡동 1098	033-533-8247
		강릉종합사회복지관	강원도 강릉시 입암동 49-9	033-653-6375~6
경기도	노인복지관	수원시 버드내노인복지관	경기도 수원시 권선구 세류3동 483번지	031-898-6544~8
		수원시 서호노인복지관	경기도 수원시 권선구 구운동 501번지	031-291-0911~3
		수원시 청솔노인복지관	경기도 수원시 장안구 정자2동 32-5	031-257-6811
		성남시 수정중앙노인 종합복지관	성남시 수정구 복정동 주산도 1길 40	031-752-3366
		성남시 수정노인복지관	성남시 수정구 산성동 2178	031-731-3393~4
		성남시 분당 노인종합 복지관	성남시 분당구 정자3동 253	031-785-9200
		성남시 상대원1동복지관	성남시 중원구 상대원1동	031-747-3038
		성남시 중원구 노인종합 복지관	성남시 중원구 성남동 3440	031-751-7450
		부천시 소사구 노인종합 복지관	부천시 소사구 괴안동	032-347-9534
		부천시 오정구 노인종합 복지관	부천시 오정구 여월동	032-684-0839
		부천시 원미구 노인종합 복지관	부천시 원미구 심곡2동	032-667-0261~3

지역	세부분류	이름	주소	전화번호
경기도	노인복지관	용인시 노인복지관	용인시 처인구 삼가동 556 문화복지행정타운 내	031-324-9303~5
		안산시 단원구노인복지관	안산시 단원구 선부1동	031-405-1188
		안산시 상록구노인복지관	안산시 상록구 성포동	031-414-2271
		안양시 동안구노인복지관	안양시 동안구 부흥동	031-389-5770~3
		안양시 노인복지센터	안양시 동안구 호계2동	031-455-0551
		안양시 만안구노인복지관	안양시 만안구 안양5동	031-389-5776~7
		평택시 남부노인복지관	평택시 비전동 631	031-653-3677
		평택시 북부노인복지관	평택시 서정동 342	031-662-3678
		평택시 서부노인복지관	평택시 안중읍 안중리	031-683-0028
		화성시 남부노인복지관	화성시 향남읍 행정리 산11	031-366-5678
		광명시 노인종합복지관	광명시 소하1동 1291	02-2625-9300
		군포시 노인복지관	군포시 당동 887	031-399-2270
		김포시 노인복지관	김포시 사우동 865	031-997-9300
		이천시 노인종합복지관	이천시 중리동	031-636-0190
		안성시노인복지관	안성시 낙원동 68-24	031-674-0794~6
		하남시 노인복지관	하남시 춘궁동	031-790-6841
		의왕시사랑채노인복지관	의왕시 내손2동 710-2	031-425-3677
		의왕시 아름채노인복지관	의왕시 고천동 100	031-427-0580
		여주군 노인복지관	여주군 여주읍 상리 351-4	031-881-0050
		양평군 노인복지관	양평군 양평읍 양근리 393-25	031-771-2826
		과천시 노인복지관	과천시 문원동 15-168	02-502-8500, 8600
		고양시 덕양 노인종합복지관	고양시 덕양구 성사동 369-2	031-969-7781
		고양시 일산 노인종합복지관	고양시 일산동구 장항2동 906	031-919-8677
	종합사회복지관	수원시 무봉 종합사회복지관	수원시 장안구 연무동 256-2	031-243-2852
		수원시 영통 종합사회복지관	수원시 영통구 영통동 1012-5	031-201-8300
		수원시 연무사회복지관	수원시 장안구 연무동 260-34	031-245-7576
		수원시 우만 종합사회복지관	수원시 팔달구 우만동 301	031-254-1992~4
		성남시 청솔 종합사회복지관	성남시 분당구 금곡동 126	031-714-6333
		성남시 분당 YMCA 종합사회복지관	성남시 분당구 금곡동 200	031-714-1234

지 역	세부분류	이 름	주 소	전화번호
경기도	종합사회 복지관	성남시 중탑 종합사회복지관	성남시 분당구 야탑동 목련마을	031-706-0167~9
		성남시 한솔 종합사회복지관	성남시 분당구 정자동 101	031-716-4215~7
		성남 성남 종합사회복지관	성남시 분당구 금광2동	031-748-7151
		부천시 부천종합사회복지관	부천시 소사구 소사본2동	032-349-3100~2
		부천시 심곡복지회관	부천시 소사구 심곡본동	032-665-6061
		부천시 고강복지회관	부천시 오정구 고강동	032-677-9090
		부천시 삼정복지회관	부천시 오정구 삼정동	032-323-3162
		부천시 원종 종합사회복지관	부천시 오정구 오정동	032-677-0108
		부천시 상동사회복지관	부천시 원미구 상동	032-652-0420
		부천시 덕유사회복지관	부천시 원미구 중부3동 덕유마을 내	032-325-2161~2
		부천시 한라 종합사회복지관	부천시 원미구 중동	032-324-0723~4
		부천시 춘의 종합사회복지관	부천시 원미구 춘의동	032-653-6131~2
		안산시 본오 종합사회복지관	안산시 본오1동	031-438-8321~3
		안산시 부곡 종합사회복지관	안산시 상록구 부곡동	031-417-3677
		안산시 군자 종합사회복지관	안산시 선부동	031-410-6070
		안산시 초지 종합사회복지관	안산시 초지동	031-410-2151
		안양시 부흥사회복지관	안양시 동안구 부흥동	031-382-7557
		안양시 비산사회복지관	안양시 동안구 비산동	031-446-5936, 2049
		안양시 율목 종합사회복지관	안양시 만안구 안양9동	031-466-9125~7
		평택시 부락 종합사회복지관	평택시 이충동	031-611-4820
		평택시 합정 종합사회복지관	평택시 합정동 주공3단지 내	031-655-5337~9
		시흥시 거모 종합사회복지관	시흥시 거모동	031-493-6347~9
		시흥시 대야 종합사회복지관	시흥시 대야동	031-404-8112~4
		시흥시 작은자리종합사회복 지관	시흥시 신천동	031-313-6249
		시흥시 함현상생종합사회복 지관	시흥시 정왕4동	031-434-8040~3
		시흥시 정황 종합사회복지관	시흥시 정왕동	031-319-6195~8
		시흥시 목감 종합사회복지관	시흥시 조남동	031-403-0110

지 역	세부분류	이 름	주 소	전화번호
경기도	종합사회 복지관	광명시 종합사회복지관	광명시 광명동	02-2687-2921
		광명시 철산 종합사회 복지관	광명시 철산동	02-2687-0453
		광명시 하안 종합사회 복지관	광명시 하안3동 하안주공 내	02-894-0720
		군포시 매화 종합사회 복지관	군포시 산본1동 매화14단지	031-393-3677
		군포시 주몽 종합사회 복지관	군포시 산본동 주몽10단지	031-398-4781~3
		군포시 가야사회복지관	군포시 산본동 주공5단지	031-395-4894~5
		안성시 종합사회복지관	안성시 봉남동	031-671-0631~3
		오산시 종합사회복지관	오산시 오산동	031-378-2740
		하남시 종합사회복지관	하남시 신장동	031-790-2900
		양평군 종합사회복지관	양평군 용문면 다문리	031-775-7741
		과천시 종합사회복지관	과천시 별양동 과천타워 빌딩	02-507-6319~21
		고양시 원당사회복지관	고양시 덕양구 성사2동	031-966-4007~8
		고양시 흰돌마을종합 사회복지관	고양시 일산구 백석동 흰돌마을	031-905-3400~1
		고양시 일산 종합사회 복지관	고양시 일산구 일산동	031-975-3312
		고양시 문촌7사회복지관	고양시 일산구 주엽2동 문촌7단지	031-916-4071~2
충청북도	노인복지관	충청북도노인복지관	청주시 흥덕구 사직동 554-58	043-265-5304
		청주시노인종합복지관	청주시 상당구 수동 138-8	043-255-2144
		청주내덕노인복지관	청주시 상당구 내덕2동 산61-7	043-216-9810
		청주노인복지마을	청주시 흥덕구 가경동 산 90	043-236-0111
		충주시노인복지관	충주시 교현동 714	043-857-8684
		제천시노인복지관	제천시 중앙로2가 26-1	043-652-3457
		명락노인복지관	제천시 명동 190-1	043-648-3337
		청원군노인복지회관	청주시 상당구 단재로 347	043-288-3060
		보은군노인복지관	보은군 보은읍 이평리 107번지	043-544-5446
		옥천군노인복지회관	옥천군 옥천읍 삼양리 161-1	043-733-2500
		증평노인복지관	증평군 증평읍 내성리 57	043-835-4285
		진천군노인복지관	진천읍 읍내리 625	043-533-2716

지 역	세부분류	이 름	주 소	전화번호
충청북도	종합사회 복지관	음성군노인종합복지회관	음성군 금왕읍 무극리 340-1	043-883-2470
		단양노인장애인복지관	단양군 단양읍 별곡리 319	043-423-2828
		충주종합사회복지관	충북 충주시 연수동 1228	043-855-3000
		청주종합사회복지관	충북 청주시 흥덕구 신봉동 32-1	043-266-4761
		증평종합사회복지관	충북 증평군 증평읍 송산리 495-1	043-838-1906
		증평삼보사회복지관	충북 증평군 증평읍 신동리 545	043-836-6040
		제천종합사회복지관	충북 제천시 하소동 345	043-644-2983~4
		용암종합사회복지관	충북 청주시 상당구 용암동 2108	043-293-9191~4
		서부종합사회복지관	충북 청주시 흥덕구 복대2동 131-3	043-236-3600~3
		산남종합사회복지관	충북 청주시 흥덕구 수곡동 335	043-288-1428~30
		북부종합사회복지관	충북 청주시 상당구 율량동 1055	043-216-4004~5
충청남도	노인복지관	아우내은빛복지관	천안시 병천면 병천리 120-3	041-556-6606
		천안시노인종합복지관	천안시 쌍용동 1038	041-571-0618
		보령노인종합복지관	보령시 죽정동 703-1	041-931-7677
		아산시노인종합복지관	아산시 온천동 266-35	041-544-1401
		서산시노인복지회관	서산시 예천동 496-17	041-667-4063
		계룡시노인종합복지관	계룡시 금암동 56	042-841-2103
		금산노인복지관(다락원)	금산군 금성면 양전리 68-9	041-750-4551
		연기경로여성복지회관	연기군 조치원읍 명리 16-2	041-865-1544
		서천군노인복지관	서천군 종천면 종천리 37-5	041-950-1204
		홍성노인종합복지관	홍성군 홍성읍 옥암리 956	041-631-0940
		예산군노인종합복지관	예산군 예산읍 발연리 85-5	041-334-2901
		태안노인복지회관	태안군 태안읍 남문리 712-13	041-674-0215
		남부노인복지관	당진군 합덕읍 운산리	041-363-5330
	종합사회 복지관	연기종합사회복지관	충남 연기군 조치원읍 남리 420	041-868-2004
		논산종합사회복지관	충남, 논산시 지산동 459	041-730-4646
		공주시종합사회복지관	충남 공주시 의당면 청룡리 903	041-881-0199
		아산서부사회복지관	충남 아산시 도고면 기곡리 264-17	041-541-2020
		홍성사회복지관	충남 홍성군 홍성읍 오관리 701	041-632-2008
		탕정종합사회복지관	충남 아산시 탕정면 용두리 522-1	041-543-7400

지역	세부분류	이름	주소	전화번호
충청남도	종합사회 복지관	천안성정종합사회복지관	충남 천안시 성정2동 787	041-578-5172
		온주종합사회복지관	충남 아산시 읍내동 206	041-544-7411~2
		아산종합사회복지관	충남 아산시 영인면 아산리 125-2	041-542-2308
		서산석림사회복지관	충남 서산시 석림동 463-3	041-667-2303~4
		쌍룡종합사회복지관	충남 천안시 쌍룡동 1284	041-571-4064
		서산시종합사회복지관	충남 서산시 예천동 496-19	041-667-4063
		보령시종합사회복지관	충남 보령시 대천동 618-9	041-930-3582
		명천종합사회복지관	충남 보령시 명천동 413	041-936-8501~3
		금강종합사회복지관	충남 공주시 옥룡동 123	041-856-6110~1
		공주기독교종합사회 복지관	충남 공주시 중동 321-1	041-856-0881
전라북도	노인복지관	전라북도 노인복지관	전주시 완산구 서신동 788	063-276-2086
		안골노인복지관	전주시 덕진구 인후동1가 764-5	063-243-4377
		금암노인복지관	전주시 덕진구 금암동 1546-1	063-253-5728
		서원노인복지관	전주시 완산구 중화산동 555-1	063-227-7483
		덕진노인복지관	전주시 덕진구 덕진동2가 174번지	063-271-9336
		양지노인복지관	전주시 완산구 효자동1가 567-1	063-232-1000
		군산노인종합복지관	군산시 중앙로 1가 140-8	063-442-4227
		익산시노인종합복지관	익산시 모현동 2가 62-2	063-837-7733
		정읍시노인복지관	정읍시 금붕동 949-10	063-538-3606
		정읍시북부노인복지관	정읍시 신태인읍 신태인리 66-2	063-571-9051
		김제노인종합복지관	김제시 하동 404-17	063-546-3118
		완주군 종합복지회관	완주군 봉동읍 은하리 1030-54	063-240-4562
		진안노인복지관	진안군 진안읍 군하리 353-3	063-433-6560
		무주노인복지회관	무주군 무주읍 당산리 623	063-322-1252
		임실군노인복지관	임실군 임실읍 이도리 241	063-642-2586
		순창군노인복지관	순창군 순창읍 남계리 626	063-650-1534
		고창군노인복지회관	고창군 고창읍 율계리 114-2	063-563-1111
		노인여성복지관	부안군 부안읍 봉덕리 643-65	063-580-4182

지 역	세부분류	이 름	주 소	전화번호
전라북도	종합사회 복지관	부안종합사회복지관	전북 부안군 부안읍 봉덕리 364번지	063-581-9257~8
		덕삼종합사회복지관	전북 전주시 덕진구 송천동 1가 459-44	063-252-5601
		선너머종합사회복지관	전북 전주시 완산구 중화산동1가 221-27	063-232-0334
		정읍사회복지관	전북 정읍시 수성동 918-1	063-533-1916~7
		전주평화사회복지관	전북 전주시 완산구 평화동1가 445-6	063-285-4408
		전주종합사회복지관	전북 전주시 완산구 평화동1가 445-1	063-284-2733~4
		전북종합사회복지관	전북 전주시 완산구 서서학동 986-1	063-282-7230
		원광종합사회복지관	전북 익산시 신동 423-1	063-856-2385
		부송종합사회복지관	전북 익산시 부송동 1069	063-831-0250~1
		동암종합사회복지관	전북 전주시 완산구 평화동2가 230-27	063-223-9999
		동산사회복지관	전북 익산시 동산동 145 임대단지 내	063-842-2253
		남원사회복지관	전북 남원시 노암동 275	063-632-5252
		김제제일사회복지관	전북 김제시 교동 118-2	063-545-3954
		김제사회복지관	전북 김제시 검산동 1030-1	063-543-5007~8
		길보종합사회복지관	전북 김제시 신풍동 613	063-545-1923
		군산종합사회복지관	전북 군산시 산북동 3611-1	063-461-6555~7
		군산나운종합사회복지관	전북 군산시 나운2동 45 주공4단지 내	063-465-7260
전라남도	노인복지관	하당노인복지관	목포시 상동 942	061-285-0582
		목포시노인복지관	목포시 대성동 201	061-278-8515
		하나노인복지관	목포시 영해동1가 11	061-242-5354
		동여수노인복지관	여수시 국동688-1	061-643-1966
		여수시노인복지관	여수시 학동65	061-685-2381
		순천시노인복지회관	순천시 용당동 532-1	061-749-4180
		나주시노인복지관	나주시 영산동 155-1	061-330-8825
		광양노인복지관	광양시 광양읍 목성리 690-21	061-797-2341
		중마노인복지관	광양시 중동 1359-3	061-794-9988
		구례군 노인복지관	구례군 구례읍 봉동리 115-3	061-780-2186
		고흥군노인복지관	고흥군 고흥읍 남계리 182	061-830-4200
		보성군노인복지관	보성군 벌교읍 회정리 458-5	061-858-8900

지 역	세부분류	이 름	주 소	전화번호
전라남도	노인복지관	장흥노인복지회관	장흥군 장흥읍건산리 400	061-863-5560
		해남노인종합복지관	해남군 해남읍 구교리 344	061-537-0012
		영암군 노인복지회관	영암군 영암읍 춘양리 525	061-473-4193
		무안군노인복지회관	무안군 무안읍 교촌리 127-4	061-452-8567
		함평군노인복지회관	함평군 함평읍 내교리 179-2번지	061-322-2933
		영광군 노인복지회관	영광군 영광읍 신하리 94	061-351-5502
		장성군노인복지회관	장성군 장성읍 기산리 388	061-392-1042
		완도군 노인복지회관	완도군 완도읍 군내리 776	061-552-2668
		진도노인복지관	진도군 진도읍 성내리 22-11	061-544-5504
		서경노인복지관	진도군 의신면 침계리 871	061-542-2119
	종합사회복지관	장흥종합사회복지관	전남 장흥군 장흥읍 건산리 761번지	061-864-4804
		보성종합사회복지관	전남 보성군 보성읍 보성리 229	061-852-9845~6
		무안군종합사회복지관	전남 무안군 일로읍 월암리 214-2	061-283-1888
		해남종합사회복지관	전남 해남군 해남읍 해리 451-1	061-534-6777
		쌍봉종합사회복지관	전남 여수시 학동 65-나	061-681-7179
		여수시종합사회복지관	전남 여수시 미평동 183-1	061-690-7292
		여수미평사회복지관	전남 여수시 미평동 284	061-652-3457
		순천종합사회복지관	전남 순천시 인제동 121	061-741-3062~3
		순천조례 종합사회복지관	전남 순천시 조례동 1666 조례주공 5단지 내	061-722-2304
		소라종합사회복지관	전남 여수시 소라면 덕양리 1230	061-685-9775
		상리사회복지관	전남 목포시 상동 740 임대아파트 3단지 내	061-274-0068
		상동종합사회복지관	전남 목포시 상동 739	061-273-1142
		문수종합사회복지관	전남 여수시 문수동 797 임대단지 내	061-652-4242~3
		목포종합사회복지관	전남 목포시 산정동 1749	061-272-2395
		나주종합사회복지관	전남 나주시 죽림동 88	061-332-8991~2
		나주영산포종합사회 복지관	전남 나주시 용산동 64-1 주공아파트 내	061-334-5111

지 역	세부분류	이 름	주 소	전화번호
경상북도	노인복지관	포항시노인복지회관	포항시 북구 두호동 239	054-251-3025
		김천시노인종합복지관	김천시 남산동 28-1	054-435-6340
		안동시노인종합복지관	안동시 용상동 1242	054-821-0216
		노인종합복지회관	구미시 원평동 460-1	054-450-5776
		경산시노인종합복지관	경산시 백천동 570	053-813-1102
		의성노인복지관	의성군 의성읍 도동리 731-2	054-833-6006
		의성군노인복지관 안계분관	의성군 안계면 용기리 988	054-861-1377
		청도군 노인복지관	청도군 청도읍 고수리 3번지	054-370-6166
		어르신의 전당	칠곡군 왜관읍 왜관리 273-1	054-979-6641
		예천군노인복지회관	예천군 예천읍 서본리 240	054-654-5222
	종합사회 복지관	칠곡군종합사회복지관	경북 칠곡군 왜관읍 석전리 254	054-979-6563
		포항학산종합사회복지관	경북 포항시 북구 학산동 346	054-248-6165~6
		포항종합사회복지관	경북 포항시 남구 대도동 632-11	054-282-0100
		창포종합사회복지관	경북 포항시 북구 창포동 645 창포주공 내	054-246-4413
		용강종합사회복지관	경북 경주시 용강동 1283	054-771-8107
		영천야사종합사회복지관	경북 영천시 야사동 120 주공4단지 내	054-332-8418
		안동시종합사회복지관	경북 안동시 옥동 974 옥동임대단지 내	054-853-3090~1
		상주시냉림 종합사회복지관	경북 상주시 냉림동 78	054-532-5677
		경산시 백천사회복지관	경북 경산시 경청로 115	053-811-1347
		문경시종합사회복지관	경북 문경시 모전동 870	054-555-0108
		김천시종합사회복지관	경북 김천시 대광동 1000-11	054-420-6451~2
		김천부곡종합사회복지관	경북 김천시 부곡동 1328	054-439-0160~1
		금오종합사회복지관	경북 구미시 도량1동 666	054-458-0230
		구미종합사회복지관	경북 구미시 황상동 110	054-472-5060
		가흥종합사회복지관	경북 영주시 가흥1동 1385	054-636-0837~8
경상남도	노인복지관	창원시 노인복지관	창원시 대방동 330	055-267-5241
		마산시 노인복지관	마산시 신포동2가 48-1	055-220-3550

지역	세부분류	이름	주소	전화번호
경상남도	노인복지관	금강 노인복지관	마산시 평화동 4-3	055-221-8445
		상락원 (노인복지회관)	진주시 판문동 1032	055-749-2899
		청락원 (노인복지회관)	진주시 상대동 825	055-749-2486
		동락관 (노인복지회관)	진주시 일반성면 창촌리 620-6(2, 3층)	055-749-2429
		진해시 노인복지관	진해시 풍호동 26-6	055-544-7155
		통영시 노인복지관	통영시 광도면 죽림리 318-15	055-648-4877
		삼천포 노인복지관	사천시 선구동 115-2	055-833-1906
		김해시 노인복지관	김해시 구산동 756	055-332-6332
		밀양시 노인복지관	밀양시 삼문동 159-1	055-354-6811
		웅상 노인복지관	양산시 삼호동 783-10	055-366-3388
		함안군 노인복지관	함안군 가야읍 말산리 100	055-584-0058
		창녕군 노인복지관	창녕군 창녕읍 말흘리 769	055-530-2388
		고성군 노인복지관	고성군 고성읍 대독리 4	055-674-2933
		하동군노인복지관	하동군 하동읍 읍내리 1563-6	055-883-1226
		거창군 삶의쉼터 노인복지관	거창군 거창읍 송정리 941-1	055-945-2015
	종합사회 복지관	합천군종합사회복지관	경남 합천군 합천읍 합천리 524-1	055-930-4501
		고성군종합사회복지관	경남 고성군 고성읍 동외리 203-2	055-670-3177
		양산시종합사회복지관	경남 양산시 물금읍 범어리 501	055-365-9544
		옥포종합사회복지관	경남 거제시 옥포동 산 660-4	055-639-8150~2
		진해시종합사회복지관	경남 진해시 풍호동 30	055-540-0100
		하동군종합사회복지관	경남 하동군 하동읍 1563-6	055-884-1478
		창원성산종합사회복지관	경남 창원시 신월동 13-67	055-282-3737
		통영도남사회복지관	경남 통영시 도남동 483-2	055-645-0645
		마산중리종합사회복지관	경남 마산시 회원구 내서읍 상곡리 193	055-231-8017~9
		진주평거종합사회복지관	경남 진주시 평거동 392 평거주공 2단지 내	055-746-5480
		진주시종합사회복지관	경남 진주시 남성동 3-18	055-743-9059
		자은사회복지관	경남 진해시 자은동 909	055-546-9117

지역	세부분류	이름	주소	전화번호
경상남도	종합사회복지관	삼천포종합사회복지관	경남 사천시 죽림동 581-33	055-834-4196
		사천시종합사회복지관	경남 사천시 벌리동 256-11	055-830-4496
		마산종합사회복지관	경남 마산시 합포구 대내동 1-8	055-229-9980
		김해시종합사회복지관	경남 김해시 외동 1261-3	055-329-6336~7
		구산종합사회복지관	경남 김해시 구산동 321	055-337-4541~2
		경남종합사회복지관	경남 마산시 회원구 구암2동 31	055-298-8600~3
		거창군종합사회복지관	경남 거창군 거창읍 중앙리 333-2	055-941-0285
		가좌사회복지관	경남 진주시 가좌동 660	055-754-0016~7
		가곡사회복지관	경남 밀양시 가곡동 455 가곡주공단지 내	055-355-7484~5
제주도	노인복지관	제주특별자치도 노인복지회관	제주시 상도2동 44-1	064-727-4500
		동부노인회관	남제주군 남원읍 남원리 1229-1	064-760-6501
	종합사회복지관	동제주종합사회복지관	제주도 제주시 구좌읍 평대리 409-2	064-784-8281
		동부종합사회복지관	제주도 남제주군 성산읍 고성리 1108	064-783-0364
		영락종합사회복지관	제주도 제주시 일도2동 324-10	064-759-4071~2
		제주순복음 종합사회복지관	제주도 제주시 건입동 115-7	064-757-9119
		은성종합사회복지관	제주도 제주시 아라2동 1163-10	064-726-8388
		서부종합사회복지관	제주도 북제주군 한림읍 1266	064-296-9091~3
		제주종합사회복지관	제주도 제주시 도남동 68-7	064-753-2740
		아라종합사회복지관	제주도 제주시 아라1동 1683 아라주공 내	064-726-4605
		서귀포종합사회복지관	제주도 서귀포시 동홍동 353-1	064-762-0211

＊ 양주시(양주시청 내 노인정책팀, 031-820-2310), 동두천시(동두천시청 내 사회복지과 노인복지담당, 031-860-2262, 2269), 연천군(연천군청 내 사회복지과 노인정책담당, 031-839-2217)은 관내 복지관이 없는 관계로 시·군 담당과에서 관련 업무를 진행하고 있음.

별첨 21. 노인취약계층을 위한 항우울제 지원사업안내

경기도 무한돌봄사업 '노인자살예방을 위한 노인우울증 치료비 지원사업'은 경기도에 거주하시는 만 65세 이상 노인 중 자살위험이 높아 우울증 치료가 필요하다고 인정되는 자, 기타 시장·군수가 지원이 필요하다고 인정하는 대상자에게 우울증 진료비, 약제비, 심리검사비를 무상으로 지원하고 있으며 경기도 내 노인자살예방기관을 통해 신청할 수 있습니다.

경기도 내 시·군 노인자살예방센터

지 역	기관명	주 소	전화번호
수원시	청솔노인복지관	장안구 정자동 32-5	031-257-6811
	서호노인복지관	권선구 구운동 501	031-291-0911~3
	버드내노인복지관	권선구 세류3동 483	031-898-6544~8
성남시	수정노인종합복지관	수정구 산성동 2178	031-731-3393~4
	수정중앙노인복지관	수정구 복정동 주산도 1길 40	031-752-3366
	중원노인종합복지관	중원구 성남동 3440	031-751-7450
	분당노인종합복지관	분당구 정자3동 253	031-785-9200
부천시	원미구 노인종합복지관	원미구 심곡2동 135-3	032-667-0261~3
	소사구 노인종합복지관	소사구 괴안동 72	032-347-9534
	오정구 노인복지관	오정구 여월동 10-46	032-683-9290
안양시	안양시 노인복지센터	동안구 호계2동 314-3	031-455-0551
안산시	상록구 노인복지관	상록구 성포동 589	031-414-2271~2
	단원구 노인복지관	단원구 선부동 1077-9	031-405-1188
용인시	용인시 노인복지관	처인구 삼가동 556	031-324-9303~5
평택시	평택시 남부노인복지관	비전동 631	031-651-3677
군포시	군포시 노인복지관	당동 887	031-399-2270
화성시	화성시 노인복지관	향남읍 행정리 산11	031-366-5678
이천시	이천시 노인종합복지관	부악로 34	031-636-0190
김포시	김포시 노인복지관	사우동 865	031-997-9300
광주시	광주시 노인종합복지관	탄벌동 18-1	031-766-9129~30

지 역	기관명	주 소	전화번호
안성시	광주시 노인종합복지관	낙원동 68-24	031-674-0794~6
하남시	하남시 종합사회복지관	신장동 521-5	031-790-2900
의왕시	의왕실버인력뱅크사랑채	내손2동 710-2	031-425-3676 031-442-9428
	아름채노인복지관	문화공원길 6(고천동 100번지)	031-427-0580
여주군	여주군 노인복지관	여주읍 상리 351-4	031-881-0050
양평시	양평실버인력뱅크	양평군 양근리 393-25 2층	031-775-6676
과천시	과천시 노인복지관	문원동 15-168	02-502-8500, 8600
고양시	일산 노인종합복지관	일산동구 장항2동 906	031-919-8677
	덕양 노인종합복지관	덕양구 성사로 33(화정동 864)	031-969-7781~3
의정부시	의정부 노인복지관	의정부2동 580-3	031-826-0742
	송산노인복지관	민락동 736-2	031-852-2595
남양주시	남양주 동부노인복지관	수동면 운수리 361	031-559-5880~2
파주시	파주시 노인복지회관	금능동 428	031-943-0730~2
구리시	구리 종합사회복지관	토평동 984	031-556-8100
가평군	가평군 노인복지관	가평군 가평읍 읍내리 625-8	031-582-0763
광명시	광명 노인복지관	소하1동 소하택지개발지구 E블럭 내	02-2625-9300
시흥시	시흥실버인력뱅크	정왕동 1739-6 길재빌딩 5층	031-431-1365
오산시	오산 종합사회복지관	오산동 6-10	031-378-2740
포천시	포천 종합사회복지관	군내면 하성북리 522-12	031-531-4055
양주시	대한노인회 양주시지회	회정동 421-27	031-858-8475
동두천시	대한노인회 동두천지회	생연동 597-1	031-865-4157
연천군	대한노인회 연천군지회	연천읍 차탄3리 67-28	031-834-7744

별첨 22. 전국알코올상담센터(2010년 1월)

지 역	이름	주 소	전화번호
서울	카프마포알코올상담센터	서울 마포구 대흥동 298 신동BD 5층	02-719-0393~4
	서울까리따스 알코올상담센터	서울 서초구 방배2동 3274 방배복지관내 지하1층	02-521-2364, 2577
	도봉알코올상담센터	서울 도봉구 쌍문동 662번지 중앙빌딩 4층	02-6082-6793
	구로알코올상담센터	서울 구로구 구로동 612-12 창무빌딩 401-402호	02-2679-9353
부산	부산알코올상담센터	부산 남구 대연3동 513-5 해성빌딩 2층	051-246-7574, 7570
	해운대구알코올상담센터 (직영)	부산 해운대구 반송 동 683-48 반송보건지소 1층	051-749-6992~3
대구	대구가톨릭알코올 상담센터	대구 달서구 월성동 366 월성문화관내	053-638-8778, 3778
	달구벌알코올상담센터	대구 동구 신암2동 1332-48번지 2층	053-957-8817~8
인천	인천알코올상담센터	인천 연수구 동춘동 920 연수수도사업소 2층	032-236-9477~8
	계양알코올상담센터	인천 계양구 작전동 708-2 1층	032-555-8765, 556-8767
광주	광주인광알코올상담센터	광주 동구 금남로5가 62-2 대화빌딩 3층	062-222-5666
	광주요한알코올상담센터	광주 북구 유동 93-1 대건약국 2층	062-526-3370
	다사랑알코올상담센터	광주 서구 금호동 852-1번지 용현빌딩 2층	062-654-3802~3
대전	대전알코올상담센터	대전 서구 갈마1동 305-11 2층	042-527-9125
	라이프라인알코올 상담센터	대전 동구 대동 202-15	042-286-8275~6
	대덕구알코올센터	대전 대덕구 매봉9길(법2동188) 한마음상가207호	042-635-8275
울산	울산알코올상담센터	울산 남구 달동 1311-11 로하스빌딩 4층	052-275-1117
강원도	강원알코올상담센터	강원 원주시 일산동 211 원주건강문화센터 지하1층	033-748-5119
	강릉시알코올상담센터	강원 강릉시 포남동 1171-14번지 강맥빌딩 A동 2층 310호	033-653-9668
	춘천알코올상담센터	춘천시 교동 4-77 수인빌딩 3층	033-255-3482
경기도	수원알코올상담센터	경기 수원시 팔달구 매산로3가 43-1 구 중구소방서 2층	031-256-9478, 9428
	성남시알코올상담센터	경기 성남시 수정구 수진동 2193번지 금성빌딩 4층	031-751-2768~9
	파주알코올상담센터	경기 파주시 금촌동 986-1번지 청원센트럴타워 607호	031-948-8004, 8044
	안양시알코올상담센터	춘천시 교동 4-77 수인빌딩 3층	031-464-0175

지역	이름	주소	전화번호
충청북도	청주알코올상담센터	충북 청주시 흥덕구 사직1동 554-6번지 충북소프트웨어지원센터 4층	043-272-0067
충청남도	아산시알코올상담센터 (직영)	충남 아산시 모종동 574-1번지 보건소 별관	041-537-3454
	천안시알코올상담센터	충남 천안시 서북구 684-1(구보건소 2층)	041-577-8097~8
전라북도	전북알코올상담센터	전북 전주시 완산구 중화산동 2가 648-9 한마음병원 3층	063-223-4567, 8
전라남도	목포알코올상담센터 (직영)	전남 목포시 상동 855번지 신안빌딩 내 목포시하당 보건지소 2층	061-284-9694
경상북도	포항알코올상담센터	경북 포항시 북구 죽도동 53-9 3층	054-277-4024
	구미알코올상담센터	경북 구미시 황상동 110 구미종합사회복지관 2층	054-474-9791~2
경상남도	진주알코올상담센터	경남 진주시 칠암동 381-3 3층	055-758-7501, 7504
	마산알코올상담센터	경남 마산시 월남동 2가 3-3번지 2층	055-247-6994
제주도	제주알코올상담센터	제주 제주시 용담1동 2829-14 아세아빌딩 5층	064-759-0911

별첨 23. 정신보건센터 설치 · 운영 및 기금보조(2009년 정신보건사업 안내)

(라) 고위험군 조기발견 및 치료연계사업

③ 알코올 중독

- 알코올 상담센터가 있는 경우
  - 지역사회 네트워크에 참여함으로써 발견 및 의뢰 연계의 한 축으로서 역할
- 알코올 상담센터가 없으면서 추가적 예산 지원이 되지 않는 경우
  - 지역사회 네트워크 구축을 통한 의뢰 연계체계 활성화
  - 적절한 평가도구에 대한 전문적 이해와 경험을 통한 사정 평가
  - 치료 연계 및 모니터링
- 시 · 도 혹은 시 · 군 · 구 차원의 추가적 예산 지원이 있는 경우
  - 지역사회 네트워크 구축을 통한 의뢰 연계체계 활성화
  - 적절한 평가도구에 대한 전문적 이해와 경험을 통한 사정 평가
  - 치료 연계 및 모니터링
  - 사례관리 서비스
  - 지역 네트워크를 통한 연속적 관리 체계 구축 운영

(보건복지가족부 공고 제2009-565호)

「노인복지법 시행규칙」을 개정함에 있어 국민에게 미리 알려 의견을 수렴하고
자 그 취지와 주요 내용을 「행정절차법」 제41조의 규정에 의하여 다음과 같이 공
고합니다.

2009년 10월 1일
보건복지가족부 장관

노인복지법 시행규칙 일부 개정령(안) 입법예고

1. 개정 이유

재가노인복지의 수준 향상과 재가노인복지시설의 효율적 운영 및 종사자의 처
우 개선을 위해 재가노인복지시설의 시설 · 인력 등 설치기준을 조정하고, 재가급
여의 한 종류인 단기보호의 취지를 살리기 위하여 단기보호 이용기간을 조정하는
등 노인장기요양보험제도 시행 이후 나타난 일부 미비점을 보완하고자 함.

2. 주요 내용

가. 치매상담센터의 업무에 치매조기검진사업 신설(안 제12조)

현재 시 · 군 · 구(보건소)에 설치되어 지역사회의 치매예방과 치료관리를 담
당하고 있는 치매상담센터의 업무 내용에 치매조기검진사업을 포함하여 효
과적으로 그 업무를 수행하도록 함.

나. 재가노인지원서비스 신설(안 제26조의 2)

「노인복지법」의 방문요양서비스와 「노인장기요양보험법」의 방문요양서비
스의 내용이 부분적으로 달라 발생하는 혼동을 방지하기 위해 「노인복지법」
의 방문요양서비스와 「노인장기요양보험법」의 방문요양서비스의 내용을
동일하게 하고, 지역의 재가노인복지에 사각지대가 발생하지 않도록 재가노
인지원서비스를 신설하여 독립된 서비스 내용으로 분리함.

다. 노인요양시설 설치기준 완화(안 별표4)

대도시 지역의 요양시설 부족 문제 등을 해소하기 위하여 30인 미만의 노인

요양시설은 보건복지가족부 장관이 고시하는 지역에 한하여 토지 및 건물의 사용권만으로도 설치가 가능하도록 함.

라. 재가노인복지시설의 시설 · 인력 등 설치기준 조정(안 별표9)

재가노인복지의 수준 향상과 효율적 운영, 종사자의 처우 개선을 위해 하나의 서비스만 제공하는 재가노인복지시설은 설치기준을 강화하는 대신 여러 가지 서비스를 제공하는 재가노인복지시설에 대하여는 시설과 인력의 공동 활용 등 혜택을 부여함.

마. 단기보호서비스 이용기간 조정(안 별표10)

단기보호서비스 이용기간을 너무 길게 인정하여 재가급여의 일종인 단기보호의 취지를 살리지 못함에 따라 단기보호의 급여기간을 1회 90일(연간 180일)에서 월 최대 15일로 조정함.

3. 의견 제출

이 「노인복지법」 시행규칙 일부개정령 안에 대하여 의견이 있는 개인 또는 단체는 2009년 10월 21일까지 다음 사항을 기재한 의견서를 보건복지가족부 장관(주소: 서울시 종로구 율곡로 75 현대빌딩, 우편번호 110-793, 참조: 노인정책과장)에게 제출하여 주시기 바랍니다.

가. 예고사항에 대한 항목별 의견(찬 · 반 여부와 그 의견)

나. 성명(법인 또는 기타 단체인 경우는 그 명칭과 대표자 성명), 주소 및 전화번호

4. 기타

자세한 사항은 보건복지가족부 홈페이지(http://www.mw.go.kr) → 정보마당 → 법령자료 → 입법 예고란을 참조하거나, 보건복지가족부 노인정책과(전화 02-2023-8536, 전송 02-2023-8531)로 문의하여 주시기 바랍니다.

별첨 25. 외래치료명령제(2009년 3월 개정 정신보건법)

◈ 청구대상(법 제37조의 2, 시행령 제17조의 2)

- 법 제24조(보호의무자에 의한 입원) 및 제25조(시 · 군 · 구청장에 의한 입원)에 따른 환자 중 정신병적 증상으로 인하여 입원을 하기 전 자신 또는 타인을 해한 행동을 한 자로서
- ① 의료급여법에 의한 의료급여수급권자, ② 국가 · 지방자치단체 및 기타 기관 · 단체 등으로부터 진료비 지원을 받을 수 있는 자, ③ 기타 국민건강보험법에 의한 건강보험가입자인 보호의무자가 외래치료에 따른 비용을 부담할 의사가 있고, 정신의료기관의 장이 외래치료가 필요하다고 인정하는 자임.

※ 자해 또는 타인의 위험이 존재하는 중증정신질환자를 대상으로 하는 것이며, 일반적인 외래치료는 해당되지 않음.

◈ 명령절차

- 정신의료기관의 장은 보호의무자의 동의사항을 포함한 [별지 제12-19호] 외래치료명령청구서와 환자 관련 자료(이 장 라. 4) 기록 보존이 필요한 자료를 첨부하여 시 · 군 · 구청장에게 1년 이내의 외래치료명령을 청구
- 시 · 군 · 구청장은 외래치료명령의 청구를 받은 때에는 기초정신보건심의위원회의 심의를 받아 1년 이내에서 외래치료를 명하고
- 지체 없이 [별지 제12-20호] 외래치료명령통지서로 본인 · 보호의무자 · 정신의료기관의 장에게 그 사실을 서면 또는 전자문서로 통지.

◈ 불복 및 이의신청

- 시장 · 군수 · 구청장은 외래치료명령을 받은 자가 명령에 불응하여 치료를 중단할 때에는 그 자가 자신 또는 타인을 해할 위험성에 대한 평가를 위하여 국 · 공립의료기관에서 평가를 받도록 명할 수 있음.
- 시장 · 군수 · 구청장의 외래치료명령에 대하여 불복이 있는 경우에는 본인이 받은 외래치료명령통지서를 첨부하여 [별지 제12-18호] 재심사청구서를 시 · 도지사에게 제출

※ 외래치료명령 불복 재심사를 청구하는 경우에는 14일 이내의 기간 제한을 적용 안 함.

별첨 26. 전국 노인보호전문기관

지역	이름	주소	전화번호
중앙	중앙노인보호전문기관	서울시 영등포구 당산동 6가 121-146	02-3667-1389
서울	서울특별시노인보호전무기관	서울특별시 서초구 방배2동 3274-3	02-3472-1389
부산	부산동부노인보호전문기관	부산광역시 동구 초량3동 172-2	051-468-8850
	부산서부노인보호전문기관	부산광역시 부산진구 양정 2동 260-5	051-867-9119
대구	대구광역시노인보호전문기관	대구광역시 남구 이천동 381-9	053-472-1389
인천	인천광역시노인보호전문기관	인천광역시 남동구 간석동 산 27-5	032-426-8792
광주	광주광역시노인보호전문기관	광주광역시 남구 사동 57-1	062-655-4155
대전	대전광역시노인보호전문기관	대전광역시 유성구 도룡동 385-14번지 더포엠 11호	042-472-1389
울산	울산광역시노인보호전문기관	울산광역시 남구 야음2동 577-6	052-265-1380
강원도	강원도노인보호전문기관	강원도 춘천시 후평1동 710-4	033-253-1389
경기도	경기남부노인보호전문기관	경기도 성남시 수정구 산성동 2178	031-736-1389
	경기북부노인보호전문기관	경기도 의정부시 의정부1동 226-10	031-821-1416
	경기서부노인보호전문기관	경기도 부천시 오정구 오정동 192-8 2층	032-683-1389
충청북도	충청북도노인보호전문기관	충청북도 청주시 흥덕구 신봉동 146-7 (충북재활의원 3층)	043-259-8120~2
	충정북도 북부 노인보호전문기관	충북 충주시 지현동 1498번지	043-846-1380~2
충청남도	충청남도노인보호전문기관	충청남도 아산시 온천동 제일빌딩 1층	041-534-1389
전라북도	전라북도노인보호전문기관	전라북도 전주시 덕진구 진북1동 366-8	063-273-1389
전라남도	전라남도노인보호전문기관	전라남도 순천시 인제동 101-6번지	061-753-1389
	전남서부노인보호전문기관	전라남도 목포시 상동 970-18	061-281-2391
경상북도	경상북도노인보호전문기관	경상북도 포항시 북구 동빈동 69-4번지 기쁨의교회복지관 208호	054-248-1389
	경상북도 서북부 노인보호전문기관	경북 예천군 예천읍 서본리 3-38 3층	054-655-1389
경상남도	경상남도노인보호전문기관	경상남도 마산시 평화동 4-3	055-222-1389
제주도	제주특별자치도 노인보호전문기관	제주특별자치도 제주시 삼도2동 44-1	064-757-3400

저자 소개

육성필
고려대학교 심리학 박사(임상 및 상담심리학 전공)
University of Rochester Medical Center, the Center for the Study &
 Prevention of Suicide, Fellow
임상심리전문가
QPR Master Trainer
용문심리상담대학원대학교 심리학과 교수
QPR 자살예방연구소 소장

최광현
독일 Bonn 대학교 박사(가족상담 전공)
트라우마 가족치료연구소장
한세대학교 상담대학원 주임교수

김은주
경기도노인종합상담센터 실장
한국노인상담연구소장

이혜선
고려대학교 심리학 박사(임상 및 상담심리학 전공)
임상심리전문가, 상담심리사 1급
QPR Master Trainer
고려대학교 학생상담센터 상담교수
QPR 자살예방연구소 선임연구원

노인자살위기개입

2011년 2월   1일 1판 1쇄 인쇄
2011년 2월 10일 1판 1쇄 발행

지은이 • 육성필 · 최광현 · 김은주 · 이혜선
　　　　경기복지재단
펴낸이 • 김진환
펴낸곳 • (주) 학지사
　　　　　　121-837 서울특별시 마포구 서교동 352-29 마인드월드빌딩 5층
대표전화 • 02)330-5114　　　팩스 • 02)324-2345
등록번호 • 제313-2006-000265호

홈페이지 • http://www.hakjisa.co.kr
커뮤니티 • http://cafe.naver.com/hakjisa

ISBN 978-89-6330-576-9 93180

정가 16,000원

저자와의 협약으로 인지는 생략합니다.
파본은 구입처에서 교환해 드립니다.